热血山河

东北军抗战

将领讲述

《热血山河丛书》编辑委员会 编

中国文史出版社
CHINA CULTURAL AND HISTORICAL PRESS

图书在版编目（CIP）数据

将领讲述. 东北军抗战 / 《热血山河丛书》编辑委员会编. -- 北京 : 中国文史出版社, 2020.1

ISBN 978-7-5205-1440-8

Ⅰ. ①将… Ⅱ. ①热… Ⅲ. ①东北军—抗日战争—史料 Ⅳ. ①K265.06

中国版本图书馆CIP数据核字（2019）第246585号

责任编辑：张春霞　高　贝

出版发行：**中国文史出版社**

社　　址：北京市海淀区西八里庄路69号院　　邮编：100142

电　　话：010-81136606　81136602　81136603（发行部）

传　　真：010-81136655

印　　装：北京温林源印刷有限公司

经　　销：全国新华书店

开　　本：787mm × 1092mm　1/16

印　　张：19.5

字　　数：259千字

版　　次：2020年3月第1版

印　　次：2022年5月第2次印刷

定　　价：58.00元

目 录

contents

张学良

西安事变前后的张学良　何柱国 / 2

争取张学良联合抗日的经过　申伯纯 / 10

万福麟

万福麟在热河的溃败　王理寰 / 24

于学忠

我是怎样被日寇逼出华北的　于学忠 / 30

王以哲

九一八事变前后的王以哲将军　王凤起 / 42

何柱国

山海关防御战　何柱国 / 58

骑兵军晋北抗战　何柱国 / 76

黄显声

忆黄显声将军　李即吾 / 86

冯占海

日军侵占长春吉林和熙洽投敌经过　冯占海 / 96

冯占海部东北抗战记　陈正风 / 104

吴克仁

关于我们军长吴克仁之死　吴凤起 / 132

刘多荃

扣蒋前夕　刘多荃 / 140

马占山

马占山抗日的点滴回忆　李子民 / 144

跟随马占山江桥抗日　谷振寰 / 150

拜泉军民追随马占山抗日札记　张济人 / 157

李　杜

我所知道的李杜　毕长风 / 164

苏炳文

海拉尔满洲里抗战始末　苏炳文 / 174

常恩多

回忆常恩多将军　张树德 / 188

刘桂五

刘桂五将军殉国记　于鹤龄 / 200

张廷枢

对张廷枢治军抗日片段回忆　孟恒昌 / 204

高福源

我所知道的高福源　李树桂 / 222

杨正治

五十三军长城抗日记　杨正治 / 232

赵　毅

双城阻击战和哈尔滨的沦陷　赵　毅 / 246

白凤翔

白凤翔临潼扣蒋　常国宾 / 258

唐君尧

唐君尧参加扣蒋的经过　夏　时 / 262

刘震东

刘震东生平　刘　林　刘淑华 / 274

刘汉玉

浙赣战役中仙霞岭战斗　刘汉玉 / 284

第一〇五师参加衢州战役的概况　刘汉玉 / 288

于泽霖

第一〇五师修河战役概况　于泽霖 / 292

截击回窜奉新之敌　于泽霖 / 300

张学良

东三省素来就是中国的一部分，在历史上是可以考察的。现在有三千万人民，在东三省，是他们的故乡土，这三千万人民，有九十九分都是中国人，他们也愿意为他们的乡土而战斗，就是剩一个人，他们也很愿意。

- 1901年6月4日生，字汉卿，号毅庵，辽宁台安人。
- 1919年3月，就读于东三省陆军讲武堂第一期炮兵科。
- 1928年6月4日，张作霖在皇姑屯被日本关东军炸死，7月3日，张学良就任东三省保安总司令。
- 1936年12月12日，与杨虎城兵谏蒋介石，共同逼蒋联共抗日，造成震惊中外的西安事变。
- 1937年1月1日，发表《告东北军将士书》，勉励东北军精诚团结，加紧训练，以待收复东北。
- 2001年10月14日，病逝于美国夏威夷。

西安事变前后的张学良

何柱国

1934年初，张学良将军返国，主张安内必先攘外，统一救国，励精图治，收复东北，乃接受蒋任命的豫鄂皖三省“剿匪”副司令，代行司令的职务。原任总部参谋长钱大钧请求辞职出国，经蒋批准。张将军拟调我为参谋长，吴家象为秘书长。经我力劝仍以钱大钧任参谋长为宜，乃派我赴南昌请蒋收回成命。并准将王以哲军调驻豫南，何柱国军调驻鄂东，刘多荃师调驻平汉线南段，对鄂豫皖边区红军徐海东部作战，徐部旋走陕北。

张将军自回国以来精神焕发，身体强健，已恢复1927年以前之健康。他时常到鄂东、豫南出巡，常与部下畅谈旅欧见闻。他说在英国参观国会辩论，乃真是发言自由，态度和蔼，有民主作风。有人问他，中国是否可以学英国的民主来救国呢？他的回答是不可以的，因为他们是资本主义，经过长期的经验，民主作风深入民间，金钱的作用是很大的。我们是半殖民地的国家，尚未产生开明的、大的资本家，所以政党政治很难稳定下来。我们军人，要想领导民主政治更是南辕北辙。他又说中国的政治要安定非用开明的集权政治不可，国家的建设要想迎头赶上，亦只有此路。现在摆在我们面前有两条路线：一为法西斯蒂路线，一为共产主义路线。可惜我不能到苏联游历一下，就我所知，共产主义成功的条件，要在阶级矛盾极其尖锐的国家，又无外患的情况下方能实行，我国是半殖民地状态，是不适用的。剩下只有法西斯蒂一条路，模仿德、意，乃能迅速复兴中国。墨索里尼说过："工作是大家的，讨论是少数人的，决定是一个人的。"法西斯蒂召开大会，如领袖缺席时，要选举新的领袖，才开大会。资本家的利润有限制，工人不许罢工，彻底执行法令。德国希特勒亦是如是做法，一定很快复兴。他说回国后曾劝蒋模仿这种办法，蒋答："也许五年以后我可以考虑你的建议。"他又说："蒋手下各派如政学系是人才多而无政治基础，CC是有基础而无人才。我们是军人，只可以与黄埔系连成一气，共谋救国。所以我要在东北干部中组织四维学会以训练人才，与黄埔系打成一片，但部队的带兵军官不能加入此组织。"后来又因广西李、白以抗日救国为号召，常与中央分裂，蒋极感不安，有用武力解决之意。

1935年，江西红军已突围西走，以北上抗日为号召。武昌总部于是改为委员长行营，张将军任行营主任，以陈诚为整训处处长，整军经武，似作抗日复土之准备。首先划一军队的编制，补充装备，并将所部之骑兵向西北推进，在咸阳集中，逐次沿西兰公路西进，以防止红军打通西北之国际路线。其先头骑兵团胡竞先部与北上红军遭遇于六盘山麓，未能阻止。北上红军不足一万人，遂到陕北与刘志丹部红军会合。蒋遂令张将军组织"剿共"总部于西安，将东北军逐次向西北移动。王以哲军驻陕北延安、洛川一带，董英斌军驻陇东庆阳、合水一带，何柱国骑兵军驻邠州（今彬县）、平凉和西峰镇一带，刘多荃师为总预备队，控制于西安以北地区。又值华北何应钦为日所迫签订《何梅协定》[①]，以东北军有抗日情绪不宜于驻华北为由，乃将于学

① 1935年7月6日，何应钦致函天津日本驻军司令梅津，全部承认日方提出的旨在取消一切抗日团体及活动的无理要求。

忠部逐次调驻天水，以商震继任河北省主席。于学忠旋亦任甘肃省主席。是年秋后，王以哲部何立中师自延安南调换防，途经甘泉北方劳山隘路，何中伏身死，所部损失颇大，张将军乃决心改取守势。又值国民党第五次全国代表大会于南京召开，张将军偕我以军队代表名义出席南京五全大会，并通令所部在开会期间不许有所行动，以便在政治上有所活动。张将军曾赴沪与救国会领袖沈钧儒等取得联系，并闻红军绕道川西北上时，与张国焘、徐向前部会合于松潘毛儿盖，张国焘主张在四川进行阶级革命，以此为根据再图进展，毛泽东主席则坚持北上抗日。张将军曾说："内战不停止，很难造成抗日之局势，从前我认为非先统一则不能抗日，现在我则认为非抗日则不能统一。"当时杨虎城将军亦与人民阵线有密切往来，杨、张之间本有误会，经此一行得以解除。会期方毕，忽接西安总部来电，董英斌部牛元峰师自合水东进应援王以哲军，牛在直罗镇中伏身死，所部损失甚重。张将军大为震怒：前已有令在开会期间不许行动，因何违令？急欲飞返查办此事，乃匆匆告知我随行，并未询问气象状态，即自南京起飞，一路在云雾之中，盲目飞行，飞机又无定向设备，按时间与距离计算约达河南平原之时乃猛降低飞，才找到平汉铁路。飞机离地不过200米，沿平汉路北飞找到黄河，再沿黄河西飞。过孟津以后，河曲山高，云重谷狭，不能辨别前景，危险万分，最后才找到洛阳降落。是日大雨不止，翌日改乘火车返陕。查得牛师失败原因，乃董军因缺粮而请示总部今后行动方针，总部的指示仅说明该军迟早是要东进的。董军长误解电意，又因鄜州（今富县）粮食较丰，遂贸然令牛师东进。张将军对参谋长晏道刚、军长董英斌大加斥责。

1936年，张将军时常坐飞机出巡于洛川、西峰镇和西安之间。一日，张乘机低空飞行，他自己驾驶飞机，游览于咸阳北原汉武帝、唐太宗、文王、武王、秦始皇各陵寝，慨然叹曰："人贵有所建树，以垂史册。

否则建筑工程无论如何壮丽伟大，若此许多陵寝，亦不过只剩黄土一抔。”又登华山有感而题诗，末句有云：“极目长城东眺望，河山依旧主人非。”足见其心情。是年初夏，张将军经被俘团长高福源之联络，与中央军委副主席周恩来会于陕北，谋停止内战、共同抗日之道。周允彻底实行三民主义，停止内战，一致抗日，但绝对反对法西斯蒂主义。张将军乃与杨虎城将军秘密取得一致意见，使高崇民写《活路》一小册散发于东北军中，鼓动打通西北路线，联络新疆之盛世才，乃能抗日复土。并于军中教唱《流亡三部曲》，转变东北军士气。是年夏，成立王曲训练团，组织抗日同志会，鼓动打回老家去。并因陕西省党部擅行逮捕总部秘书，张将军以中央执行委员之地位搜查该党部，查得该部密件，对张将军、杨虎城将军、邵力子主席均作了许多不利的报告，因而促成三人之间有所谅解。张将军与红军联系从此益密，并常川驻有代表，所有军事冲突都是假意掩饰。但蒋介石已起疑心，逐次调派中央直属部队移驻西北。拟以蒋鼎文设前线总指挥部于平凉，以东北军任“驻剿”，防守碉堡线，以中央军任“进剿”，“扫荡”红区，并派陈诚援助山西阎锡山，且有调张将军为洛阳绥靖主任之说。时两广六一事变已完全解决，红军西路军北上拟打通新疆之国际路线，在河西地区为马步芳等军所歼灭；胡宗南军跟踪北上，已到甘肃中部地区。于是，蒋乃亲来西安，宣慰东北军而有所布置，并准许设立东北军整编委员会，由张将军主持，我副之。东北军因此重立预算编制，要求中央有所补充。10月底，蒋赴洛阳避寿。张将军前往祝寿，并请求批准东北军整编方案。阎锡山亦来贺寿，并共同与蒋谈停止内战、共同抗日问题。蒋仍主武力解决。张将军问蒋：“中国前途归宿如何？”蒋答：“是社会主义，但不是共产党的社会主义。”阎劝张不必再有所建议。翌晨，阎先飞返山西。张将军出席听蒋对洛阳军官分校的训话，蒋大骂勾结日本者是汉奸，勾结共产党者亦是汉奸，张将军为之色变。侍从室主任钱大钧对我说：“不知内容者，此话尚无重要关系，知道内幕者，听到此话实在太过火了。”嘱我劝张不可误会，并说蒋的脾气说过就完。他想从中弥补裂缝。蒋训话完毕，张将军随即登机飞返西安。在机中，我将钱大钧之话告张，张说：“阎百川饱经世故，昨夜劝我不能再谈停止内战、共同抗日之事，我已决心不再谈了。”又说：“我现在想干什么，我的太太亦无从知道。”张返西安后只谈整编东北军之事，不谈“剿共”之事。蒋复来西安，轮流约东北军师长以上餐叙，个别谈话，誓言：“有我蒋介石在，一定可以带你们回东北，你们要听命令，不可听谣言。”12月初，中央军万耀煌部已开抵咸阳附近，谣言四起，情势日急。张乃借词阿拉善旗之定远营发现日本特务机关活动一事，拟派骑兵第六师长白凤翔、团长刘桂五前往查办，率此二人前往临潼华清池见蒋，请蒋指示方针[①]，实乃借此使白、刘熟悉蒋之住所途径。12月9日，乃北平学生运动一周年纪念日。杨虎城请中央来陕各将领听秦腔，即欲扣蒋及其以下各将领。张将军以准备未周，乃延至11日晚，由白凤翔、刘桂五率队突入华清池蒋寓所，不料为蒋宪兵觉察开枪拒之，蒋乃越墙逃避于骊山。杨虎城则扣押住在西京招待所各将领。直至12日晨8时，尚未搜寻得蒋之下落。张将军在绥靖公署对各同僚说：“若找到委员长，我能说服他停止内战、共同抗日，我一定拥护他，并自己请罪，以增加他的威信而维持军纪；若找不到他，我便将头割下来，请虎城拿到南京请罪，了此公案，绝不能因要停止内战反而引起内战。”旋得报，已将负伤之钱大钧送来绥署。张将军遂前往慰问钱大钧，钱破口骂张为“叛逆”，并谓再有十年亦不能恢复中国现状。张将此次事变之宗旨对他解释，并谓：“你亦要负责，假使你允来西安担任参谋长，上下不至有所隔膜，也不会演成此事变。”钱仍愤愤。因伤势甚重，张劝钱住在我家中善为治疗。旋得报，蒋已有

① 一说借口送白、刘回热河打游击，谒蒋请示。

下落。先由邵力子前往谒蒋，陈述此次事变之内幕，再由张将军往谒，张将军口称："委员长受惊。"蒋谓："你还叫我委员长，你还是我的部下吗？"张答："当然，我唯一目的是拥护委员长抗日。"蒋谓："那么你应当即刻送我到洛阳，否则法币、公债都要完了，经济崩溃，就想抗日亦无从说起。"张答："总要商定办法，然后回去。"蒋15日写一电报给宋美龄，表示为国牺牲绝不屈辱，对经国、纬国要视同己出，勿以我的生死为念等，并绝食抗拒。南京空军连日在西安上空示威，陆军则自潼关推进渭南，东北军亦调来渭河南北布防对峙。张将军调我为参谋团主任，会同东北军参谋长董英斌、西北军参谋长李兴中、红军参谋长叶剑英策定作战计划，成立抗日联军总司令部。一面备战，一面派机于14日往接周恩来，周以事不能即来。17日再派机接周恩来共商大计。周到后亦主张和平解决。遂放蒋鼎文回南京，说明此间并无害蒋之意。南京方面亦先后派端纳、宋子文、宋美龄等来西安参加谈判，往返洽商，双方终商定了和平解决事变条款。张将军还表示要亲送蒋回南京请罪，以增加蒋之领导威信。红军改编条件则由周恩来与蒋直接商谈。至于一般条件，均已商妥。张将军随于12月24日召集王以哲、董英斌和我三人，密告送蒋的决心。三人均阻之，最后建议至多送至洛阳。张嘱咐，关于联军军事听命于杨虎城，关于东北军军事听命于于学忠。翌日下午，张将军约杨虎城同至蒋寓所（前数日蒋已迁住张寓所附近高桂滋宅），随即于25日下午由张将军送蒋登机，并陪同飞赴洛阳住宿。26日晨，蒋自洛阳飞南京，张将军也亲送。张在途中即来电给杨虎城，嘱将被扣南京方面各将领一律释放，后于28日用飞机送返南京。张将军在京有被迫作请罪表示，不料竟军法会审，由李烈钧、鹿钟麟、朱培德等主持之。过庭时，要摘下张将军之佩剑，张知事已变卦，乃大骂不守信用的政府，说："剩我张学良一人也要革命。"张被判决十年徒刑，由政府特赦，仍交军事委员会严加管束。时蒋在奉化溪口疗养腰伤，张将军亦被移往溪口雪窦寺中。

蒋派顾祝同为西安行营主任，前往潼关谋和平解决西安事变，但又任命陈诚等几路司令作武力解决之准备。其时，西安各将领意见不一致，东北军与西北军中之少壮派主张武力争取张将军之归来。高崇民、王以哲、何柱国则主张不应改变团结抗日之初衷，即为争取张将军归来，亦只有和平解决才有希望。其利害得失，屡次开会辩论，终无结果。1937年2月2日，少壮派孙铭九等袭杀王以哲、徐方等，我避入杨虎城的新城大楼，才幸免于难。前线之东北军军长刘多荃、缪澂流等抗不受命，并电话杨虎城，若于（学忠）、何（柱国）有意外，则向西安进军。杨要我再与潼关之顾祝同电话商定执行和平方案，即东北军移驻西兰公路陕甘边区，王树常为甘肃绥靖主任，于学忠仍任甘肃省主席；西北军移至渭河、泾水以北地区；中央军进驻陇海线。顾祝同遂于2月8日进驻西安执行行营主任职务。经此内变，东北军将领对于留驻西北维持原来商定之和平方案已有异议，并有坚决主张出关者，互不信任，意见分歧。顾祝同乃派我飞赴南京，前往溪口，将此情势报告张将军，并希望张将军来一手书指示要点，使东北将领步调一致，以便办理善后。我到南京后，许多要人均来告诉我，西安事变张学良为功为罪要待历史来评论，目前是办善后要紧。即与何应钦商量到溪口先见蒋面陈事实，均主张东北军出关沿淮河流域驻防，并安徽省主席由东北人充任。我将各种情形面报张将军，并详述在西北已再不能维持“三位一体”。相谈之下，黯然神伤。事已至此，只可执行此方案。张乃亲函各将领“服从中央命令，团结力量作抗日之准备，以遂初衷”。并口头嘱我转告各袍泽：“我为国家牺牲一切，交了一个朋友，希望各袍泽今后维持此一友谊。”我返西安后传达此意，东北军遂开始遵令出关。中间虽有人作祟欲拆散东北军，后经于学忠和我以不负办理东北军善后之责任相抗议，并联袂赴溪口再向蒋面陈，乃得发表于学忠为江苏绥靖主任，王树常为开封绥靖副主任，刘尚清为安徽省主席，何柱国为西安行营副主任，第五十一军驻淮安附近，第六十七军由吴克仁继王以哲为军长驻阜阳附近，刘多荃部改编为第四十九军驻南阳附近，骑兵军则留驻西北，在开封开整编会议。是年6月间整编完毕。

争取张学良联合抗日的经过

申伯纯

张学良在苦闷中寻求出路

1935年10月下旬，张学良到南京去参加国民党四届六中全会和第五次全国代表大会。他这次到南京，心情有些黯淡。因为一个月以前一一〇师被红军消灭了[①]，十天前一〇七师又受到重大损失[②]，而蒋介石对他既没有什么安慰的表示，军政部长何应钦又不但不给丝毫补充，而且还要减发军费，取消一一〇师的番号。他既挨了红军的打，又受了“中央”的气，所以临来之前，心里就已经憋着老大的不高兴。及至他到了南京，飞机场上冷清清的，只有钱大钧一个人来迎接他，同从前他当陆海空军副总司令的时候，每到南京，总有何应钦、宋子文等一大群高级文武官员迎接他的那种声势烜赫的场面比较起来，真是不可同日而语，不能不使他有一种今昔异势的感觉。他把这种冷落场面和不久以前军事

---

① 东北军一一〇师于1935年9月底在陕北劳山附近被红十五军团包围，全部歼灭，师长何立中被击毙。

② 东北军一〇七师六一九团于1935年10月中旬在陕北甘泉县东南的榆林桥被红十五军团袭击，该团团部和所辖的四个营全部被歼，团长高福源被俘。

上的失利联系起来，心里更觉得非常难受。

11月下旬某日，张学良在南京又接到一〇九师全军覆没、牛元峰师长阵亡和一〇六师也受到损失的消息[①]，这更使他又气又急。气的是董英斌违背他的嘱咐，晏道刚擅自做主，致使部队轻率前进，惨遭覆灭；急的是时间不到三个月，便损失了将近三个师，照这样下去，不要一两年，东北军岂不就全部被消灭完了吗？他在盛怒之下，立即撤了董英斌的军长职务；晏道刚因为是蒋介石的人，不便给以处分，只好对他重重地申斥了一番。这时蒋介石、何应钦、陈诚这些人，都在忙着开五全大会，对于这件东北军存亡攸关的大事都不作理会，连情况都没有好好问一下，张学良向他们报告，他们也不耐烦听，好像与他们痛痒无关似的。这就使得张学良更加难堪了。

接着，北京大中学生为了反对日本帝国主义进一步侵略华北和华北政权特殊化，爆发了"一二·九"运动、"一二一六"抗日示威大游行，掀起了全国人民抗日运动的新高潮。这种炽烈的斗争形势更刺激了亡省亡家、满怀悲愤的张学良。他想到因从事抗日活动而在上海坐牢的杜重远。

杜重远是辽宁人，"九一八"前当过张学良的秘书，也办过企业，同张学良的关系很好。"九一八"后，杜到上海一面办企业，一面从事抗日救亡运动，与邹韬奋、章乃器等很友好，充任《新生周刊》的总编辑，宣传抗日。1935年六七月间，由于该刊登载《闲话皇帝》一文，被日本认为"侮辱天皇"，提出严重抗议。国民党政府为了镇压抗日运动，取媚日寇，将杜重远逮捕，判处一年零两个月的徒刑。杜在服刑期间，被保释移住上海虹桥疗养院，由法警监守。张学良想到杜重远一贯宣传抗日，在上海结识一些进步人士，在政治上一定会有一些好的意见。于

---

① 1935年11月下旬，东北军一〇六师、一〇九师、一二〇师向陕北苏区进犯，一〇九师被中央红军和陕北红军夹击于富县西南之直罗镇，全部被歼；一〇六师亦于黑水寺被歼一个团。

是他在五全大会闭幕以后，就托故去到上海，设法秘密约会杜重远。

在那次会晤当中，张学良把他自1934年冬从意大利回国以后宣扬法西斯主义、拥护蒋介石做领袖、跟着蒋介石“剿共”、希望国家统一然后再抗日这一套做法十分坦率地全部说了出来，然后说明他现在认识到共产党是打不了的，感到过去这一套做法走不通，请杜指点。

杜重远也以很诚恳直率的态度批评张学良过去这一套做法是完全错误的，同时向他提出西北大联合共同抗日的建议。这个建议大意是说，为了拯救东北三千万同胞，为了东北军的前途，为了张学良个人的荣誉，为今之计，必须下定决心改变过去的错误做法，走联合抗日的道路。他又特别指出，在东北军的主力集中陕甘两省的情况下，现在走联合抗日道路有三个有利条件：第一，中国共产党在不久以前发表了《八一宣言》，主张停止内战，一致抗日，组织国防政府和抗日联军，愿意同所有抗日力量建立联合阵线，共同抗日。中央红军现在到了陕北，可以联合起来，作为依靠。第二，陕西杨虎城是有抗日进步思想的，他的左右也有一些进步分子，可以合作。第三，新疆盛世才是东北人，他利用有利的地理形势，与苏联的关系搞得很好，这个力量也可以联合起来。杜说，如果把这些力量联合起来，形成一个“西北大联合”，合作抗日，是一个最有前途的局面。杜重远最后说，目前全国抗日运动高潮已经到来，蒋介石再不抗日，也会垮台的，东北军今后绝不能再跟着蒋介石走亡国之路，只有利用上述三个有利条件坚决走联合抗日的道路，才是正确的道路，才是活路。

当时张学良对于杜重远的建议表示同意，但是还有些顾虑。他觉得同杨虎城、盛世才联合抗日都好办，因为他同杨虽有些隔阂，但他知道杨是同情抗日的，而且与蒋也有矛盾；盛是东北人，与盛联合抗日更不成问题。只是对于共产党，他感到摸不着底，他虽然想着同人家交朋友，谁知道人家要不要他这个朋友呢？

杜重远针对张学良的这种顾虑，着重向他说明：共产党是革命的政党，最忠实于自己的政治主张：在日本帝国主义要灭亡全中国、中国人民面临着亡国危险的情况下，共产党坚决主张同一切愿意抗日的力量团结起来，共同救亡图存，张今后只要能决心走抗日这一条路，共产党一定会同他联合，这是没有任何理由可以怀疑的。

杜重远为了坚定张学良的抗日信心，又详细地分析了当时国际国内的形势。他说明苏联是坚决反对帝国主义侵略的，是支持中国抗日的可靠力量。美英这两个帝国主义国家，同日本矛盾很大，他们因为不甘坐视日本帝国主义单独并吞全中国，也将会帮助中国抵制日本。只要我们能够制止蒋介石坚持打内战而不抗日的政策，把全国人民的力量充分发动起来，团结抗日，中国是有条件可以坚持抗战的，加上国际上的援助，抗战是有胜利的可能的。如果看不清这些有利形势而只从武器的优劣来衡量和判断抗日的前途，这是错误的。杜最后还指出，抗日必须依靠人民的力量，而要发动人民的力量，就必须讲民主；法西斯拥护个人专制独裁，压迫人民，是一种最反动的主义，因此，要抗日就必须反对法西斯主义。

张学良是一个有爱国思想而又秉性爽快的人，听了杜重远的这番谈话后，立刻表示完全接受杜的批评和同意杜所指出的联合抗日的道路。

张学良和共产党的联系

张学良在上海，除了会见了杜重远以外，还约会了从苏联回国的东北义勇军将领李杜。

李杜自从在东北抗日失败，退入苏联国境以后，就同共产党组织有了接触，回到上海以后仍然保持着联系，这一点张学良是知道的。所以他这次到上海特地同李杜会晤，向李杜郑重表示他愿意在西北与红军联合抗日，希望能够同共产党的负责人商谈这个问题。为此，他请李杜替他秘密介绍共产党的关系，并且表示如李能负责介绍，一切保密和安全问题他完全负责。李杜当面接受了张学良的这个请托，表示在找到关系以后，就设法通知他。

张学良在上海秘密会见了杜重远和李杜之后，到年底才回到西安。这个时候，联合抗日的道路到底能否走得通这个问题终日盘旋于张学良脑际。

当时张学良知道北平的“一二·九”学生运动是共产党领导的，也知道以他为校长的东北大学的学生是积极参加这次运动的重要力量，因此，他在未回西安之前，就打电报给东北大学，要学生会派学生代表到西安去见他。果然，东北大学学生救亡工作委员会就派了宋黎（中共地下党员）等三名同学当代表来到西安。张学良回到西安以后，马上召见宋黎谈话。宋黎向他报告了“一二·九”“一二一六”运动的详细经过和当前全国抗日运动发展的新形势，还向他诉说了东北人民在日本帝国主义统治下当亡国奴的种种惨状，讲得有条有理，激昂慷慨，声泪俱下。张学良听了大受感动，当即向宋黎表示，他现在坚决主张抗日，东北由他手中失掉，一定要从他手中收回。他和宋黎连续谈话之后，便把宋黎留在身边当秘书，打算经过进一步考察后，再寄以心腹。

1936 年 1 月中旬的一天晚上，张学良忽然接到王以哲由洛川防地打来的一个密电说：“被红军俘去的高福源团长现被红军派回。据云有机密要事，要求向司令面陈。”张得到这个消息，第二天就亲自驾着波音座机飞到洛川。

高福源像许多其他东北军人一样，由于身受家乡沦亡之痛，民族意识和抗日要求本来强烈，而且具有正义感。他被俘后，在这两三个月的生活中，亲眼看到红军官兵之间十分团结友爱，政治文化生活非常活跃，又听到了很多关于红军二万五千里长征的英雄事迹和抗日救国的道理，并且亲身受到红军对他的宽大待遇和亲切的照顾。这一系列的现实生活教育了他，使他的思想发生了激烈的变化。王以哲听说红军派高福源回来，便立刻要参谋处处长佟道把他接到洛川来。高福源一到洛川，就立刻密电向张学良报告。第二天，张学良就亲自驾飞机飞到了洛川。

高向张学良说："现在共产党号召全国人民起来抗日，诚心诚意地要帮助我们东北军打回老家去，我们没有理由拒绝人家的好意。我们东北军再继续打内战就快要被消灭完了。"说到这里，高福源竟情不自禁地大哭起来。张学良对高说："我们坐下来好好地谈。"

以后，张学良、王以哲又和高福源一起谈了一整夜。最后张对高说："你谈得很好，你休息一两天就赶快回去，请红军方面派一位正式代表来，我们正式商谈一下。你今后可放心做这一工作。你此去如有危险，你的家属生活和子女教育都由我和王军长负责。"

高福源于1月16日回到陕北苏区，把这次回到东北军同张学良见面的经过向李克农同志作了报告。李克农同志还带他去见了毛主席和周恩来副主席，当面受到了奖励。毛主席当即决定派李克农同志为代表去会见张学良。

在李克农出发之前，党中央于2月19日，即李克农同志由陕北苏区出发的前两天，以毛主席和彭德怀司令员的名义将出发日期由电台直接通知了张学良和王以哲。

洛川访问

1936年2月21日，由高福源做向导，李克农同志等四人于2月25日到了洛川，先见到了王以哲，王的参谋长赵镇藩也出面接待。王以哲立即用密电向张学良报告。张复电说因事去南京，不能马上回来。嘱王妥为招待，并可先商谈一些具体问题，重要问题留待他回来再说。

在张学良未回来以前，王以哲、赵镇藩与李克农商谈了关于红军与六十七军抗日合作的局部关系问题。取得为巩固红军与六十七军一致抗日，确定了双方互不侵犯、各守原防的口头协定。3 月 3 日，张学良由南京乘飞机返西安，第二天即飞洛川会见李克农，他们在李克农等住的那座小院子里进行了一天一夜的会谈，张学良接待李克农很亲切，虽然是第一次会面，但主客之间都很随便，不感到有什么拘束。张学良谈笑风生，十分潇洒；李克农谈吐机智幽默，风趣盎然。尽管有时双方为了某一个问题争得面红耳赤，但是整个说来，会谈的气氛是轻松而和谐的。他们谈话的内容，除了完全同意关于红军与六十七军的局部口头协定外，主要是有关抗日的问题。

会谈结果归结为以下几个具体问题：

（一）为了进一步商谈抗日救国大计，商定中共方面再派出全权负责代表，最好能在毛、周等负责同志中推出一位，与张再作一次商谈，会谈地点定在肤施城（延安），时间由中共方面决定。

（二）红军与东北军派代表出国的路线问题，由张负责与新疆盛世才联系。

（三）商定中共方面派一位色彩不浓而又能负责的代表常驻西安，由张给以灰色名义掩护，以便与各方联络，推动关于成立国防政府和组织抗日联军的活动。

张、李会谈于 3 月 5 日结束后，李即日连电向党中央报告会谈内容并请示行动。6 日得中央复电慰劳，同意谈判结果，并请李即日赴山西石楼前方晤谈（那时红军渡河东征，毛主席和中央其他负责同志等均在前方）。李克农在 3 月 7 日离开洛川，取道延长渡河，径赴晋西石楼向毛主席和中央其他负责同志报告会谈的详情。

刘鼎当代表

张学良把李克农送回陕北以后，刚回到西安，就接到上海李杜来电说，“寻找的朋友”已经找到了，张一看就明白是李杜替他找的共产党的关系已经找到了。他特地选派了一个亲信的高级参谋赵毅到上海去接。

赵毅到了上海，通过关系，找到了刘鼎，在1936年3月中旬，一同由上海到了西安。

刘鼎来到西安，住在张学良预先指定的一个机关内，多次与张交谈，根据张学良的提问，回答如下：（1）张学良掌握几十万大军的兵权，坐镇东北，有守土之责。但日军发动九一八事变时，当地守军不放一枪一弹进行抵抗，以致一夜之间，沈阳失守，数日之内，东北广大土地全部沦为敌有。因此，张学良不能不遭到全国人民的唾骂，共产党在这个问题上所抱的态度同全国人民一样，不能置身事外，不表示意见。（2）中东路事件发生时，东北当局一方面首先挑衅，进攻苏联，一方面又容许日本帝国主义在东北大肆扩张势力。东北当局亲日反苏，事实非常明白，而苏联红军为了保卫国土，进行反击，完全是正当行为，张学良因此受到责备，也是合乎事实的。（3）东北军是蒋介石指挥下的一支“剿共”大军，先在豫鄂皖，继在西北，都很积极卖力气替蒋介石打内战，使红军与苏区遭受很大损失。最近，红军为了自卫，实行反击，因而使东北军受了一些挫折，同东北军给红军所造成的损失相比较，这能算打得“厉害”么？红军有广大人民做后盾，久经考验，能征惯战，是一支不可战胜的革命武装，蒋介石百万大军也对它无可奈何，何况东北军。而且蒋介石驱使东北军上前线“剿共”，实际上是他的借刀杀人之计，企图用这种阴谋手段来消灭东北军。因此，东北军当前最“厉害”的敌人，是红军还是蒋介石，值得考虑。

刘鼎继续说，为今之计，东北军最好的出路是联合红军抗日，不仅可以一洗“不抵抗”“投降卖国”的罪名，而且还可以有效地摆脱蒋介石“借刀杀人”的阴谋，这是东北军为东北同胞和全国人民所最企望的明智之举。将来抗日胜利和全国解放以后，功勋载诸史册，垂之千古，东北军和张学良将首先占了一页。

刘鼎这一席话，打中了张学良思想上的要害，使他不得不衷心佩服，感到十分高兴。

延安会谈时，张学良带着刘鼎一同参加了会谈。会谈以后，刘鼎随着周恩来同志一同回到瓦窑堡住了几天，详细报告了与张学良相处的情况。中央决定按照互派代表的协议，派刘鼎到东北军当联络代表。刘鼎奉命后，经延安回洛川再见张学良，说明此来任务。张表示热烈的欢迎，约定此后刘以“东北抗日义勇军代表”的名义在东北军内部出现。从此刘鼎就成为张公馆的上宾了。

延安会谈

李克农同志等离开洛川，于 3 月 16 日赶到山西石楼去见毛主席和中央其他负责同志，向他们报告了此行的经过和张学良所提出的希望会见中央负责同志的要求。中央当时认定张学良的要求是有诚意的，此举对开展抗日民族统一战线工作十分重要，因此决定即日派周恩来同志为全权代表，偕同李克农同志一同去肤施（延安）会晤张学良。

周恩来、李克农两同志带着电台和一个小部队由河东回到瓦窑堡，后与张学良约定时间即赶赴延安。经往返电商，最后决定推迟到 4 月 8 日在延安会谈。周、李临行前，又由毛主席和彭德怀司令员于 4 月 6 日致电王以哲、张学良，通知周、李行期及联络地点，并提出了这次会商的几个问题，原电内容如下：

甲、敝方代表周恩来偕李克农于8日赴肤施，与张先生会商救国大计，定7日由瓦窑堡启程，8日下午6时前到达肤施城东20里之川口，以待张先生派人至川口引导入城；关于入城以后之安全请张先生妥为布置。

乙、双方会商之问题，敝方拟为：

1. 停止一切内战，全国军队不分红白，一致抗日救国问题；

2. 全国红军集中河北抵御日帝迈进问题；

3. 组织国防政府，抗日联军具体步骤及其政纲问题；

4. 联合苏联及先派代表赴莫斯科问题；

5. 贵我双方订立互不侵犯及经济通商初步协定问题。

丙、张先生有何提议，祈预告为盼。

周、李于约定时间到达延安东北20里之川口，适值雨雪交加，电台联络失时，直到9日上午张学良才自己驾着飞机，带着王以哲、刘鼎两人飞到延安。周、李经张学良派人前来联系后，于当日晚上8点只带了几个随从进入了延安城，在城内一个教堂里与张学良见了面。

参加那次会谈的共有五人：周恩来、张学良、王以哲、李克农、刘鼎。

这是一次有历史意义的会见，双方都以恳切坦白的态度开诚相见。张学良在寒暄之后，首先就把他对于国家前途的看法很坦率地说了出来，向周恩来同志请教。他认为国民党已经是没有希望了，当前中国只有两条路可走，一条共产党的道路，一条法西斯蒂的道路。他说，两年前他从意大利回国，曾经相信法西斯主义可以救中国，因而主张拥护蒋介石做领袖，实行法西斯主义，领导全国抗战。但是这条路究竟能否走得通，他现在开始有了怀疑，要求周恩来同志表示意见。周见张的态度这样坦率恳切，也就以诚恳明朗的态度对他所提的这个问题作了精辟的分析。周首先指出，法西斯主义是帝国主义的产物，主张个人独裁，压迫人民，摧残群众，它把资产阶级统治最后的一点表面上的民主都抛弃了，它是资本主义发展到最后阶段的一种最反动的主张。接着，周恩来又说，中国要抗日必须实行民主，以便发动广大群众的潜在力量，这种群众力量是伟大无比的，只有靠这种伟大无比的群众力量，中国抗日才有胜利的可能；如果看不到这种群众力量，就不会有真正的抗日信心，也绝不会取得最后的胜利。最后，他指出，德国和意大利是法西斯国家，他们都是同日本帝国主义一鼻孔出气的。因此，要抗日就不能仿效这两个国家讲法西斯，讲法西斯只有投降帝国主义，不能抗日。张听了周的这样明确的分析以后，就表示完全同意，并且说他近来也渐渐有这样的认识，今后将不再谈法西斯。至此，张学良又提出了“假如我们能够联合抗日，我们应该怎样对待蒋介石”这样一个问题。对于这个问题，周恩来同志首先说明共产党过去是主张抗日反蒋的，不过现在愿意重新考虑这个问题，随即表示他愿意听一听张学良的意见。张思索了一下，然后郑重地提出了他的看法和主张。首先，他认为蒋介石是现在中国实际的统治者，中国现有的主要地方都是他统治着，全国主要军事力量都被他掌握着，其他如财政、金融和外交关系等也都由他一手包办。接着张又根据这两年同蒋的不断接触和多方观察，觉得蒋还是有抗日的可能和有抗日的存心的，蒋的错处只是在于必须先消灭共产党然后才抗日的所谓“攘外必先安内”的政策。因此，张认为目前最主要的问题，在于设法把蒋这个错误政策扭转过来，真正实现停止内战，一致抗日。张说，他总觉得抗日不应该反蒋。同时，反蒋就使得抗日增加困难。我们正愁抗日力量不够，为什么反而把最大的力量抛开呢？最后，他主张现在应该采取种种方法，逼迫着蒋介石走上抗日的道路。他还说，他现在派人去新疆联络盛世才，就是为打通西北，自成抗日局面做准备。周恩来同志听了张学良这番话以后，对于他所提出来的逼蒋抗日或联蒋抗日的主张表示同意，但因为这是一个重要的方针政策问题，愿意把这个意见带回去，提请党中央郑重考虑以后，再作最后的决定。

张学良得到周恩来同志这样明朗、切实的表示，就好像一块石头落了地，几个月来思想上不能解决的问题一下解决了，顿时表现非常高兴，并说："你们在外边逼，我在里边劝，我们对蒋介石来个内外夹攻，一定可以把他扭转过来。"

他们还继续谈到许多国际国内方面的其他问题，如日本对中国作战的战略问题，苏联援助中国抗日的问题，中国抗战如何进行准备的问题，中国红军各方面军的集中问题，等等。周对这些问题都发表了精辟的意见，使张极为心服。

除了以上几个重要问题的谈话外，这次会谈获得了以下的结果：

（一）关于组织国防政府和抗日联军的问题。张学良同意这是中国当时的唯一出路，对于《八一宣言》中的十大政纲则表示俟加以研究后再提出意见。

（二）关于红军的集中问题。张学良承诺赞助红军集中河北，四方面军出甘肃，东北军可以让路。至于二、四方面军北上路线问题，因须经过国民党中央军防区，须得到他们的同意，张愿任斡旋之责。

（三）东北军方面派赴苏联的代表，取道欧洲前往。中共方面的代表由张负责保护，由新疆前往。

（四）关于停止内战的问题。张表示完全同意，并谓红军一旦与日军接触，则全国停战运动将更有力量。

（五）在张未公开表明抗日以前，不能不接受蒋令进占苏区。为此，张准备以王以哲军入肤施，沿路筑堡，双方交通仍旧。如此一个月以后，再看形势发展决定。

（六）关于通商问题。普通办货可由红军设店自购，军用品由张代办，子弹可由张供给。

（七）双方互派代表常驻。

（八）张认为红军去河北恐不利，在山西亦恐难立足，不如经营绥远较妥。但如红军决定出河北，他可通知万福麟部不加阻挠。

双方在诚恳愉快的气氛中做了竟夜的长谈。张学良以爽朗的态度和沸腾的热情向周恩来同志披露肺腑，掬诚求教。周恩来同志则以高度的政治修养、科学的分析才能以及富有感染力和说服力的言辞风度，使张学良心悦诚服，印象极为深刻。双方在这种融洽的气氛之中，对于重大问题既圆满地取得了一致的意见，同时在各个具体问题上也十分顺利地达成协议。因此，这次会谈不仅对于张学良走上联共抗日的道路具有决定意义的作用，同时对于党的抗日民族统一战线政策，也是一件极大的出于原来意料的收获。

双方一直谈到黎明，吃过夜餐后，10日晨4时才握手告别，珍重再会。乃至周恩来、李克农等走出延安城时，漫长的黑夜已经过去，东方红日已冒上山头了。

万福麟

保国卫民为本人唯一宗旨，故临敌未尝怕死。

- 1880 年 11 月 20 日生，字寿山，吉林长岭人。
- 1905 年，转入奉军，任哨长。
- 1922 年，任东北陆军第十五混成旅旅长。
- 1924 年 10 月，任东北陆军第十七师师长，兼骑兵军副军长。
- 1933 年初，任东北军第四军团总指挥兼五十三军军长，进驻平泉，参加抗战。
- 1938 年 9 月，参加武汉会战，负责掩护武汉外围右侧安全。
- 1939 年 4 月，辞去第五十三军军长职务，任第二十集团军副总司令。
- 1943 年 4 月，转任第二十集团军参谋长。
- 1951 年 7 月，病逝于台中。

万福麟在热河的溃败

王理寰 *

1932 年夏，日寇准备夺取热河，东京特派高原卡见等来华，向热河主席汤玉麟诱降，并煽动内蒙古王公喇嘛组织内蒙古自治军，作为进攻热河的别动队。驻北平的东北军将领曾集体到热河边境视察地形，准备抗击日寇，并向热河汤玉麟指示机宜。在华北第一方面军总司令张学良指挥下的华北第四军团（军团长万福麟）开始动员。向热河边境前进的部队为丁喜春独立八旅、缪澂流独立十六旅、孙德荃独立十九旅、王永盛独立二十九旅、于兆麟独立三十旅。我当时任东北军独立第二十九旅六八四团少校团附，率部参加了叶百寿之战，熟悉王、于两旅作战情况，现将经过情形简述如下。

独立二十九旅原系东北军十五旅梁忠甲的旧部，梁死后归王永盛率领改为二十九旅。独立三十旅原系东北军十七旅韩光第的旧部，韩死后归于兆麟率领改为三十旅。这两旅是在 1930 年夏解决石友三部队时入关的，九一八事变后，分驻北平近郊和宣化、怀柔、密云等地。这两旅的旅长均与万福麟有密切的关系：王永盛是万的内兄；于兆麟是万的义子。

---

* 作者当时系东北军独立第二十九旅第六八四团团附。

他俩平时既有互不相下之意，战时又有彼此争功之心，所以谁也不能指挥谁，谁也不会援助谁。表面虽然是一系军队，而实际上凡事漠不相关。不团结是我军战败的原因之一。

这年10月间，万福麟率这两个旅由喜峰口步出关外，进入热河。军团部和二十九旅大部驻平泉县（即八沟），二十九旅以一个团（六八四团，团长刘纯积）驻三十家子。三十旅驻凌源城和叶柏寿，在城东面就山上南北之线构筑防御工事，右翼与十六旅相连，左翼经朱碌科村与守赤峰的孙殿英部队相接。构筑工事由10月初旬开始，经过三个月之久，因隆冬地冻和岩石坚固，锹镐用坏若干，士兵两手震破出血的甚多，而工事尚多不堪用。军团部曾组织阵地视察组（我是参加视察组者之一）到叶柏寿视察。于旅阵地仅按北平军分会指示防线构筑直线式的工事，未能按当地地形地势置防和做纵深配备。于兆麟强调上级指示不能更改，因于与万的关系，视察组内也有随声附和的，结果这个视察组毫无作用而归，军团部也是以不了了之。朝阳至叶柏寿170华里，叶柏寿至三十家子148华里，三十家子至平泉236华里，平泉至承德104华里。在这样的距离徒步行军，都需二日至四日以上。这种配备，分散兵力，既不能增援，又不能固守，处处露出弱点，被敌一摧即破。并且师以上的指挥官的位置均距第一线200里以上，交通不便，通信器材不足，前后方通一次电话需要若干时间。这对于作战已经不能及时应付，更谈不到兵力活用和互相呼应了。对群众没有联系，没有宣传，故对敌方行动毫不察悉，敌不找我，我不找敌。这也是失败的因素。

1933年2月，日军入寇系以通辽、绥中为根据地，集中大的兵力分三路进犯：北侵开鲁，南寇凌南，中犯朝阳，总计日军、伪满军约在10万人；附有飞机、坦克车、装甲车、山野炮等精良武器；并有运输汽车800余辆。我方也分三路应战：北路开鲁方面为第九军团孙殿英部战斗地带，有孙部两个师、义勇军冯占海、李海青、刘振东、邓文等部和热河军崔兴武（战斗开始即投敌）部，2月末即将开鲁、赤峰丢掉。第四军团左翼已受敌人的威胁，中路董福亭旅守南岭、北票，因董旅团长邵本良投敌，董军溃退。邵本良在投敌前曾到密云县二十九旅六八四团，蛊惑第二营营长张执军同时投敌，被张拒绝并将邵赶走。南岭、北票失守后，朝阳也相继失陷。日寇直趋凌源，三十旅在叶柏寿首先应战。当面敌人为川原旅团组成的快速纵队配合骑兵第三旅团，有飞机九架，装甲车30余辆，陆空联合向我阵地猛攻。激战三昼夜，于旅伤亡甚众，三八八团团长失踪。于兆麟向军团部求援，军团部令二十九旅六八四团向凌源东叶柏寿增援三八八团，归于兆麟指挥。三十家子距叶柏寿148华里，六八四团由3月9日早上急行出发，花费了13个小时的时间，徒步抵达叶柏寿的左侧朱碌科村，已在夜里10时左右，连夜向叶柏寿东方高地，即三八八团的主阵地增加。本人以少校团附的职务，奉团长刘纯和的命令，先带各营长、副营长到三八八团阵地接洽换替阵地的一切问题。到达高地后，看见仅有少数士兵在阵地内警戒（敌人夜间不攻击），当向第一连中士赵某询问情况，他答连长、排长均于白天阵亡，士兵亦伤亡殆尽，其余情况不知。我告知他们，二十九旅六八四团来此增援，赵等极为兴奋。但全阵地无法接洽，仅按于旅长命令上的指示，把三八八团阵地验好，开始布置队伍，以一、二两营为第一线，第三营为预备队同团部位置于左后方朱碌科村南端，11时许方始布置完竣。10日拂晓，飞机三架在我上空侦察两周，投掷炸弹，地上步兵亦即开始进攻。我第一线两营予以抗击，激战两昼夜，双方各有伤亡，战斗激烈，但敌未得攻进我阵地一步。12日夜间阵地前方有大喇叭声音传来，高叫“皇军邵本良部队到此，欢迎六八四团第二营张执军参加皇军”，始知此路敌人进攻，系由邵逆本良引路，当被第一线我军击退。13日上午8时，左翼发现敌骑兵向我左侧进攻甚烈；正面敌人除原有人数外，又增加坦克车、装甲车共30余辆，山野炮20余门，飞机9架，由上午8时起集中火力向我团猛攻。我官兵亦奋不顾身，猛烈迎击，自早至晚，几次冲锋，伤亡甚众（连长伤亡已过全团连长的半数），所有阵地大部都被摧毁。午后4时许右翼于旅不支，向平泉撤退，敌人以一部包围六八四团，主力向西追击于旅。于旅和二十九旅主力在平泉会合继续抵抗。此时丁喜春、孙德全、缪澂流各旅全线动摇，退入关内，万军团亦由平泉撤退到喜峰口（以后交宋哲元部队接替）。六八四团在13日下午被围后向于旅告急，但电话已失去联络，方悉于旅已退走，并未给六八四团命令。到13日夜12时许，全团开始反攻，突出重围，撤到八里罕店子。14日正午敌人骑兵追来，受我严重的打击后退走。14日夜我团退到八里罕以西，才脱离敌人追击的范围之外。敌人主力已集中向喜峰口方面追击我主力，我团决定撤到多伦，再转道张家口。

15日下午2时许，我团由八里罕店子西进到烧锅营子村西，逢孙殿英部某师孙旅，在烧锅营子村西三里许两山之间，通往多伦大道上构筑防御工事，禁止通过。我团即宿于烧锅营子村，晚间团长刘纯和派我到孙旅联络，拟次日早西去。我到孙阵地前，以手电信号和口令通过步哨，递次转到孙旅旅部，说明联络的情形，并交出证件。孙旅长（名忘记）最初很客气，说明天拂晓请刘团长和师参谋长袁克征来，大家谈谈。袁系旅长派来到叶柏寿视察阵地的，我团被围转进时同来。我回团报告，于16日拂晓，同刘、袁两人到孙旅旅部。孙旅长说：“现下张学良已下野了，听说准备出国。你们是没主人的军队，希望参加我们一起来抗日，请刘团长和参谋长暂在旅部休息休息。你们队伍暂由王理寰团附去带领，由左侧高山下转到大拉火沟口停止待命，刘团长与袁参谋长再回团不迟。”刘团长当时暗示我以颜色，并说：“理寰，你快去带队，到达指定地点火速给我们俩送信来，无论什么时候你不要离开团。伪军太多，注意警戒，不管他是伪军是日本军来了就打。”我当时明白这是以团长和参谋长为质，立即出了孙旅旅部，急急回团部。将出孙军阵地外壕，敌人飞机两架即到孙旅阵地上空盘旋，然后以炸弹数枚指示炮兵射击目标，相继炮弹射来，均落孙旅阵地内，枪声四起，顿现混乱。我以快跑的速度进入烧锅营子村，村内四处火起，枪炮弹到处乱飞，到团部后三个营长已联络不上，中校团附不知去向。我随即指挥团部官兵到烧锅营子村后山北侧集结，又以第九连中尉排长张广德（代理连长）在山顶上射击敌人背侧，使敌人不得前进，掩护全团官兵集结山后。随后又增加第七、八两连上山。激战到午后1时许，敌人主力攻孙旅阵地（右侧亦发现骑兵威胁，炮火增加，并坦克车数辆摧毁孙军阵地），孙军不支，向独石口撤退。我团亦即撤到头二把火，到午后4时，团长及袁参谋长等亦相继回团。17日经刀把梁、王爷庙、围场，19日抵多伦城与挺进军刘翠飞部队相遇，一起撤至张家口。热河战役至此告终。3月底集中北宁路线、廊坊和武清县，重新整编。万福麟因热河战败，撤换了王、于两个旅长，二十九旅改编为一二九师，任周福成为师长；三十旅改编为一三〇师，任朱鸿勋为师长，归万福麟的五十三军指挥。

于学忠

日本人有飞机大炮，你们手里的也非烧火棍，怕什么？只要日本鬼子敢动手，你们就给我狠狠地揍，出了事，我于学忠负责！

- 1889年11月19日生，字孝侯，山东蓬莱人。
- 1908年，考入通州速成随营学堂步兵科。
- 1933年3月，任第五十一军军长。
- 1937年，七七事变后，奉命率部开赴青岛、胶县地区，沿青岛崂山一带布防，构筑工事，防止日军从海上登陆。
- 1938年1月，担任第三集团军总司令，先后率部参加了淮河战役、台儿庄战役及武汉保卫战。
- 1964年9月22日，病逝于北京。

我是怎样被日寇逼出华北的

于学忠

在1932年至1935年之间，我曾任河北省政府主席三年；其时日本正谋控制华北，利用汉奸和便衣队，进行种种阴谋活动。而一般失意的军阀、政客，竟不顾民族利益，甘愿为虎作伥。当时南京政府的蒋介石、何应钦、黄郛等压在人民头上，只求维持其反动统治，不惜仰承日寇的鼻息，对于对日外交问题和中国的高级官员任免问题，均唯日寇之意旨是从。像我这做地方官的，未能尽到守土御侮的责任，更未做出对人民有利的事情，处处听命于“中央”为国民党政府的工具，迄今思之甚感惭愧。而当时的环境，的确是外受日寇的欺凌，内受国民党政府的压迫，双方相煎，苦痛难言。兹将我于1935年被迫离开华北的经过概述于下。就这段事实，亦可看出日寇的侵略真相和蒋介石卖国集团的丑恶面目。

一

1932年8月17日，南京政府明令发表将我所任的平津卫戍司令职务与王树常所任的河北省政府主席职务对调。在这个明令发表之前，天津地方的局势颇为紧张。日寇利用汉奸张璧和郝鹏等纠集地痞流氓400

余人，组织便衣队。其中实有枪械的人数并不多，借日租界为护符，每日出来鸣枪骚扰。当时王树常恐与日方惹起冲突，不敢使用正式军队，而当地警察和保安队的力量微薄，不足以镇压，更不能进入日本租界捕人；只采每日戒严的办法，消极防御。以致地方上的劳动人民行动维艰，小商、小贩及三轮车夫均无法活动，影响生活，约有 3 万人之众。津市地方人士对王颇多指责，而王对于日方外交硬既不能，软又不可，应付甚苦，因亟求去。张学良副司令曾有一次约我谈话说："河北问题，庭五（王树常字）很难应付，你做事果决，意志坚强，我想让你二人的职务对调一下。"实际，在这时，河北省地方的空气，也有攻击王树常所任用者多系东北人，而河北人较少的说法。我之转调河北也有以我系关内人的因素。我对张学良表示唯命是从，明令遂即发表。我于到津就任之后，对日外交，一如与其他各国的外交一样，凡系从前中日正式条约所应履行的事项，我照旧履行；而对于日方各种新要求，合理的则接受，不合理的则拒绝。对于便衣队的处理，我则撤销戒严令，准许市民自由行动，而将正式军队第一一三师李振唐所部唐晋尧、周福成两团，改穿保安队服装轮流调至市内，集中警戒。我断定：日本军队尚不能与我方正式冲突，只这些乌合之众的便衣队敢出租界骚扰，我方不难彻底消灭之。日方和便衣队探知我方决心，遂即销声匿迹，不敢再出滋扰。从此，日方为窥察华北的戒备情形和我本人的态度，遂由其国内的经济界、各株式会社、新闻界、军界，及其他民众团体，分别组织观光团，经常来津访问。而日本现职军官和特务机关长如田代义蓑、高桥、根本、矶谷、丰多、柴山、土肥原等人亦频来与我接触。当时驻北平的日本代办若杉要和驻津日本总领事川樾茂，也时来与我谈话。窥其用意，盖欲察我的颜色，窥我的虚实，再定下一步的侵略阴谋。

1933 年 3 月间，张学良被蒋介石所迫下野出国。临行时，对于东北军有所安置。当时东北军总计为 26 万人，除交由万福麟、王以哲、何柱国各率一军，计约9万人外，其余17万人统交我指挥。我的实力扩大，遂更为日寇所嫉视。那时在津的亲日分子张志潭、齐燮元、王克敏、王揖唐和失意的政客潘复、张廷谔等，都时来与我晤谈。从那些亲日分子的口吻中，颇露出日寇见对我威胁不成又改为拉拢我之意。张志潭就曾和我谈过：日寇所希望于我者，能像阎锡山、韩复榘那样的态度；我如肯这样做，不但在华北的地位可以稳固，还可以扩张势力，继承张学良的地位；在军备上，所有日寇在东北所接收东北地方原有的飞机、械弹均可交我使用。我对于日寇这种阴谋，置之不理，而只是多多提高警惕而已。以后在天津空气紧张的时候，张志潭还常来电话有意游说。我曾告知别人警告张志潭说："张文伯（张志潭字）先生以后最好对我不要谈这些啦！"齐燮元在日寇拉我的时候也曾用电话和我说过，南京政府处置华北问题诸多不当，劝我不要再听他们的。我当时回答说："我是地方官吏，个人守土有责，用不着听谁的。"当时的语气也不大好听，张志潭和齐燮元二人遂不敢对我再行包围了。

二

日寇见于拉我不成，又采用威胁手段准备日金200万元，进行以下活动。

（一）勾结孙传芳分化我的部队。先是，孙传芳任长江上游总司令时，我驻宜昌，曾系他的部下。及我改隶东北军，他的旧属在东北讲武堂毕业的，多归入我的部队，其中以校官为多。孙即利用这种关系，拉拢我的部队；并与经张学良扣押过、拟在北戴河图变的免职旅长马廷福合作，分别拉拢我所撤职的各个军官。当时驻在葛沽的一一四师团长张冠英被其勾结，而我处业已得到情报。有一日，他们在葛沽举行秘密会议，我派部队往捕，因事机未密，马廷福、张冠英均行潜逃。孙传芳的勾结工作遂告失败。

（二）利用曾任吴佩孚的政务厅厅长的白坚武和天津市政府外事秘书何庭流，对我进行暗杀阴谋。他们前后进行暗杀活动三次：第一次，收买王玉珍（河北省南宫县人，首任刘珍年的参议，保定军官学校出身）为暗杀首领，组织暴徒13人，谋刺我于由天津河北二马路我的住宅赴省府的途中。他们侦知，我每日系在早8时到省府；先由日寇发给他们手枪炸弹手榴弹等物，用汽车载此13人，沿由二马路到省府途中，分布于许多街口，预定见我乘汽车经过时，以挥帽为号，即行动手。而我在他们真正进行活动那天，突然因他故提前半小时赴省府，他们的计划因而落空。及我车到省府后，据保安队报告，在二马路搜获刺客三人（王玉珍在内）、手枪三支、炸弹12枚。据王玉珍供称，这案系何庭流、白坚武主使的。第二次，收买我的随从副官巫献廷和五十一军司号官傅鉴堂对我进行暗杀。事前，有在我住宅担任警卫的排长唐朝卿向我报告：日方曾利用曾任湖北第七师营长王宝庆与唐有旧识的关系，向唐运动说“你为于守卫，万一有事，有什么动静，你最好不要管。”并由王口中露出，系白坚武所主使，并已拉拢好四个人。这时外间不利于我的风声很多，我已加以戒备。有一夜，巫献廷告诉我：宅中的浴盆安好，请我入浴。我一入室，觉巫神色有异，即行退出，遂未入浴。是夜10时许我已睡下，唐朝卿报告：“有五十一军司号官傅鉴堂在大门外找巫献廷谈话，这两人很为可疑。”我联想到巫献廷近日随我坐汽车，时露张皇模样，使我恍然大悟。遂一方面叫巫到门外与傅谈话，一方面令唐戒备，准备四个人。巫、傅谈有一刻钟，在巫回来时，我问他：“傅鉴堂找你做什么？你要说实话！”巫的神色立变。他答说：“我惭愧得很，对不起主席，不过事情是错啦！我本意并不想做，我只想骗日本人几个钱。日本人允许给我俩40万元，我们未敢要那些，只要8万元，事成再说。现在每人先拿3000元零用。我已给河南老家汇去，只余500元。”以后检查他的裤兜，有手枪两支，一支是我发给他的，一支是日寇给他行刺的。我立时赶到五十一军军部，正值傅鉴堂入院，遂亦予以逮捕。据二人口供系白坚武、何庭流所主使，已酝酿多日；枪是何庭流亲交的，钱是白坚武所发的。在这次巫、傅阴谋行刺的第二日晨8时，日本驻津总领事川樾茂曾给省府来电话拟与我晤谈，而我那时已赴北平。这个电话，就是窥探谋刺是否成功了。第三次收买我的旧部曲子才（黄县人，曾任五十一军团长，因嗜白面被我撤职）在我的食物中下毒。经曲运动五十一军副官处勤务兵袁启明，交袁白色毒药面两包，允许事成后给袁3万元。而袁持此药面自首，暗杀我的阴谋又未得逞。

（三）利用汉奸石友三、刘桂堂等收编匪军进行扰乱，并酝酿建立华北国。日方在华北利用的便衣队首领中，一向以石友三、刘桂堂为最有历史和最具实力。日方当时在华北，凡系与我有关系之人或亲或仇一概拉拢，因石友三在1931年7月间，对张学良叛变，经我击溃，和我仇隙较深，日方认为石友三定能与我为敌，遂先后委石以种种伪职，令其收编匪军，实行骚扰阴谋。1933年日寇酝酿在华北建立华北国，初则属意于段祺瑞，派人积极联络；后以段为蒋介石羁縻于上海，乃又转移目光于吴佩孚，而吴始终不为所欺，才又加强对石友三等的活动。匪军在河北到处骚扰，致使冀东北一带人民处于水深火热之中。

（四）制造谣言，增兵威胁。在1934年，日方迭次造谣，谓我方将对它不利。当时在天津海光寺日本驻屯军司令部周围桥梁下，装设地雷，并敷设铁丝网、麻袋等物，加强防御工事，俨若战事状态。沿北宁铁路附近，亦均加强戒备。但按《辛丑条约》规定，日本在天津的驻屯军不得超过200人，日寇利用换防为名，接防者已至归国者不走，无形中即行增加兵力。沿铁路线，均用此法增兵，并时常举行示威演习。有一次，日寇的行军演习经过河北省政府门口，即在省府附近，架枪休息十分钟。这是向例所未有的，架枪休息，是表示无敌视的意思。故意在省府门首行军，显有示威之意。并据报告，日军在天津中原公司楼上安装一门小炮，正对着省府。其种种威胁的姿态不一而足，而我方在天津附近的兵力已集结有三个师，有所准备。

三

1933年5月长城战起，北平军分会代委员长何应钦，电邀外交部次长刘崇杰偕部员沈觐鼎来平协办外交。刘崇杰到平后，安居北京饭店，日与欧美使馆人员宴游跳舞，不与日方接触。他所持的理由，谓日使馆系若杉要代办主事，不应与次长抗礼。实则，他是顾虑，一与日方接触则接受或拒绝其要求，均无办法应付，只好借口官阶问题，故意规避。南京蒋介石虽见寇祸日深，但他本无抗战的决心，乃亟谋外交的解决。而所谓外交的解决只是卖国求和而已。嗣即起用黄郛，授为行政院驻平政务整理委员会委员长。事实上，是一扩大的特任交涉员，而有节制地方之权。对内只增叠床架屋的行政机构，对外则仍系事事屈辱，一筹莫展。据我所知黄郛经办丧权辱国的外交，约有数端。

（一）在1933年5月31日，中日双方在塘沽签订停战协定，姑无论此协定的本身即为丧权辱国的外交，即在开会时，黄郛所指派的我方代表团亦颇为丢丑，有失国家体面。据我确知在开会那天，日方代表团团长关东军副参谋长冈村宁次，趾高气扬，首先指责在他来时，路经大沽口，看见沿岸尚有中国军事设备，不仅违反《辛丑条约》，亦与停战的意义不符，应立即撤除，否则即认为华方无诚意。我方代表团团长熊斌，丝毫不敢争辩，立即连声唯唯表示接受。嗣日方提出协定条文的正式草案，我方代表团仅作文字上的商榷，无人敢动主要内容，即行草草签字。而冈村态度傲慢狰狞大笑地说道：“你们无须斤斤注重文字。这是日本愿与中国停战，否则皇军可随时前进。你们知道吗？”当时熊斌等皆面色惨白，不敢作声，颇为日方所耻笑。

（二）在1934年5月中旬，有日本青年小岛助一到河北省丰润县第三区韩家寺日人本静次郎所设的三东洋行访友。适值有匪徒三名于14日抢掠该行，将小岛助一掳去，次日将其杀死，尸体遗弃郊外。日方即就此事大张其词，故使事态严重化。经由日本驻天津驻屯军司令梅津美次郎向河北省政府提出五项要求：（1）由河北省主席向日本驻屯军司令正式道歉；（2）惩办唐山公安局局长及县长；（3）赔偿一万元；（4）缉凶；（5）保证此后不得再有类似事件发生。按此案真实情形，系日人与我方为难，有意造成。先由浪人在该地毒打农民惹起公愤，才发生三东洋行被抢及小岛助一被杀的事件。我当时坚决拒绝向日军道歉，所持的理由是，根据中日条约，凡系日本、朝鲜人到我国各地，如有正当理由，必须先行通知我方，经我方许可后始负保护责任。小岛助一到丰润韩家寺访友，事前并未通知我方，故不能正式道歉。日方与我交涉无效，乃向南京政府外交部和黄郛提出抗议。事经多日，外交部不能解决，仍让我负责处理。黄郛、何应钦召我赴平研商此事。黄向我说："这个问题必须由地方解决。你向日本驻屯军司令道歉并不是丧权辱国，你就受点难堪也是为老百姓负责，免得事态扩大。你务要勉为其难！"此案经黄、何向我一再压迫，卒使我向日军驻军司令正式道歉。而黄郛"唾面自干"始终不以此为丧权辱国。但我自己曾向日方交涉过类似的案件。例如迁安县农民曾杀死朝鲜人二名，省政府仅以赔偿和口头表示遗憾了之，并未正式道歉。足见黄郛、何应钦并非支持地方政府，而为日寇效忠。

（三）汉奸郝鹏屡在津市扰乱，深为河北地方人士所厌弃；1934年间曾被津市人民在日本租界郝的住址，当天未破晓时将其绑架而出，送交省府。我因不知是否真系郝鹏，正派一从前曾跟郝做过科员的李聘卿前往对认，忽接黄郛由北平来电话谓："不能扣押郝鹏，恐事态扩大，无论如何须将其释放。"我当时未接受其指示，黄又一再通电话并立即派人来津促我立予释放。我乃将郝送至第五十一军司令部军法处审理，取具郝的悔过书，保证以后不再在河北骚扰始行释放。

综观黄郛三年来在北平所承办之外交事件无一不丧权辱国，有损国家民族利益。当初黄所以肯到华北与日寇相周旋，是想以其卖身投靠于日寇的关系，换取南京行政院院长的职务，或天字第一号的汉奸地位。但汪精卫始终为其劲敌，并较占上风，同时华北实权仍操之于军事委员会北平分会委员长何应钦之手，华北地方官吏对黄亦不支持，日寇多方勾结，亦非黄一人所能沟通。因此黄对北平政务整理委员会委员长一职，味同“鸡肋”，不足以饱餍私欲，终于1935年弃而南返。

四

自日寇在东北造成傀儡的“满洲国”之后，为了巩固伪满组织，就以张学良为其攻击目标，绝不愿东北军驻在与东北接近的地区，所以要将我的力量逐出华北。蒋介石的阴谋，向拟以外交解决东北；更愿借外人的力量，消灭东北军的实力。蒋一切为私，遂使华北政局更行紊乱，而我的处境益为艰难。在1935年春，何应钦、黄郛有一次邀我到北平谈话，即露出日方始终与我为难的口气。这时日方曾对别人私下谈过，“对我格格不入，始终没有办法”，认为拉我不成，乃在何、黄处对我加强压力。何、黄认为省府设在天津，常与日方冲突，不如迁至保定为妥，以此征询我的意见。我表示极不赞成，我说：“天津是中国地方，不能因日寇的威胁，即行迁走。设如迁至保定后，日寇再行威胁，我们还能迁至河北省外的地方吗？这是中国的主权问题，似宜熟筹而后行。”何、黄二人对于迁保问题，遂暂搁置。荏苒数月，日方对我个人所放空气，益行恶劣，必欲驱我离华北而甘心。1935年7月间，乃有《何梅协定》的秘密产生，其中主要内容虽未公布，而以撤我的河北省主席职务，及调走五十一军为其中心问题，自不待言。在《何梅协定》签字后，有一天，在一小时之内，何应钦由北平与我通电话两次，并命其办公厅主任鲍文樾与我通话一次，逼我辞职。何在第一次电话中说：“孝侯兄，国家现在已到这个样子，你一向是公忠体国的，在这艰难的时候，你若能表示辞一下职最好。”我说：“我辞什么职啊？辞主席职啊，辞军长职啊？我因为什么要辞职啊？容我考虑考虑吧！”何遂将电话中断。不久，又来第二次电话，说：“现在时事太困难，外交很难办，你为国家着想，最好还是辞职一下。”我答说：“这事如系日方提出，我们是中国官吏，若这么办，将来还有中国官吏没有？外交不管怎么困难，总该讲理，我为国家计，不能做丧权辱国的事。辞职的事，我不能，我是中央任用的官吏，中央有权，要免我的职、撤我的职均可，我绝不会闹出意外。可是对外交如此，太软弱啦！”稍候一会儿，鲍文樾又来电话，他说话的声音特别拖长，露有勉强之意。他说：“孝侯兄，现在的事，何委员长的意思，你还是辞一下职好些。”我说：“志一兄，你是知道我的人，我看得真的很，我不是恋栈这个地位。我们所受的外侮，已够受的啦！我现在哪能还受这个气，最后请你告诉何先生，除非于某人死啦，不死，有我这口气在，就绝不辞职！”说到这，鲍装作听不见，问我说什么，我又重复一遍，电话遂行停止。经过这三次电话，何应钦对于迫我辞职之事，遂亦搁置。（按我所以坚拒何应钦迫我辞职，当时是有两种心情：一是我实愤恨蒋介石、何应钦、黄郛等的顺服日寇，丧权辱国，从内心里，看不起他们这些人。二是因自“九一八”后，流亡关内的东北人，为数甚夥，我如离开河北，这些人失去照顾，我亦有负张学良副司令付托之重，心觉难安。）以后，何应钦约我到北平开会，对于省府迁保定问题，又行提出。他说：“天津本来系一商埠，省府在那儿，诸事多不便，最好迁至保定。”他在这次谈话里，未以日方与我常冲突为理由。我就表示说：“若问我的意思，还是不迁为是。不过一省省会的所在地，应由中央规定，若是中央命令迁保，我完全听从命令。”于是迁保之议，遂即实现。在省府迁保不久，中央颁发命令，命我率第五十一军开赴陕西西安，所遗河北省主席职务，由民政厅厅长张厚琬代理。以后我率五十一军进驻天水，还经过一个时期，才见去我河北省主席职务，旋又发表我为陕甘边区“剿匪”总司令。在免去我河北省政府主席职务时，尚有一段曲折的过程。那时张学良任军事委员会委员长武昌行营主任，在免去我河北省主席职务的命令发表前，蒋介石曾由成都致张学良一电谓“接行政院长汪精卫电，因对日外交关系，拟免去于学忠河北省主席职务，吾兄有何意见，速即电示”。张即立复一电，痛陈“中国的封疆大吏，不应以外人的意见为转移，如此例一开，国将不国。此事所关孝侯的事小，而对于国家主权攸关的事大”。电发旬余，未接蒋的回电，忽接蒋的秘书长杨永泰来电谓“委座前为孝侯兄免去河北省主席职务一事，电询吾兄意见，为何迄今未复？”同时南京政府业将免去我的河北省主席命令发表。这显系蒋介石、汪精卫、何应钦等共同的阴谋，为了接受日寇的要求，必须免掉我在河北的职务。在我的免职令发表后，张学良为研商对于流亡关内东北人士的安排起见飞赴成都晤蒋。而蒋竟以前电或因电线出有故障，未得收到为词，作为搪塞，其诡诈可笑如此。后我在天水居住半年，始发表为甘肃省政府主席。而华北的局势益危，何应钦亦不能在华北立足。通过萧振瀛与日方勾结的关系，宋哲元就出任冀察政务委员会委员长了。

王以哲

作为一个军人，放枪打不着敌人，白刃战时，刺不倒敌人，那还算一个什么军人？

● 1896年生，原名蓬峤，字鼎芳，黑龙江宾县人。

● 1918年，考入保定陆军军官学校第八期步兵科。

● 1928年，任东北陆军步兵第一旅中将旅长。

● 1933年初，率部出古北口抵抗日军。

● 1936年2月，在洛川与中共代表李克农进行停战谈判。4月，又陪同张学良与周恩来在延安会谈，双方达成停止内战、一致抗日的意见。

● 1937年2月2日，在东北军"少壮派"应德田、孙铭九等发动的变乱中，遇害牺牲。

九一八事变前后的王以哲将军

王凤起

得张知遇，如跃龙门

王以哲将军，字鼎芳，黑龙江省宾县人。日制中学四年毕业，后去北京投考清华、北大，没有考取。无颜回家，乃投笔从戎当了大兵。由于他能吃苦耐劳，很快被提升为准尉司务长、少尉排长。值保定军官学校第八期招生，考进该校步兵科学习。

王以哲从保定军校第八期毕业以后，满怀爱国爱家乡的心情来到沈阳，企图投效东北军。连日奔走，毫无头绪，眼看床头金尽，遂冒昧地写了一封毛遂自荐的短信，给当时的少帅张学良将军。信中内容大致是这样：目击日寇纵横，国势危殆，凡有爱国心的青年，莫不发指。个人身为军人且系东北人，不忍坐视，故于保定军校八期步科毕业后，径来沈阳投效东北军。孰料连日奔走，无人受理，似乎偌大的东北军，已经人才济济，连一个小小尉官都容纳不下了。然而我看到的是，东北军军纪不整，扰民特甚，为官者不知兵，只知吃喝嫖赌，为兵者以老百姓为刍狗。个人固不敢自誉为贤者，但在正规军事学校毕业，学有专长。还抱着一颗杀敌报国、整军爱民的决心，回到家乡，自谓当一名下级军官尚可充数其间。不料今竟穷途潦倒于旅邸之中，食住皆成问题，望钧座易力而处之，能用则用，否则，即请速赐回音，以绝流连之念，俾别作打算。

书上之后，他觉得没有多大希望，因为信中的语言，实际上就是骂大街，意思是骂一骂出出气，然后一走了之。以故把信发出后，就开始计划回宾县老家看看，再回关内投效直皖军。

当天晚间正忙于整理行装之际，茶房领着一位身着上尉军阶的青年军官，奉张学良将军之命特地来请王以哲去见少帅。王听闻之下，心情十分激动。张学良将军一见之下，深予器重，当派他为东北教导总队第一期的中尉排长，因为王在入军校前曾当过少尉排长。

为了报答张学良将军对他的知遇，恪尽厥职，大显身手。他所领导的一个排，六个月毕业后，迥然不同于其他各排。在他的带动下，该连的学术科考试成绩为全教导总队各队之冠。

教导总队第二期开学，王被提升为上尉连长。他的干劲也因之更大，与他比肩的人，十分嫉视他，诬告他标新立异，虐待学生，是踏着学生肩膀向上爬的人。当他声誉日隆之时，正是诬告他的信件最多之日。张学良将军为了查明真相，亲自到教导总队视察，举行操场野外演习、实弹射击和刺枪等测验。恰好王以哲连的学生各科考试测验的成绩又为全教导队之冠：其中以实弹射击的成绩尤为突出。他的一连的学生没有不及格者，最难能可贵的是，过半数学生皆得满分。

在这次检阅讲评大会上，张学良将军非常高兴，他觉得个人有知人之明，当着全总队的学生和军官的面，反把告王以哲的信件当场焚毁，把诬告人予以严厉谴责。鼓励王以哲继续努力，不要有所顾虑。他说："你的成绩就是你在工作上的一面镜子，诬告你的信件就是对你的表扬书。"

教导总队第三期开学，王以哲升为少校营长。值郭松龄反奉，张作霖以教导总队为基干编成一个师，总队长王瑞华为师长，把教导总队的三个营编成三个团，王以哲由少校营长一跃而升为上校团长。

打败郭松龄，张作霖转危为安，张学良率第三、第四方面军再次入关。东北军由来已久的劣习是军纪太坏，为了整顿军纪，张学良将军决定给予穆春骑兵以缴械撤销番号处分。他亲自和卫队旅长姜化南少将到张家口车站处理此事。由于准备工作欠周密，在缴械过程中发生武斗，姜化南当场被打死。张学良幸免于难返回北京后，擢王以哲为其卫队旅少将旅长。

这个时期东北军发展很快，里面良莠不齐，由于土匪改编过来的部队，一直是野性难驯。接着第十九师又行整编，张学良将军为了使这个部队迅速好起来，乃提升王以哲为第十九师中将师长。到此，王以哲将军由中尉排长升为中将师长仅仅四年，连升六级。可谓风云际会，一帆风顺。但亦由于本人能干、肯干，方能致此。

恩威并用，治军有方

王以哲将军不仅对当代军事学术学有专长，对古代兵法也很透明。他一方面推崇汉李广、唐郭子仪以恩义得士卒心，一方面也赞扬与李广齐名的程不识，与郭子仪齐名的李光弼治军以严的作风。他在教导总队充排、连长时，每饭前和就寝前的一点空余时间必做刺枪、瞄准射击等各种基本动作。在他的身体力行带动下，学兵们也以此为乐，而不以为苦。他经常告诫说：“作为一个军人，放枪打不着敌人，白刃战时，刺不倒敌人，那还算一个什么军人？！”他虽被控告为“王扒皮”和虐待学兵，但经他教育出来的学兵，一致称赞他是最贤明和最能干的青年军官，经常以他为榜样进行学习。

王以哲特别重视教育，当第十九师师长时，向张学良将军建议创办学生队，招收初中毕业生进行五年初级军事训练和高中文化课的培养，毕业后达到初级军官所具备的军事知识。这些学生很多成为他的基本干部。王以哲将军任第一旅旅长兼任东北学生队教育长时，时常听他训话，讲解军风纪与战争胜负有很大关系。他曾一再提到岳飞之所以能百战百胜，成为南宋中兴的名将，主要原因是岳家军的军纪严明，深得人民大众的欢心和拥护。再加上岳飞的勇敢善战和率先躬行，故能以少胜多，百战百胜，金人常说："撼山易，撼岳家军难。"

在他的旅司令部办公室中悬挂很大一幅刺绣字画，系南宋中兴名将岳飞写的诸葛亮前出师表。王以哲召学生队同学到第一旅参观，同学们走进他的办公室时，大家不约而同地都围拢上那幅大字画。王以哲笑着说："大家对这幅字画很感兴趣，大概因为它是岳飞写的诸葛亮的出师表。你们都看过三国演义，当知诸葛亮成为智慧的化身其原因安在？诸葛亮一生的最大长处又是什么？"

王以哲猝然发问，同学们思想没有准备，一时谁也答不出来。他接下去说："依我看诸葛亮一生事业的根基，完全得力于他的淡泊宁静的修养功夫。世界上唯有极冷的人，才能做出极热的事业来。诸葛亮隆中高卧，笑傲风月，该有多么冷。一旦被刘备请了出来，受任于败军之际，奉命于急难之间，乃东连孙权，北拒曹操，西取巴蜀，南服孟获，六出祁山，席不暇暖，该是多么热？前后出师表鬼神壮烈，真的做到了鞠躬尽瘁，死而后已，说到哪里做到哪里，其一生行事，光明磊落。读历史学古人，应该从中吸取适合我们做军人的地方。在行空城计时不慌不乱、镇定自若，这绝不是个简单的事，何以有此？淡泊宁静而已。"

正因为王以哲推崇岳飞、诸葛亮等历史人物，虽在戎马倥偬中也手不释卷。当时人们都呼他为"儒将"。他曾著过步兵操典解释，文长20余万言，当时东北军的初等军事教育机构中，被当作很有价值的参考材料。

王以哲贵为中将旅长，深得张学良将军的信任和倚重，身兼数职，而生活却极简单朴素，毫无官气。他好学不厌，诲人不倦，百忙之中抽出时间来和学生队的学生混在一起，暑假每晨必到校把自愿留在学校休暑假的学生叫起来共做晨操。他的操场动作熟练已极，口令恰到好处，动作起来特别整齐，学生也感到轻松愉快。他的指挥水平确比一般军官高出一等。由此可以看出王以哲将军在教导队所取得的成绩绝非偶然。这与他刻苦钻研、学有专长是分不开的。盛名之下，必无虚士，信不谬也。

1931 年暑假期间，他稍有暇即到学生队给学生讲述军事技术上一些较为复杂的知识。他还亲自领导同学们进行路上测图和简易测绘。初期，有些同学不高兴地说："我们是在休暑假，不是上短期训练班，教育长为何不顾疲劳折腾我们？"以后大家看到真的学会一些在课堂上学不到的东西，并且也觉得和教育长在一起就产生活力，他的教学方法灵活多变，兴趣横生，再累也不觉得累。原先不高兴学习的同学也积极起来，只要听到教育长来校，同学们不约而同跑去他的休息室问长道短和他闲聊。他总是和蔼可亲、循循善诱，因此常常地把午餐误了一二小时。同学们只要提起教育长由衷地感到敬佩和恭顺，一致呼他为鼎公老师。

暑假结束的前五六天，教育长王以哲郑重其事地请同学们到沈阳北大营第一旅，参观野外演习和士兵们的业余生产情况。同学们对这次参观热情很高，早 4 时起床，早餐后 5 时左右到达北大营旅司令部。王以哲早已等候在那里，他笑着说："这个暑假，你们确实辛苦了。这次来大营以娱乐为主，参观为辅，我已令副官们给你们准备许多好吃的东西，不必拘束，尽情地吃喝玩乐吧。现在先去参观野外连的对抗演习，然后吃午饭，休息一小时，再去参观工厂。"

第一旅的工厂办得很好，获利甚多，都用来改善士兵的物质生活，接济比较贫困的士兵家属。设有招待所，专为招待来部队探望士兵的家属。这些措施是当时别的部队所没有的。

王以哲每次校阅部队或举行各种竞赛，结束以后，总是有升迁调补的变动。在他的麾下没有一点长处，企图以逢迎吹拍向上爬的人，肯定是找不到市场的。从他惯用考试的方法来提拔干部，可以证明他是一个用人唯贤者。

在他的麾下所有军官佐和学兵们都锐意钻研学术，到处都可看到一些手不释书人，背诵外语单词和古典文学作品；练习刺枪和瞄准射击等动作，假日里课堂也常是满满的。该校号令十分森严，处处有规章制度可依，人人有所遵循，一点忙乱现象也没有。今天回想起来，王以哲将军确系军事上的人才，公正廉明，爱惜士兵，爱护国家，既有学识，又有治军的才能。

拗于服从，卒成大错

1931 年九一八事变之前，日本以所谓的中村事件，每日向沈阳军警宪挑衅，惹得市民人心惶惶、不可终日。学生队同学上课都不安心了，大家一致要求教育长王以哲将军予以解释，请他阐明应以何种态度对待此种严重局势。大火业已烧到眉头，谁也再不能静下心去学习了。大家义愤填膺地要求和日本一拼。

九一八事变前三天，王以哲来到学校，当着全体学生和官佐们发表他对当前形势的看法和应付的对策。在困难紧急关头，必须沉着冷静，服从命令，他严禁学生和士兵在这一期间离开营房或学校到大街上去，使日本人找不到寻衅的借口。他再三强调军人以服从为天职，决不能违背长官的命令，上级让他怎样行事，他就怎样做。他也谈到日本已经欺压中国到了极点，确有“是可忍，孰不可忍”的想法。从即日起每天午后完全改为操场教练。

九一八夜里，王以哲在荣臻（张学良的参谋长）的办公室里用电话指挥学生队的总队长汲绍纲上校把学生手中的武器全部收缴起来，存于库房之中以防闹事。当日军猛攻沈阳北大营之际，王以哲命令东北学生队的学生暂行放假回家，听候命令再行复课。

第一旅闯出重围，开往山城镇，王以哲化装逃出沈阳跟上自己的部队。由于他忠实地执行了不抵抗的政策，又把部队辗转带进关内，驻防在北京清河大楼。

当全国人民一致起来声援东北义勇军，以实际行动支援马占山的江桥抗战时，部分逃来北京的东北学生队同学找到王以哲，请他讲讲当前国内外形势，他的神色显得抑郁和沮丧。一开始就无精打采地说："你们今后别再尊我为先生了。我最大的短处就是无知和没有远见，对国内外错综复杂的情况，没有足够的研究，对历史知识也很少，因之认识总是落后于形势的发展，作为一个高级将领来说，这是不可原谅的。马占山将军是个行伍出身的大老粗，却一下子成为举世歌颂的民族英雄，我从内心钦佩他的大无畏精神和富有正义感。回想我在沈阳有那样好的抗日条件，却成为不抵抗主义的跑龙套者，既可恨亦复可耻。看起来古人所谓'士光器识而后文艺'，真是至理名言。我读了许多书，却未能活用。往往拗于书成为书呆子，还不如那些没有读过书，单凭理去做的人，来得干脆。你们还问什么国内外形势，报章杂志上不是论得很透彻吗？无助自助者，我们自己受侵略而不先去流血抵抗，却把希望寄托于别国的干涉和声援上，岂非等于一个傻瓜角色。在那样大好的既设的国防工事没有抵抗，坐以待毙，拱手把大好山河送给日本人，作为一个军官，作为一个带兵的将领来说，该是多么愚蠢！我永远也忘不了这个奇耻大辱。"从此以后，人们已经明白鼎公不是在沈阳时的教育长了，他的言论和想法完全变了。不仅如此，他曾一再向张学良将军建议，别再听蒋介石的那一套中央外交了。他认为，东北人的事应由东北人自己来决定。东北军应立即联合一切爱国人士和爱国的军事力量，单独和日本人周旋。到一定的时期，必然会引起国内外形势的变化。这些变化，对东北军都是有利的。

王以哲像赎罪似的，尽一切力量支援抗日的军队。派遣学生队的学生到义勇军里做工作；当第十五路军支援抗日，他的这种跃跃欲试的举措，自然抵触于蒋介石的不抵抗的卖国政策。此时全国人民已一致起来要求蒋介石下令抗战，去南京请愿者风起云涌，一浪高过一浪。而握有一师（此时王以哲的第一旅改变番号为第一〇七师，而人数不变）兵力的王以哲将军，又恰恰与这些请愿者同样的主张，因此就把他调为北平军分会第一处（军衡处）的中将处长。

正气凛然，婉谢蒋诱

1933 年热河失陷后，全国舆论和人民对不抵抗主义攻击特别强烈，蒋介石为了寻找替罪羊，到保定召见张学良将军，让他承担不抵抗的罪责而引咎下野。

张学良临下野之前，为了使其军队团结巩固，把东北军编成五个军，每军辖四个师。王以哲将军是后起之秀，被编为第六十七军军长。一次，我去见王以哲将军告以大学里的种种情况，他喟然叹曰：“这年头的书，也用不着读了，学什么也没有用场，国已不国，还待在象牙塔里干啥？依我看，现在机关枪就是政治。一个浑蛋透顶的军阀有几万大兵在手，就可以割地自雄，当起土皇帝来。你们知识分子看不起大兵，才不想当兵，所以也就掌握不着机关枪。因此，政权也就到不了知识分子的手里，而听任坏人的支配。我希望你再穿上军衣，学点杀敌救国的本领，可能比空谈救国更实际一些。”

热河沦陷，长城不守，日军进逼北京，眼看热河即将继东北而亡。国家确已到了风雨飘摇、任人蹂躏的时候了，真是人心惶惶不可终日。此时只要听到鼎公在家，总想找他聊聊，请他指点迷津。一些同学要求到他的部队参加抗战。他劝说：“趁年富力强，可进中央军校学习三年，毕业后再回到东北军。”他还让同学们到日本士官学校和日本陆军大学学习。他说：“我只希望你们爱国爱家乡，别忘记抗日就行了。”我们很多学生队的同学因以王以哲的鼓励指导考进了中央军校第十期。

在军校学习期间，某次纪念周上，蒋介石谈及东北军的情况时，对王以哲将军给以很高的评价。他认为东北军高级将领中，有政治远见而能力最强者，当以王以哲将军为最。并且说对王这样的人才，应该和他常接近一些。弦外之音，要拆散东北军的团体，应该从王以哲入手。

没过多久，蒋介石电召王以哲到庐山开军事会议。一见面就把王以哲将军表扬一番，并赏给他五万元。他暗示：只要王以哲将军能直接听他调遣参加“剿共”，要官有官，要钱有钱，把东北军组成某一路军，由王以哲将军担任总指挥，取代张学良的地位。王以哲将军直截了当地说：“我是张副司令一手提拔起来的干部。他临出国时一再叮嘱我，有关重大问题务必和他商量后再做决定。请委座直接和副座商量，只要他同意把东北军调出来‘剿共’，我是绝对服从命令的。非然者，背信弃义，只图个人的禄位，我将不齿于侪辈，有人如此，委座又何取焉。”蒋介石满以为他惯用的法宝，一个官，一个钱，就可以收买一切，就可以制服一切。无奈偏偏遇到了讲道义、重诺言，正气凛然的王以哲将军，他的法宝也就黯然无光了。蒋介石愕然不知所对，于是心忌王以哲将军。

为了抗日，急谋联共

张学良将军从欧洲回国，为了重新掌握军队，就任“剿总”副总司令，对蒋介石的话十分服从。把急欲抗日的东北军全部南调，投入内战。

王以哲将军从东北军南调参加“剿共”时起，他觉悟到待“剿共”完了再行抗日，则抗日将永无实现之期。

他曾和我们东北学生队的同学谈过“剿共”的问题。他一再强调当前中国是军阀割据的局面，列强虎视眈眈，哪还容得我们再打内战？况且“剿共”军事，尽人皆知，绝不能短期结束，未等内战停止，而中国早被日本占领了。兄弟阋于墙必被外人欺辱，这是一点普通的常识。所以我认为只有联共抗日，才是求生之道。这并不是因为我们都是东北人而喊抗日。很明显，日本旨在灭亡中国，称霸世界，不达目的决不罢休。我们的国土有限，而日本的私欲无穷，以有限的国土，填无穷的私欲，势必灭亡中国而后已。试问，国已不国，还“剿”什么共？

已经尝到了“剿共”的许多苦头的王以哲，认识到消灭红军绝不是一件简单的事，也领略了蒋介石对东北军的黑心。如果长此下去，非但消灭不了红军，首先是把东北军自己消灭了。同时也清楚看到共产党所倡导的全民共起抗日口号，无一不暗合他个人的意图。

1936 年 1 月，王以哲的第六十七军第一〇七师第六一九团团长高福源从红军回来。高团长是 1935 年 10 月在甘泉榆林桥战斗中，被红军俘去的。在瓦窑堡高福源参加东北军军官政治学习班，还被选为学习班的班长。学习期间，周恩来副主席曾亲临该班做了一次报告，形象生动地分析了抗日道理，指出全国团结一致抗日的重要。周副主席的亲切讲话，打动了高福源，给他很大启发和鼓舞。他决定返回后把所见所闻传给东北军，并准备向张学良将军做联共抗日的说服工作。

高福源回来时正是张学良从上海回到西安之后，切盼与共产党取得联系的时候。高是王以哲的亲信团长，回来后把在被俘期间的感受，密陈之于王以哲将军。恰好王将军受张学良将军的委托，让他在前线寻找共产党的线索。王对高福源的归来很高兴，尤其对高福源带回红军给东北军的一封信。信的内容是要求与东北军停止内战，共同抗日，王以哲更为高兴。王以哲即给张学良将军发了电报，张学良将军立即接见了高福源。高福源见到张学良，递交了毛泽东主席和周副主席给他的信，陈述了共产党的爱国抗日的方针政策。张学良此时已经彻底认识到“先安内而后攘外”的政策是十分错误的。因此，他很高兴高福源的归来。他派高福源仍回瓦窑堡，并由高带回一封信，约中央负责人相见于洛川。

1936年2月底，王以哲与中共代表李克农在洛川会见。3月5日，红军与王以哲的第六十七军订立了互不侵犯，各守原防，开展红白通商的“口头协定”。

同年4月9日，张学良、王以哲两将军和周恩来同志在肤施（延安）清凉山下的桥儿沟天主教堂里举行会谈。参加会谈的中共方面还有李克农、刘鼎两同志。在这次会谈中，双方坦率交换了意见，协调了部署。完全同意停止内战，共同抗日，互派常驻代表，并解决了通商等一系列问题。这样，红军与东北军由过去两军对峙的局面，变成了能够合作的友好关系。

王以哲将军从亲身经历中认识到，中共红军是真正抗日的主要力量。他曾经说：“若果全国各党派皆像中共以救国为先，我们便用不着对日寇恐惧了。我们中国也就可以得救了，我们东北人也就可以回老家了。”当时红军与东北军为抗日救国而进行的各种联系，有许多都是由他转达和沟通的。他是东北军中与我党、我军联系较早，关系密切的主要将领之一。

办军训团，统一思想

为了整训东北军，灌输进步抗日思想，张学良将军于1936年6月创办王曲军训团。团长是张学良自己，副团长是杨虎城将军，教育长是王以哲将军。共办四期，前两期的教育长是王以哲，总队长是缪澂流，后为沈克。后两期的教育长为黄显声[①]。

在王曲军训团第二期开学前一周，张学良将军命令王以哲将军对60名军校毕业生进行为期一周的思想教育，启发同学们爱国爱家乡，不忘

① 据曾任西安西北“剿匪”总司令部参谋惠德安回忆，在王曲军训团教育长王以哲之后，张学良曾任命原第五十七军军长董英斌为王曲军训团教育长。

记在日寇铁蹄蹂躏下的东北同胞。

教育长王以哲对南宋末年的文天祥，不计成败抗元的民族气节推崇备至，并请专人讲解文天祥的正气歌。他虽未公开骂“安内攘外”的卖国政策，但每次讲话结尾时，总是论证中国的大患是日本的侵略。而所有侵略者的狼子野心是永远不会满足的，也总是得寸进尺，直至把弱者消灭而后止，因此退让装老实是行不通的。有一次我利用周日到西安城内粉巷 27 号王以哲将军家去请教。我提出来到西安后，心情十分沉重。简单说，我有一个隐忧、两个不解。一个隐忧是：东北军内部思想不统一，副座周围有些人的讲话和副座的意向不合拍，实在是东北军的不祥之兆。两个不解是：东北军真有决心要和中央军火拼，更应隐蔽其企图，不能使对方有所警觉和防备，可是我看到的和听到的，则是一些虚张声势的叫嚣，如果我们无意和中央军冲突，而令它误解我们要打它，这是自危之道，此我之不解者一也；王曲军训团训练的主题处处显示出和中央的国策“先安内而后攘外”相矛盾，而且是针锋相对的，难道蒋介石会听之任之吗？我说完这些话以后，鼎公说：“副座周围的红人确很骄傲，自命不凡，但他们官阶不大，地位不高，不至于像你所说的那样为害之烈吧？至于‘两个不解’，这是由于你初来乍到不太了解东北军内情的缘故。蒋介石了解东北军比东北军自己还清楚，他深知副座是忠于他的。他曾对副座说过：‘你的部下和中共勾勾搭搭，你如管不了，可把部队交出来，由我来代你管管。’副座回来对蒋介石的话也曾产生过疑虑，深恐蒋介石夺走他的兵权。后来通过事实，蒋并未让他交出部队，才渐渐打消了疑虑。蒋深知东北军是一个思想杂乱的部队，说啥的都有，干啥的都行。可是他也深知张副司令在东北军里的威信是特别高的。因此，只要掌握住张学良将军，别的也就用不着深究了。按照目前东北军的言行，若不是蒋介石对副座有所了解，他是不会容忍的，然而这样的局面必不能维持长久。我这个一向忠实于副座的人，今后处境将越来越困难了。”王以哲将军说完这些话，精神显得疲倦，我当即告辞。

对于抗日问题和东北军的现实存在的问题，我写了一份万言书，在王曲军训团开学后一周的一个晚上，我当面把这份材料交给教育长王以哲将军，请他得暇看看，如果有利于国家民族，有利于东北军，就请便中转呈给副座一阅。教育长真的仔仔细细地把该万言书看了，并在材料上加上顶批和圈点。

军训团第二期毕业前数日，在一次晚会上，教育长令我们60名毕业生临时退席回宿舍练习唱歌。然后向在座的其他东北军军官说："希望诸位同仁对军校的60名毕业生勿存派性，应当好好地提携使用，他们都是学有专长、热爱家乡才报名来到东北军，勿令他们的热情受到挫伤，希望变成失望而去。别以他们都是20多岁孩子而轻视，须知古往今来的英雄人物多出自少年。有志不在年高，无志空活百岁。"

正因为王以哲的声誉越来越高，诽谤诬蔑他的流言蜚语也越来越甚。说王以哲将军是保守派的头，在军训团里好讲《大学》之道。我们60名毕业生都参与军训团第二期受训，没有听过王以哲将军本人讲过《大学》，只是听过别人讲过《大学》，主持人是陈旭东上校。还请王晶周上校讲文天祥的正气歌。在军训团整个训练的全部科目中这些古典东西所占分量是很少的，即令讲讲也不过是用来敷衍一下特务而已。因为蒋介石在庐山军训团专讲《大学》《中庸》之道，王曲军训团创办时也是借用整军"剿共"的名义，怎么可以一下子全讲新的进步内容？军训团训练的项目有政治、经济、国际形势、军中利弊、游击战术等。另外，主要讲的是鼓舞学员提高抗日情绪，大唱抗日救亡歌曲，如电影《桃李劫》中的毕业歌和《义勇军进行曲》以及《大路歌》等。由于王以哲将军唱歌的热情很高，常常占用学员休息时间，我们60名同学中有一名叫孟祥武的同学，当众向教育长提出意见："唱歌的时间过长，不合乎卫生，且常常占用学员休息时间，既违反学校的规章制度，更有损学员的健康。"

教育长听完孟祥武的发言后，很不高兴地说："小小的年纪，这么一点苦又算什么？唱唱歌就嫌恶这个'长'，那个'短'？"逗得大家都笑了起来。在我们同学看来，王曲军训团无疑是抗日训练班。同学们私下议论说："东北军真要单独去抗日吗？"从这些事实都可以说明王以哲将军是坚决执行张学良将军的指示和意图的。

战和之争，大树为摧

东北军在西安事变前已经形成所谓的少壮派与稳健派。西安事变后，少壮派认为蒋介石不敢真的打内战，只要东北军摆个要作战架势，中央军就会软下去。他们还认为为了营救张学良将军回来就是冒险打一仗也是应该的。稳健派认为张学良将军被扣在南京，东北军主动权完全丧失，只能接受中央的条件和平解决。王以哲表示同意稳健派的意见。

西安事变前，有人已经诬蔑过王以哲企图取张学良而代之。张被蒋扣押在南京以后，东北军内部主战主和两派斗争很激烈。而王以哲又主张和平解决，再加上蒋介石派遣的职业特务推波助澜，大肆造谣说王接受蒋的贿款，足有一飞机的钞票，使矛盾愈形复杂尖锐。

1937 年 2 月 1 日晚上，主战派少数领导人贴出"除奸"标语，秘密策划了杀害王以哲将军的行动。2 月 2 日早晨，孙铭九、应德田等为了争取别人的同意和支持，用车把住在西安比较有实力的军官接到金家巷，如炮七团团长刘佩苇早晨尚未吃早饭，即被来车接到金家巷。

王以哲将军卧病在床，不能动转。室内仅有军医一名和他的夫人。当凶手于文俊闯进病房，不容分说，举枪要打时，王将军立即把被蒙在脸上说："我是忠于张副司令的，你们竟敢这样胡作非为，东北军的前途，张副司令的命运和你们自己的未来，一切全完。"凶手竟毫无顾忌地开了枪，射出罪恶的十粒子弹，击中七弹，一代儒将，忠于张学良、忠于东北军，作为东北军团结的核心人物的王以哲将军，竟毫无代价地惨死于这群宵小之手，享年仅41岁。

周恩来副主席亲率中共代表团成员给王以哲将军至唁。2月4日，毛泽东主席和朱德总司令等领导致电王以哲的家属。电文云：“鼎芳先生努力于抗日民族统一战线，不但是国家民族之干城，亦爱国人民之领袖。此次主持和平力求统一团结，乃见恶于少数不顾大局之分子，遽以身殉。”

事后不久，东北军被蒋介石分化瓦解了。

何柱国

渤海湾头，长城之下，我忠勇将士所流之一滴血，亦有崇高之代价，以照耀千古也。

- 1897年生，广西容县人。
- 1916年，考入保定陆军军官学校第六期。
- 1919年，任保定陆军军官学校骑兵科战术教官和分队长。
- 1928年11月，任东北陆军第三旅中将旅长。
- 1933年1月，任第五十七军军长，参加长城抗战。
- 1936年，西安事变爆发后，支持张学良，拥护共产党关于和平解决西安事变的主张。
- 1937年8月，任骑兵第二军军长，会同八路军协同华北抗日。
- 1940年，任豫皖苏边游击副总指挥。
- 1941年5月，任第十五集团军总司令。
- 1943年10月，获三等宝鼎勋章。
- 1985年9月3日，病逝于北京。

山海关防御战

何柱国

战前形势和我军的防御措施

1933年春，国民政府对日本侵略者一再屈辱忍让，对内加紧“剿共”，国难日深，这是我国兴亡治乱令人心悸的关键时刻。斯时我奉命驻守山海关。

当时的任务，是既要守住这个天险，阻止关外的日军继续入侵，又要避免与日军冲突，影响中日谈判，牵动全局。张学良屡次嘱我要不亢不卑，妥善应付，对长城以外之日本关东军，要取敌视态度；对长城以内山海关、秦皇岛各地根据《辛丑条约》驻扎之日本驻屯军，则应与其他国家的驻军同等看待。

大家都知道，山海关上有“天下第一关”的题字，这当然不是没有根据的，因为山海关背山临海，形势险要，自古即为军事重地，李闯王的失败和直系的没落，两次战争都是在这里决定胜负的。这样重要的关口，如在通常的国家，无疑要划为军事禁区，不容外国人窥视。可是由于庚子八国联军之役，《辛丑条约》的签订，北京、天津直到山海关沿路战略要地如廊坊、天津、塘沽、滦州、秦皇岛和山海关等，都曾驻过英、法、意、日、俄等外国军队，“天下第一关”这个具有重要战略意义的要塞，便在不平等条约束缚之下，而完全丧失效用，并且一变而为一个复杂的国际军队屯戍的所在，彻底地撤除了中国的国防。从此榆关这个要塞[①]，就不是中华民族用以防御外国侵略的堡垒，而是各帝国主义者借以进攻中国，尤其是进攻华北的通道。

日本军国主义者凭借《辛丑条约》，滥用《辛丑条约》，在榆关所造成的优势军事阵容，使中国对于防御上形成种种困难。我当时的司令部所在地临榆县城，南门外车站就驻有日本的守备队，车站南不远则是日本兵营，东山外距前俄国兵营不远又是关东军。因此，榆关的南门和东门都在日本驻兵的监视下，我们只有北门和西门可以“自由”出入。此外，城内外又有不少在治外法权和日本驻军的掩护下做情报工作的日韩侨民。因此，我们一切军事行动，哪怕是极微小的动作，都瞒不过敌人的耳目。另外，榆关既在沿海日本海军的大炮射程之内，西南不远又有秦皇岛的日本驻军可以随时切断我们的后路。同时榆关东北由五眼城至吴家岭之线掌握在关东军手中，居高临下，可以控制榆关。我就是把守这样一个关口，所带部队初期仅有一个旅，而不能分兵九门口和秦皇岛等处；榆关城内实际只有两个营。这就是我在榆关所处的地理军事形势，日本侵略军任何时候都可能发动海、陆、空对我军进行突然袭击。

显然，这种军事形势对我是非常不利的，但这并没有使我气馁。实际上使我为难的却是另外的事情，那就是当时在我上面掌握国家大权的南京政府，没有一个明确的对敌政策，形成了一种不战不和、被动挨打的尴尬局面。当时蒋介石实行所谓“先安内后攘外”的政策，千方百计地阻止东北军抗日，而东北军则借口听命中央，实际是在很大程度上把中国的命运寄托在九国公约和国际联盟身上。东北军方面，因为过去

① 临榆县城设在山海关城内，故山海关又称榆关。

既有俄、德、法三国干涉还辽的历史，当时又有九国公约的保证，以为西方列强无论如何不会袖手旁观。日本到头来总是吞不下满蒙的，而“九一八”以后，又有国际联盟的多次开会和决议以及所谓调查团等等，加上1928年皇姑屯炸车案，许多人都认为只要能够沉着应付，不放一枪，使日本找不到任何借口，就可以避免事态的扩大。这一切，都使东北军很多高级将领产生一种错觉，以为不抵抗是上策。我记得锦州失陷前，日本曾一度要求张作相出来办理东北全局的交涉。我因在锦州吊丧之便问过张作相，他除了声明决不能做对不起张老帅的事情之外，还很有把握地说：“日本无论如何吞不下东北，东北总归是我们的，大家不必担心。”这几句话可以代表当时东北军大多数高级将领的看法。所以九一八事变，东北军的不抵抗，蒋介石固然要负主使之责，而东北军自己也并不是没有责任的。这里要指出，今天事实确已证明，日本吞不下东北，这和我们当年所想象的完全是两回事。我们当年所想象的并不是日后事实所显示的那样，要经过八年抗战与联合世界上一切民主力量击毁整个法西斯反动力量，才能打败日本，从而收复我们的东北。那时以为如同过去三国干涉还辽那样，不必流血，可以坐待西方列强代我们强迫日本吐出来，乃是一种愚昧无知的想法。就因为这个缘故，当时无论中央政府或者地方当局，对于日军的咄咄进逼，一直没有明确的对策，指示前方将士的除了“避免冲突”四个大字之外，其他什么也没有。因此前方将士常常落入愤懑、隐忍、苦闷和无可奈何的为难处境。

当时形势如此，而我身当其冲，又是如何呢？首先，我应该承认，我对西方列强也有如上所述的那种无知而且可笑的幻想。但是，如果日本还要进关，那就不是东北属谁的问题，而是整个国家和民族生死存亡的大问题了。作为守土有责的军人，至此再无任何不抵抗的理由，这也是当时包括我在内的一般东北军高级将领的意见。因此，我应付敌人的方针，总的说来是这样：能拖，尽可能地拖一拖，拖到不能再拖的时候，那就要尽可能地拼，拼完了拉倒！我就是拿定了这个主意同日本侵略者周旋了一年又三个月。

自从锦州失陷之后，日本方面秉承军部意旨，经常负责同我周旋的是属于天津驻屯军系统的秦榆守备队队长落合甚九郎。他是日本有名的落合大将的儿子，曾充任日本士官学校中华学生队战术教官和中国陆大教官，熟悉中国情形，认识不少东北军的高级将领。落合和我见面次数很多，有时他来我司令部，有时我去他的兵营，相互也常留饭。每次在他那里留饭时，随我去的人员为了防备对方下毒，总要找机会给我换杯子或换筷子，这是同事们的关心，实际也是必要的。我们见面常常是为了协商关于伪警和我们义勇军的问题。日本侵占锦州之后，将北宁铁路沈榆段改名为奉山铁路，并在山海关设站，除日本宪兵和守备队外，又派来伪警在车站检查旅客。伪警之中多半是日韩浪人，他们先则住宿站内，后又迁入铁路附属房屋，横行不法，无所不为。对于这些伪警，因为有治外法权的关系，我们是很难直接取缔的。为此我曾几次找落合交涉，落合总是推说那是“满洲国”的事情，他无权干涉，要我去向“满洲国”交涉，而所谓“满洲国”是我们万难承认的，这就难住了我。可是关于义勇军的事情，那就正好来个相反。关外义勇军不时奔走于关内外，而且要常常办理军需给养，我则常常支援义勇军，为了这个问题，落合和我常常发生争吵，落合每次提出，我总是推得干干净净。这可以说是礼尚往来。到 1932 年 5 月初旬，有一名赵国思者，他曾经参加过义勇军，袭击过绥中，后来流为盗匪，被临榆县政府逮捕拘押。日本宪兵强迫县长将该匪犯提去，并以一份未经协商的所谓协定逼我签字，声言如不签字即将自由行动。其协定中有这样的条款：“依照中国官宪之希望，于中日逮捕义勇军或拘禁时，中日官宪双方须通知其状况，有必要时，须协力援助。本协定虽然超过国际公法及条约以外，但仍出于双方之好意者。”这当然是我所万难接受的，因此断然予以拒绝。从此形势逐渐趋于紧张。日军屡次增兵、演习、射击，不断向我军挑衅，我也积极做了准备。

7月间我被任命为临永警备司令，辖区为临榆、抚宁、昌黎、卢龙、迁安五县和都山设治局地域。辖区内驻军除我自己的独立步兵第九旅外，还有独立步兵第十二旅，骑兵第三旅，炮兵第七旅第十三团之山炮一营和工兵第七营，都归我指挥。至此，我总算有了一点可以抵挡一阵的本钱。于是我决定了一个防御计划，并依此计划积极兴建军用道路和通讯网，以及其他一切必要的防御工事，到10月间大体完成。

这里把我的防御计划简要地说一下，这在军事上也可能是一个值得研究的问题。第二次直奉战争我参加了，在这一带作过战，而且第二次直奉战争就在这一带决定胜负，因此，我对这一带地形颇为熟悉。据我所知，由关外到关内，有两条通路，即热河通路和山海关通路。热河一路多山地，乍看似乎易守难攻，其实山地多，死角也多，容易突破，所以守的方面非有纵深配备不可，但战线太长，事实上不可能处处都有纵深配备，因此反而易攻难守。至于山海关一路，两面受到黄土岭和义院口等处迂回威胁，正面有角山寺大山隔开山海关和九门口两地，这样就把战场分割了。同时，山海关前面，既有五眼城一线地形高于山海关，背后又有秦皇岛之敌，随时可以切断我们的后路。山海关只能作为警戒阵地，而不能作为主要阵地。因此，我把主阵地放在北戴河至界岭口东侧大山这一线。这一线可以控制秦皇岛、山海关和九门口三个方面，化分散的战场为整体战场，易守难攻。我曾经说过北戴河一线是“再筑长城”，因为山海关内，过了滦河就是华北平原。滦河以东山区对华北平原，好比是一个牛鼻子，只要拿住这个牛鼻子，就可牵动整个的华北平原，而北戴河一线多平坡地，死角少，乃是滦河以东地区最理想的易守难攻的一条线，这同山海关外只要掌握锦州地区的医巫闾山一线，就等于拿住了东北的牛鼻子；可以牵动整个东北，是同样的形势。我把主力配备在北戴河一线，准备在这里同敌人展开决战，至于山海关和秦皇岛只配备了两个团，准备实行步步阻击而已。

上述防御计划和各种防御措施大体完成之后，我顿觉心定气壮，胸有成竹，应付裕如。其时日本关东军调动频繁，形势日紧，而落合对我的态度比过去温和得多，显得异常狡猾。从 11 月底开始，他以取缔义勇军和确保伪“满洲国”的安全为借口，要我创立一个包括滦东和热河的缓冲区。落合对我说：日本可以相信我，可以给我足够的军饷军械，帮助我拿下热河，仍悬青天白日旗，以反对蒋介石的不抵抗主义为名，实行独立自治。唯一的条件是要我切断对义勇军的联系。落合还说，这是第一步，将来可以进一步帮助我进取平津，暗示我“前途”大有可为。虽然，这是要我取代东北军的首脑地位，幻想扶持我做汉奸傀儡，逼我同意。否则，日军即以武力占领长城各口，入关攻取平津。我无论为了个人人格或为民族气节，都绝无考虑余地，但是为了便于会面时应付，表面上说事关重大，不好轻易决定，容待考虑。而暗中立即详细报告张学良，建议从速准备一切。

落合提出这个要求后，对我日日逼紧，要求我从速决定，我都采取拖延办法，一直没有给他肯定答复。至 12 月 8 日，就发生了关东军铁甲车炮击榆关事件，无疑这是日方对我的威逼。当我亲自交涉的时候，日方由关东军谷联队长、吉岗参谋和天津驻屯军三浦参谋等出面同我商讨解决炮击问题，要我承认炮击事件是出于误会，炮击损失，由日方赔偿，日军铁甲车分别开离榆关车站，并且要我取缔排日抗日行为，以期应付当时的国际联盟。同时落合出面进一步逼我创立所谓独立自治的局面。落合撇开我的随员，布置在一个密室里单独同我谈话。他说，日本已下定决心，无论如何也要保持“满洲国”的国境线，为此决定两案：其一为由关东军采取直接行动，占领并封锁长城各口；其二即由我出面缓冲，立即在滦东和热河地区成立独立自治区。并说日本希望最好避免直接行动，由我出面缓冲，可以缓和国联。如果我同意这样做，日本可以立即给我200万日元作预付金，日后全部饷械由日本供给。如果这一方案不通，日本只能采取直接行动，届时不但占领长城各口，如有必要，即使进取平津也无所顾惜。接着他引用中国的成语“识时务者为俊杰”来劝我。说我如能诚心合作，实现中日亲善，不失为俊杰，否则将与全部东北军同归于尽，后悔莫及。最后声明，他这次是奉命同我办这个交涉的，要我当机立断。至此，我完全明白，事情已到了图穷匕首见的最后时刻，除了誓死一拼之外，再无其他选择。眼前第一步，必须抽身赶往北平与张学良共商全面军事部署。于是先作缓兵之计，声言先行认可炮击事件的解决，以示善意，而独立自治之事，则稍待数日将有明白具体答复。落合对我认可炮击事件的解决表示满意。

炮击事件解决后，我星夜赶往北平，同张学良见面，陈述了经过并强调说：“事情已到了图穷匕首见的最后时刻。”张答：“那么咱们拼了吧！”接着我们开了几天秘密军事会议，在以海陆空军副总司令的名义所能调动的范围内，做了全面的军事部署。大致是：由商震的第三十二军开赴滦河（后转冷口）支援我军，宋哲元的第二十九军开赴喜峰口，王以哲军开赴古北口（后改为徐庭瑶的中央军），万福麟和缪澂流推进到我的右翼界岭口以北地区。今天回想起来，当时日本军国主义就是那样威逼利诱，双管齐下地想拉我下水，而我用缓兵之计，得以从容布置。可是当时南京方面却责怪我不应以军官资格与关东军签约，外间又传张学良也对我不满，而我因此辞职等等，其实真相如此，不过那时因有国际外交关系，我不便有所申辩而已。当时国内各报刊，亦有毁誉不同的评论发表。

何柱国

榆关的浴血抗战

1933年元旦早上，我在北平得知榆关情势紧张，断定战事即将爆发，乃奉命立即赶回榆关前线。我记得当时是乘坐一个专为我而开的火车头赶回去的。临行我没有想到怎样安排家庭，却突然想起一个侄子需要照顾，于是仓促间开了一张2000元的支票，留给他备用。我上车后，因战事早已料定，而作战计划也早已决定，并早已向官兵们作了布置，所以并没觉得紧张忙乱，倒是想起了一年多以来的忍气吞声和无可奈何的为难情景，终于得到今天，除打仗以外，再无其他事情牵挂，顿时如释重负，满身轻松，不觉得又哼出两句成语："慷慨赴死易，从容就义难。"到了秦皇岛，前方战火已甚猛烈，我除了下令坚决抵抗之外，一切皆照预定计划进行，主要是坚定不移地把主力布置在北戴河至界岭口一线。不过石河也有所准备，而榆关方面则尽可能实行阻击。战事从1日夜半开始，激战至3日下午2时，榆关终于失陷。

当时的战争经过是这样：

日方兵力，除榆关所驻部队及伪警之外，又由绥中增援步兵约3000余名，野炮、野战重炮约40余门，飞机8架，铁甲车3列，坦克20余辆，兵舰两艘。战斗开始，日军即用炮兵火力及铁甲车、兵舰重炮同时向我山海关城南门城楼、鼓楼、东南角楼等处以猛烈炮火攻击，并由飞机向我阵地及城内各处轰击。敌还以石河桥配备之部队，牵制我第六二二团西关兵力。二里店、吴家岭之敌牵制我军北水关角山寺之兵力。

我军第六二六团兵力，以第一营守南门，第三营守东门，其余少数兵力随团长在西门应援。石河县我守军兵力2257名，第二营在孟家店及角山寺等地，策应守城部队，约计1346名。

自1日下午10点50分起，敌军屡次进攻，均被我军击退，枪声昼夜不止。我派铁甲车驰往石河西岸掩护工人，修理被炸铁桥。自己骑马奔驰各地，布置军事，指挥作战。3日午前10时，敌军以海陆空三军的火力向我南关及南门主攻。我方城内实际只有两营兵力，猛烈还击，战况激烈，燃烧爆炸，硝烟连天，南北城楼，以及商民住宅，炸毁尽净，我方人马伤亡过半，南门城及东南城角，西南水门一带，战斗尤为激烈。正午，南门及东南城角，均为敌人攀登占领。我预备队自西门向南门增援反击。第十一连又自东门向东南城角逆袭，遂将敌击退。午后2时，敌复增加强大兵力，再度总攻我东南城角，卒被轰成巨大突破口，敌坦克及步兵跟踪挺进，我军屡堵屡仆，北门至东门立即陷于无险可守状态。是时，我方营长安德馨以下，二连连长刘窦宸、三连连长关景泉、四连连长王宏元、五连连长谢镇藩等人，尽皆战死，其余官兵也伤亡殆尽。团长石世安振臂一呼，率预备队与敌坦克作殊死巷战。一连连长赵璧连也负重伤，排长以下官兵又伤亡过半。四门均破，只有十几人在团长率领下，由北水门退出，榆关终于失陷。

在这短促的战役中，我九旅以不足一团的兵力（实际只有两个营），事先，受《辛丑条约》之限，不能预筑防御工事，与日本海陆空密切配合的强大敌人拼搏，竟毙敌400余人，安德馨营全营官兵覆没在血泊之中。人民群众死伤在一千几百人以上，未能逃出的妇女学生，几乎全部被日军屠杀，逃亡百姓则何止五六千人。房舍被焚，财物损失，不计其数，殊堪浩叹也！

榆关失陷后，全国各报刊，均有评论，谴责中央的不抵抗政策，仅择北平《新北平报》“老百姓谈话栏”六点谈话如下：（一）中央知道榆关失陷吗？……中央政府至今对于整个抗日大计，仍在那里犹疑不决，还用那一套旧文章，电日内瓦令我代表报告国联。华北是华北，中央是中央，仿佛抗日的分工，分不到中央肩上似的，忍心害理，看华北的大地一块一块像东三省那样地丢掉。报告国联，一年零三个月了，去年日本攻击锦州，各国使馆均派员视察，至今效果如何？明知不行，还要绕这个弯，不是欺骗国民是什么？（1月5日老百姓谈话栏）（二）华北是张学良的吗？……今身执中央政柄的，于榆关失后五六日，仍游家乡，居处上海，对于榆关的失守，热河的轰炸，华北的危急，除仍用外交部向国联发宣言，及国府对华北的将领发长电的老调外，仿佛榆关是何柱国的榆关，热河是汤玉麟的热河，华北是张学良的华北，中央政府的政策久久不决，俨若继房的家长，专说官话，并无真实援助，这又怎么讲？（1月7日老百姓谈话栏）（三）张学良已下决心，中央能不抵抗吗？……近日榆关失守，华北危急……我们以为中央到此时也应该发了急，温温良心，领导全国，与暴日拼一下！不料……丧心病狂，出言荒谬，竟至如此。（1月9日老百姓谈话栏）（四）慰劳何柱国……连日榆关何柱国部坚守山河，沉着应战……老百姓深信何柱国部队必能勠力杀敌，尽忠报国，功绩不在十九路军与第五军之下。因何柱国于去夏在北平，曾送一照片给上海爱国男子吴迈，吴向何曰："设若日本将来在榆关起衅，你怎么办？"何即提笔书于相片之背曰："国破为何不尽忠？"吴曰："要兑现呀！"何答曰："定兑现！"今果到尽忠之时，何柱国居然实践前言……（1月12日老百姓谈话栏）（五）国不保饭碗焉能保！……山海关为中国东北门户，第一天险，亦即中华民族生命最后的决斗地，日本注意了一年有余，若是中央早有点办法，何至于让何柱国孤军独挡日本整个之师？现在全国民众的喉咙均喊破了，不见中央的空军及海军，来帮点忙！……（1月17日老百姓谈话栏）（六）中国海军、空军哪里去了？……前天在前线上，何柱国亲自对老百姓说："榆关之失，是日本生生用坦克车冲进南门，而当时安得馨一营，活活以肉体去拼命，试想以血肉之躯当无畏的炮车，哪能不牺牲如此之多？"昨天石门寨方面，我军又组织敢死队，决与日军抵抗到底，前方士气如此之盛，宁可毁灭个人躯肉，捍卫国家，可歌可泣，只此证明

中华民族精神不死……（1月18日老百姓谈话栏）

自临榆县城激战之后，日军主力未向我主阵地进攻，外围战斗不断进行，至1月10日，日军向我九门口、石门寨方向进攻。激战到12日晚，九门口失守。21日石门寨失守。榆关战役对我来说，还仅仅是前哨战。敌人不但没有能进攻我们的主力阵地，而且也没有能越过城西石河之线。只是给敌人这样一个教训：如果他没有强大的兵力，想突破我的阵地，实不可能得逞。因此，日军又由落合出面，托英国军舰舰长向我驻秦皇岛第六二五团团长田泽民说："山海关之事，日本政府责怪落合处理不善，以致引起战争，希望双方各派代表协商解决办法。"我深知这是敌人的缓兵之计，遂断然拒绝，决心与敌人拼搏到底。

我记得在2月23日，我的军司令部在海阳镇督战时，我曾给所属全体将士下了一道训令，原文如下：查自榆关失陷，华北濒危，本军按预定计划，节节布防，以再筑长城之精神，期巩固平津之门户，吾人即立于国防之第二线，复作收复失地之最前锋。外有国联五十余国之援助，内有四万万同胞之物质后盾。不但东北军之全体荣誉，系于本军，而中华民族之生存出路，亦全视本军之成绩，谓为幸运，诚千载难逢之好机会。谓为责重，诚有史以来之巨任。月余以来，我各级官长及士兵，以不良之装备，缺乏之器材，于朔风冻地中，日夜继续其艰难之作业，足见精神奋发，亦足见觉悟其责任之重大，与职务之光荣矣。本军长深为嘉慰，惟尚有鳃鳃为虑者数端，特为亲爱战友一言之。

（一）毋震骇于敌人之物质威力……哀兵必胜，兵法所著；得道多助，古有明证。去春第十九路军挫敌于淞沪，或向蔡廷锴曰："何以敢打？"蔡答曰："要打。"又向翁照垣将军曰："吴淞炮台何以能守？"翁答曰："要守。"此外毫无有把握之理由。所谓"要打""要守"者，决心拼命是也。是精神威力可以克胜物质威力之证也。昔东北军之物质，为全国之冠，而不能统一华北者，乃物质丰富，而无拼命之决心以运用之，徒以资敌耳。今日阀甘冒全世界之大不韪，违反其国民之心理，欲驱其含怨之兵，以征服吾国，终必失败毋庸置疑矣。

（二）制胜之要诀——装备较劣之军队，对优势之强敌应利用工事作韧强之抵抗，而最后以白刃决胜之。敌优于我者，为飞机大炮、坦克车，然此等利器，均不能占我阵地，而决定我战局者，仍有待于步兵之前进。故当敌飞机大炮轰炸之际，我可利用坚固之掩护工事，沉着监视，待敌军接近百米以内，即飞机大炮无效之时，此时彼我之兵器相等，我步兵即可发挥威力，以斜射侧射之火力，加以局部之出击，将敌歼之，对敌坦克车通过之地点，则以宽二米乃至五米之外壕，或地雷封锁之，其山坡不能通过之处，留作出击地区，其步兵容易隐蔽接近之处，则以铁丝网封锁之。步兵火网前缘有 400 米距离，即为满足。

总之，第一要能挨打，第二配置要散，第三用兵要活。故第一要掩蔽坚固，第二处处要有射击设备，第三要多设交通壕，各级干部应捉住当前好机，即自动局部出击，则敌之物质威力固无所用也。（应熟读淞沪对日作战之经验）

（三）精神须坚忍，战斗须韧强。东北军以往战役，多因火力优势重攻击而忽略防御工事，我同胞之性格，亦利于攻击，遂致有长此工作，可以沮丧士气之说，抑知此次之形势恰与往时相反，吾人正应学晋军之忍耐，与西北军之毅力，乃可以摧破强敌也。再就装备言之，自 17 年改编以来，团以下之火器与敌相等（第十九路军之装备训练，远不如我军，而其成绩已可观），而 19 年前新典范令之颁布，亦已采用欧战后适合韧强作战之新筑垒方式及战斗方式，特种部队未训练成熟，致团以下之配备，一多未能适应发挥其轻重火器之效力，宜速按典范令修正为纵深横广据点式之配备，并抽暇演习之，以免一点被敌突破，遂致全线瓦解，是为主要。

其他关于构筑工事之要领及缺点，已汇集各参谋视察所得者，及本军长所亲见者，即发如另纸，立速熟记，将各官所担任之工事，一一比照以修正之，庶期杀敌之精神，获有最尽善之杀敌方法以发挥之，则渤海湾头，长城之下，我忠勇将士所流之一滴血，亦有崇高之代价，以照耀千古也。此令。

本军口号：

以最后一滴血，为民族争生存！

以最后一滴血，为国家争独立！

以最后一滴血，为个人争人格！

总之，榆关失陷，对于我这个守将来说，是责无旁贷的。“天下第一关”这个天险，沦于敌手，我固引为终身遗恨。当时我的任务是保卫平津，拒敌于滦河以东之线。所以在临榆失陷之后，我没有进行反攻，只是指挥外围零星战争，按预订计划，严阵以待，准备与敌人作殊死拼搏，以保卫平津。事出意外，敌人侵占榆关之后，没有以主力继续前进，而是试探性地向九门口及石门寨打了两个小型战役，遭到一定的伤亡之后，改道由热河一路进关，而放弃了由山海关一路进关的战略，以其主力直趋热河，很快地侵占了冷口、喜峰口和古北口。并且长驱直入造成了进逼通州、唐山，威胁平津，这种局势的造成，显然是狡猾的敌人，预知我已有充分准备，如从山海关一路而进，必然遭到我军痛击，绝不可能轻而易举地长驱直入，所以改道进攻热河也。

热河沦陷

日军占领榆关后，转攻热河，攫取长城各口，当时热河省政府主席汤玉麟，外号汤二虎，是张作霖“拉竿子”起家的老兄弟，一贯骄横跋扈。他是1926年由辽宁边防镇守使调任热河省政府主席，统带一个步兵旅到热河，横征暴敛，民不聊生，怨声载道。张学良曾有意派张作相去接替他，张作相知汤之为人，不愿前往。东三省失陷后，热河在军事上，为战略必守之地，在全国舆论的压力下，南京政府乃宣称：日军如进攻热河，决予抵抗。1933 年 2 月中旬，蒋介石派财政部长宋子文、军政部长何应钦，内政部长黄绍竑、参谋部次长杨杰、参谋部厅长熊斌等到北平，他们名为与张学良商讨保卫热河长城各口及华北的防御计划，其实是来逼张学良下野的。

2 月 18 日，由张学良陪同宋子文、何应钦等到热河进行了一次视察。热河省会承德是清皇帝行宫之所在，宫殿富丽堂皇，风景优美。他们第一天是观赏风景，第二天汤玉麟开了一次欢迎会。会上宋子文讲话说："中央计划不惜牺牲一切与困难，保卫热河。"继又在清宫清音阁，召开一次军事会议，张学良、宋子文联名电告日内瓦中国驻"国联"代表团说："决心抵抗日军之进一步入侵。"张学良又与张作相、万福麟、宋哲元等 20 余名将领发出通电，表示决心抵抗，呼吁国人支援。当时估计，热河至少可以支持三个月，张学良、宋子文等回到北平后，拟定了热河保卫战的初步计划，成立了两个集团军，每一集团军辖三个军团，第一集团军总司令由张学良自兼。第二集团军总司令张作相，辖孙殿英一个军团，汤玉麟一个军团和张廷枢的第十二旅、冯占海等义勇军。张学良在北平顺承王府又召集一次军事会议，分配作战任务，宋子文等中央大员也参加了这次会议。张学良把热河地图铺在地板上，手执铅笔，勾画防线，当他划至冷口、喜峰口一线时，他抬头向宋哲元说："明轩，你把守这一线。"宋却说："我的兵力单薄，装备也差，担当不了这一线任务。"张说："你放心，我派何柱国支援你。"宋仍是不肯接受。宋哲元原系西北军，曾与奉军内战几年，前嫌未消，故借辞推诿，所以热河之战败得那样快，各军不能团结一致，也是重要因素之一。

2 月 21 日，日军以锦州为大本营，用三个师团兵力（约十万人）分三路进攻热河，一路由绥中攻凌源，一路由锦州攻朝阳，一路由通辽攻开鲁，张作相临时受命，兵力还未集结，仓促应战，将无守志，兵无战心。如开鲁一线，敌军撂了几个炸弹，出动了几辆坦克，守军崔兴武旅不战而降。万福麟第四军团守凌源一线，闻风而溃，朝阳随之弃守，日军长驱直入，于3月4日上午，以128骑的先头部队，突入承德，汤玉麟逃奔察哈尔，万福麟逃入喜峰口，张作相逃往古北口，热河就这样沦陷了。

张学良出国

热河失守后，全国哗然。张学良电蒋介石，自请处分，并要求调集全体东北军，反攻热河，收复失地，蒋未予置复，而全国舆论，除谴责政府标榜的一面抵抗、一面谈判的屈辱方针外，张学良更为众矢之的。张学良乃向南京政府辞职，电称："东北沦亡，效命行间，原冀戴罪立功，勉求自赎，讵料热河，不逾旬日，失地千里，国土沦丧，既负国民寄望之殷，又负政府付托之重，罪愆丛集，百喙莫辞，请免本兼各职，以谢罪戾于国人，以申法纪于三军……"蒋未复电，却从南昌飞汉口，乘专车到石家庄，电约张学良在保定面晤。3月8日夜，张偕同顾问端纳及汤国桢、王卓然等专车前往保定，张这时还没料到蒋此来是要他立即下野的，他想面请蒋介石调集兵力，补充械弹，反攻热河。车到保定时，蒋的专车未到，宋子文却先来了，传达蒋介石的意旨说："失东北、丢热河，中央与张均责无旁贷，全国舆论指责于委员长与副司令，必须有一人下野，方可以平民愤。"此时，张才醒悟蒋约他晤面的锦囊之计，当即答复宋说："既然如此，请立即免除我本兼各职，严予处分，以谢国人。"宋立即将张原话电告蒋介石。下午蒋的专车才到，张学良同宋子文立即登车见蒋，不等张学良开口，蒋先说："接到你的辞职电，知你诚意，现在全国舆论，对我俩人都不谅解，进行诘责，我们俩人比如风雨同舟，命运与共，必须有一人下水，以平民愤，否则将同遭灭顶。"张学良立即回答："我不战而失东北，早应引咎辞职，今又丢热河，更责无旁贷，我当然应该首先下水，请即免去我本兼各职，以申国法，而振人心……"张还提出：日本野心要吞并中国，希望中央迅速调劲旅北上，收复热河，保卫华北。蒋介石连说了几个"好，好，好"，没有多谈。张与宋下车后，隔了几分钟，蒋到张的专车上回看了一下，就回到他的专车开走了。宋子文陪同张学良同车到长辛店后，与张分手，约定在上海会见，为张办理出国考察手续。张学良返回北平后，即对公私做了安排，将东北军编为四个军，由于学忠、王以哲、何柱国、万福麟四人分别统率。并召集东北军一些主要将领，讲了一次话。他说："我要到国外去走走，不久就会回来。为什么在国难家仇这样严重关头，丢下你们，离开袍泽，这不用讲，你们都明白。我走以后，你们要好好干，要保存东北军这一点实力，作为抵抗日本收复东北的基本力量。我们不收复东北，对不起先大帅在天之灵，对不起东北三千万老百姓。中央给我们河北省这个地盘，交孝侯（于学忠号）负责，流亡关内的东北老乡很多，已无家可归，要照顾好这些人，多给孝侯一些队伍，顶住日本人进攻，保牢河北这块地方。"这时经过榆关和热河两次战役后，东北军还有26万人。王以哲、何柱国、万福麟各统率三万人，另外，张学良身边劲旅刘多荃部还有二万多人，其余十多万人都交给于学忠，驻在河北省。这样安排之后，张学良即飞往上海，开始戒除烟毒，于1933年4月10日，携带眷属，乘意大利罗西伯爵号轮，放洋出国。

长城各口之战

热河失陷，长城各口之战即开始，张学良下野，何应钦继张学良任军事委员会北平分会代理委员长，黄绍竑任参谋长，仍然秉承一面抵抗，一面交涉的既定方针，处理华北军事、外交事务。在外交上加紧活动，争取国际联盟制裁日本，在军事上对长城的古北口、喜峰口、独石口、冷口采取一些军事防御设施，想依靠这两千多年的防御工程——万里长城，阻止日军入侵华北，保住平津，将原守长城各口的东北军撤下来，调到北宁线天津以东整顿布防。以傅作义部防守独石口，以徐庭瑶第十七军的黄杰、关麟征、刘戡三个师进驻古北口。喜峰口防务由西北军宋哲元的第二十九军担任，孙殿英部守多伦，以牵制日军后方，这种布防分明不是进攻，而是坐着挨打的阵势。3 月 4 日，日本关东军占领承德后，即分兵南下喜峰口，原退集喜峰口的万福麟部东北军，即撤入口内。3 月 9 日，喜峰口被日军占领，调往喜峰口的第二十九军宋哲元部的主力，尚在遵化，只有先头部队冯治安一个师于9日黄昏时到达喜峰口，乘敌不备，用大刀进行夜袭，杀死很多日军，当夜夺回喜峰口，这是长城各口之战唯一的一次胜利。日军另一个师团向古北口进攻，关麟征的部队尚未到达，原驻古北口的东北军王以哲部曾往抵抗，但节节败退，于3 月 11 日古北口被日军占领，待关麟征到达，虽经反攻，也未夺回。敌已迫近长城，若被突破一口，即牵动全线。我防守石门寨这个阵地就形成突出，如冷口有失，敌人就可以直下滦州。喜峰口不守，敌人就可以占丰润，下唐山，后路就被敌人截断，军分会总部考虑到此种情况，于3 月 12 日，命令我部撤至滦河西岸，破坏滦河铁桥，靠滦河部署阵地。这一措施，当时曾受到报纸舆论的谴责，认为这是屈服于敌人的压力被迫撤退。何应钦在招待记者谈话时，特为此做了解释，说明系战略转移，非屈服于日军压力。

3月下旬和4月上旬，敌人先后向我石门、石门寨、界岭口、青山口、响水、里峪沟、海阳镇等阵地多次猛攻，经过大小战斗 20 余次，有的敌人被击退，有的是反复战斗，形成拉锯战。尤以界岭口、石门寨两地，最为激烈，敌我均伤亡惨重。这时，我主力奉命撤至滦河之后，总觉得我的主力始终未得与敌人一拼，心有未甘，于是又有拉回北戴河之线之事。最后蒋介石又派我的老师黄慕松前来，苦劝我服从撤退命令，说我那样屡进屡退，阻碍了中日的和平谈判。这样我才再度撤至滦河西岸。这时，防守多伦的孙殿英三万人，还有几万义勇军，经不起日本的威迫利诱，于3月上旬，不战而放弃多伦。长城各口除喜峰口尚在固守中，其余各口都被日军占领了。当时我的部队撤至滦河西岸，日军即进占抚宁、昌黎、卢龙等地与我军隔河对峙。后因敌人占领冷口及滦河上游迁安，我滦河西岸的阵地侧背已受到威胁。4月14日，我指挥轻骑一部向石门敌人进行一次袭击，克复石门，并占领安山车站。但敌人的主力，却继续进攻喜峰口之侧背，唯一固守的喜峰口，在危殆中。先是于3月间，蒋介石自南昌经石家庄、保定来北平，在居仁堂开了一次会（按指3月24日），我们这些将领都参加了，蒋除听取何应钦、黄绍竑汇报外，还指示："只能以现有的兵力，尽力抵抗，调兵增援是无法办到的。"他这时正在江西集中力量"围剿"红军中央革命根据地。他在北平停留了一天，就经保定回南昌去了。此来不是为了如何加强对日作战，而是逼张学良辞退，以何应钦取而代之，并对何面授机宜。此时何应钦根据长城各口之战失利的情况，下令宋哲元部撤出喜峰口，转至三河、平谷以东，何柱国、万福麟、王以哲部撤至宁河、宝坻之线。傅作义部于昌平、怀柔方面亦步步后撤。总之，由于蒋介石急于对日求和，于是命令我军后撤，以致防备空虚，日军步步进逼，迫近顺义，距北平只有50多里，平津已在日军三面包围之中，最后以签订屈辱的《塘沽协定》而告终。

骑兵军晋北抗战

何柱国

请缨抗日

西安事变的和平解决，抗日民族统一战线的初步形成，冲击着日本的侵华政策。日寇在1937年7月7日晚，又发动了侵华战争。日寇借口在北平卢沟桥附近演习中失踪一名士兵，要求进宛平县城搜查，被我军拒绝，于是日寇开始炮轰我北平西南10多公里的宛平县城，并掩护其步兵前进。我驻守卢沟桥的第二十九军三十七师冯治安部的吉星文团，在民族大敌的武力进攻面前奋起抵抗，为中国全民族抗击日本帝国主义侵略的抗日战争揭开了序幕。

日寇在进攻华北的同时，于8月13日又对上海发动进攻，中国军队英勇反击，淞沪抗战从此开始。日寇又以空军对南京、徐州、安庆、杭州、广州、武汉、厦门等地狂轰滥炸，日寇海军宣布封锁中国海岸，于是全面的、全民的抗日战争开始，迅速地在全国掀起了抗日救亡的热潮。

中共中央于卢沟桥事变的第二天，7月8日通电全国：“平津危急！华北危急！中华民族危急！只有全民族实行抗战，才是我们的出路。”号召“全中国同胞、政府与军队团结起来，筑我民族统一战线的坚固长城，抵抗日军的侵略”，“驱逐日军出中国”，“为保卫国土流尽最后一滴血！”

中国国民党军事委员会委员长蒋介石，于7月17日在庐山发表谈话说：“我们知道全国应战以后的局势，就只有牺牲到底，无丝毫侥幸求免之理。如果战端一开，那就是地无分南北，年无分老幼，无论何人，皆有守土抗战之责任，皆应抱定牺牲一切之决心。”

7月31日，国民党政府下令释放了上海爱国运动的七君子：沈钧儒、章乃器、邹韬奋、李公朴、沙千里、史良、王造时。这是在西安事变中，提出的抗日救国的八项主张之一。

8月25日，红军主力改编为国民革命军第八路军（后改为第十八集团军），朱德任总指挥，彭德怀任副总指挥。下属三个师：一一五师林彪，一二〇师贺龙，一二九师刘伯承。第八路军共3.2万人，属第二战区序列。

当时我骑兵军驻陕西咸阳，抗战后立即请缨杀敌，经最高统帅部批准，命我率部驰往晋北平原待命，亦归第二战区序列。

华北战场上，从七七事变后至7月底，北平、天津相继沦于敌手。二十九军副军长佟麟阁、一三二师师长赵登禹均战死，宋哲元撤至保定。平津沦陷后，日寇以寺内寿一为华北方面军司令官，以香月清司为第一军司令，西尾寿造为第二军司令，指挥日军沿平绥、平汉、津浦、同蒲四条铁路线继续进攻。在津浦线上，由日寇第二军主力矶谷、中岛两师团，沿津浦路南攻，我军调来冯玉祥，任司令长官指挥作战，虽经与敌激战，也未能阻止日军前进，加以韩复榘增援不力，华北主要防线沧州失陷，日军于10月5日攻占德州，11月陷济阳，渡过黄河。12月底，韩复榘逃离济南。

在平汉线上，由刘峙指挥作战。8月21日，孙连仲部与敌激战于良乡一带，伤亡惨重，琉璃河、涿县相继失守。刘峙放弃保定，仓皇南逃。9月24日，保定陷落。10月初，石家庄弃守。敌分兵两路，一路继续南下，攻占安阳；一路沿正太铁路西攻井陉、娘子关，急趋太原。

在平绥线上，8月上旬，敌第一军主力进攻南口，汤恩伯第十三军守卫南口，日寇猛攻数日未下，乃向侧背迂回，会攻张家口。8月下旬，南口和张家口相继沦陷。敌又分兵两路，向晋北进攻，企图占领山西以控制华北。驻守晋北重镇的六十一军李服膺部，不战而逃，使敌不费吹灰之力占领了大同。敌板垣征四郎率第五师团及关东军察哈尔派遣军之一部，沿同蒲路，越内长城南下；以川岸文三郎率二十师团，由石家庄沿正太铁路西进，策应第五师团，以便分进合击，会攻太原。

为了守住太原、保卫山西，第二战区各部队，奔集太原。第八路军从陕西渡过黄河，进援晋绥，实现了国共合作，团结一致，共同抗日的夙愿。这时我骑兵军，也陆续从风陵渡口渡过黄河，向指定地区集中。我率军部人员过太原时，参加了第二战区召开的军事会议，确定了作战任务、配合八路军共同作战。在会上先后会见了周恩来、朱德、彭德怀、贺龙、彭雪枫等八路军诸将领，又在一起共同研究了作战部署，感到十分欣慰。真是“兄弟阋于墙，外御其侮”，我们终于走到一起来了。但一想到力主团结抗日，促成今日统一对敌局面的张学良、杨虎城两将军却未能参与梦寐已久的抗日战争，又引起了我的无限感慨！

骑兵军井坪阻击战

日寇轻取晋北重镇大同后，又分兵两路继续南犯：一路由察哈尔蔚县、广陵西进，一路出山阴，进攻晋北要隘雁门关。9月14日，我奉令由原平率部轻装北上，出阳方口、朔县，阻击由大同南下的敌酒井机械兵团支队，并负责破坏平绥铁路，切断敌后方联络线，配合八路军贺龙的一二〇师作战。当时参战的友军中，还有山西赵承绶骑兵第一军第一师的孙得胜部。当时我们曾研究决定在山层洞，共同阻击日寇。不料孙师中途变卦，说是“他的部队距离较远，另有任务”而作罢，于是只得由我军单独作战。我的骑兵军，由于骑六师师长刘桂五率部开赴绥远，支援马占山后，只有徐梁的骑三师和骑十团王照昆的一个团，以及军部直属特务营和骑炮营了。时机紧迫，我立命部队向山阴前进。16日晚，我军到达朔县北的井坪镇附近时，据探报前方平鲁、山阴、应县等地情况不明，于是我命令各部队，连夜进入阵地，构筑工事，准备迎击来敌。

井坪镇是一大片丘陵地带，公路依山势而过。我和参谋人员观察地形后，决定采取口袋战术，在公路两侧部署兵力，严阵以待。命令骑兵第七团隐蔽于公路西侧，骑兵第八团隐蔽于公路东侧，骑兵第九团以两个连担任扎嘴，以两个连做师的预备队；正面以军部特务营担任封底。骑炮营以炮火支援骑兵第十团，为全军总预备队。

9月17日拂晓，敌从平鲁、山阴方向开来战车、装甲车数十辆，进入我军预伏阵地后，战斗打响了。我根据有利地形，给予迎头痛击，展开激战。先以猛烈炮火压住敌人，当场击毁敌坦克3辆，装甲车10余辆，敌死伤数十人，我亦略有伤亡。10时许敌又增援，从山阴、平鲁方面，用汽车运来步兵1000余人，向我阵地猛烈反扑，我也将各线预备队投入战斗。敌又以飞机10余架，在上空轮番轰炸，但我士气旺盛，在正面封底的特务营第三连，在连长王钧衡的带领下，全连士兵拼死搏斗，使敌难以得逞。中午敌再增援，双方相持呈胶着状态。敌伤亡五六百人，敌除不断向我反扑外，还以飞机大炮切断我与该连的援路，以致该连官兵130余人血战到底，全部壮烈殉国。其他各部继续与敌鏖战至夜幕降临，迫使敌撤回平鲁城。夜间遥望平鲁方向，火光冲天，敌正在夜间烧尸，可见其死亡之众。

井坪阻击战，虽然暂时遏止了日寇的攻势，但不久因敌之主力部队，窜过朔县南下，我也将部队转移到井坪以西稍事整顿。为了配合即将到来的保卫太原的忻口会战，我军以井坪以西的老营、偏关、神池一带作为根据地，进出于朔县、大同等地突袭敌人，借以破坏交通，牵制敌人后方。

我在井坪作战时，八路军贺龙的一二〇师，在雁门关一带与日寇磨战。另一股日军，板垣师团之一部由蔚县、广灵西犯。9月25日，林彪的一一五师，设伏于平型关要隘，重创敌军，歼敌1000余人，缴获汽车100余辆和大批军用物资。这个伏击战的胜利，鼓舞了全国的民心士气，粉碎了日军不可战胜的神话。

这时晋东方面的日寇为策应晋北日军，迅速夺取太原，便以三个师团的兵力，沿正太铁路西攻。中国统帅部的命令要守住山西，控制平汉铁路的西侧，调集了全部晋绥军外，还有八路军、中央军、原东北军和四川邓锡侯等的川军进行抵御。人数虽多，但系统复杂，不易指挥。阎锡山调其重兵，守晋东正太路一线，并与其副司令长官黄绍竑亲临指挥，战斗激烈，仍未能抵住敌军的进攻。10月26日，晋东的险隘娘子关陷落，太原告急。

保卫太原的忻口会战

10月1日，在晋北战场上，敌以板垣师团为主力，结合关东军派遣兵团第一、第二、第十五混成旅团与特种部队等四五万人，自晋北代县至原平公路一线发动进攻。以中央突破的战术，拉开忻口战役的序幕。敌军从正面进攻，结合迂回，以猛烈的炮火、机械化部队攻打崞县。我守军第十九军，奋勇阻击，坚守一周，战斗十分激烈，第七旅马延守的一个团，全部殉国。团长刘连湘、石焕然在战斗中阵亡。9日，敌又大举围攻原平，我守军一九六旅姜玉贞部，伤亡惨重，最后旅长率仅存的200余人，与攻进城内之敌，浴血巷战三天，全部阵亡。敌占领原平后，以第十五混成旅团，沿同蒲铁路猛攻忻口。我统帅部命卫立煌总司令，率第十四集团军，从河北省星夜驰援。刘茂恩为右翼兵团，李默庵为左翼兵团，王靖国为中央兵团同往迎战。郝梦龄的第九军，是中央兵团的主力。从10月13日激战到18日，愈战愈烈，迫使日寇三易联队；华北日酋寺内寿一司令官，并亲临督战，双方伤亡均极惨重。是役我第九军军长郝梦龄、第五十四师师长刘家麒、独立第五旅旅长郑廷珍在英勇督战中，相继中弹壮烈牺牲。师长李仙洲、董其武、于镇河等负伤。我军与敌对阵相抗达半月之久，终因东线失利，娘子关要隘失陷，我军不得不于11月1日撤出忻口。9日，太原也终于沦于敌手。这次忻口会战，是在华北抗战中最激烈的一战。

在忻口鏖战时，贺龙将军的一二〇师，与我骑二军同在晋北神池、老营、偏关、五寨、岢岚、宁武一带，开展游击战争。袭击敌之后方，破坏敌人的交通运输线，切断敌之补给和增援。一二〇师曾几度攻占雁门关，烧毁敌炮弹、汽车等，并缴获大量军用物资。有时我们还直接袭击敌第一线的兵力，进行战役配合，支援了忻口我军主力部队的作战。那时，我和贺龙将军并肩作战，紧密配合，融洽无间。当深入敌后，他谈到他的骑兵还不充实，我便把我的骑兵第十团配属一二〇师指挥。他需要快速运输时，我立即派骑兵连队前往支援；他破坏敌之交通线，需要爆破人才时，我便派军部工兵科少校参谋高杰民等，到五寨一二〇师师部，传授爆破技术。我还派我军熟练马术的青年军官孙长胜，前往晋北游击支队宋时轮部，传授马术经验，并带去全套皮马鞍具数十套，作为支援。当宋时轮支队长要到敌后开辟游击区时，由我军参谋处长孟绍周，派了一骑兵连护送前往；他们两人还互换手枪，作为纪念。一二〇师还经常派文艺宣传队，到我骑兵军各部队演出慰问。

我军在一二〇师的影响下，与晋北地区的群众打成一片，真正学到了军民一家，休戚相关的好作风，这是我们东北军从来没有的。我也尝到了深入基层、向群众讨教的甜头。如我与偏关县县长梁雷、老营堡武工队长武养民等，在共同研究对敌斗争的策略方面得到了不少启发和教益。

我在和八路军共同对敌战斗的生活中，虽然只是短短的几个月，但却懂得了不少道理，学到了不少东西。我不仅学会了灵活机动的游击战术，使我能够和强敌周旋不蹶，还懂得了怎样处理好军民关系、官兵关系、友军关系等一系列克敌制胜的经验。因而深切体会到，张学良将军为什么一再叮嘱我们，要和红军友好相处的苦心和用意。

11 月 9 日太原失陷后，我骑兵军奉令以团或连为单位，向朔县、井坪、平鲁、岱岳、应县等敌军据点进行夜袭。在选定袭击的据点，或要破坏的桥梁后，预先与据点附近的村庄联系好（这时一二〇师已在这一带开辟游击区，军民早已打成一片）。夜间部队到达后，立即切断该村对外联系，防止走漏消息，部队立即行动，完成任务后，择路返回我根据地。连续数月，夜夜如此，敌人防不胜防，惊惶不安。一到夜里便以铁甲车，载运探照灯进行巡逻。由于我军情报灵通，行动迅速，使敌人徒劳往返。

1938 年 2 月底，敌以日伪军 3000 余人，由山阴出动，向我乃河堡、老营、偏关进犯。另一股日伪军 2000 余人，由朔县奔神池向我进攻，其目的在于驱除我军和拔掉我军的根据地。我据报后立即命令骑兵第三师各团，北进迎击由山阴来敌，东进迎击由朔县来敌。我则率军部和第十团西移偏关、河曲，在麻地沟、府谷之间的黄河西岸，阻击敌人前进，在榆树湾附近与敌遭遇，展开激战，敌以三架飞机助战。恰好这时狂风卷扬，天昏地暗，飞机逃回。我军却趁风势向敌猛攻，毙敌 400 余人，敌仓皇退入河曲。我骑三师和一二〇师组织的地方部队，击溃来犯之敌后，转入平鲁、朔县敌之后方广大地区。我又率部从麻地沟、府谷等地过河，激战竟日。是役收复了河曲、偏关、老营、利民、神池等地，恢复了我军原来的根据地。军部驻南沙城。平绥线上大规模的战斗暂时停息下来。

何柱国

全军学习《论持久战》

抗日战争爆发后，还不到十个月，北平、天津、上海、南京、太原等大城市，相继被日寇攻陷，敌骑踏遍我神州半壁河山。广大人民流离失所，饱受日寇的蹂躏欺压，于是在抗战阵营里，有一些人对抗战产生了怀疑和悲观的情绪，宣扬“再战必亡”论；及至台儿庄大捷后，又引起了“速胜论”的风行。

1938年五六月间，毛泽东主席在延安抗日战争研究会上，做了《论持久战》的讲演。系统地论述了抗日战争是持久战的基本问题，批驳了“亡国论”和“速胜论”两种错误的观点，指出了抗日战争是持久战，最后胜利将是属于中国，而不是日本的。他科学地预见了持久战的发展过程：第一个阶段是敌之战略进攻、我之战略防御时期；第二个阶段是敌之战略保守、我之准备反攻的时期；第三个阶段是我之战略反攻、敌之战略退却的时期。

《论持久战》这一光辉著作的发表，粉碎了日本帝国主义者“速战速决”灭亡中国的谬论，驳斥了中国“再战必亡”“速胜论”的谰言，鼓舞了全国人民争取抗战胜利的信心，成为中国人民打败日本侵略者的强大思想武器。

贺龙将军特地给我送来了《论持久战》100本。为了巩固全军官兵抗战胜利的信心，我召集了全军团长以上的干部会议，认真学习《论持久战》，总结一年来对敌斗争的经验教训，以利再战。接着又举办全军干部训练班，分批抽调排以上干部学习《论持久战》的理论基础和战略战术的应用，提高了思想认识，明白了在抗战第一年中，陷城失地，是在战略防御阶段，现在大家努力学习，整顿军纪，勤奋操练，争取反攻阶段的早日到来。

在学习班里，教唱《义勇军进行曲》《大刀进行曲》《五月的鲜花》等救亡歌曲，用以激发学员们的爱国热情，不料却因此遭到一些政工人员的反对。学员们不理睬他们，因此这些政工人员向我提出质问。我知道这些人对我和八路军友好相处，往来密切，相互支援，尤其这次我主张办训练班，学习共产党的理论，早已表示不满和反感，只是因为在“国共合作，一致抗日”的号召下，不敢公开来反对我。这次不过是借反对唱抗日救亡歌曲为名，来反对这个训练班而已。因此我郑重地反问他们道：“我们现在既然以共同抗战为前提，那么宣传鼓动抗日有什么不好！”我知道我的答复是不能使他们满意的。但他们在我这种冠冕堂皇的答复下，也说不出什么反对的理由来。后来我听到外面传说“骑二军变色了”，自然事出有因，我想这件事恐怕便是我的“罪状”之一吧！

这时又传来了阎锡山、赵承绶等，在晋西北袭击八路军不愉快的事。国共合作的宣言墨迹未干竟又变卦，前途堪忧！不久调动的命令下来，我快快地离开了晋西北。

黄显声

我就是万一不测，是为追求张学良先生反对蒋某“攘外必先安内”，主张对外和平，对外抗战而牺牲的，这是对得起国家人民的，是光荣的。

- 1896年12月18日生，辽宁岫岩人。
- 1921年，考入东北陆军讲武堂第三期炮科。
- 1922年，被分配到奉天兵工厂任少校卫队营长。
- 1929年3月，任东北陆军步兵第二十旅旅长。
- 1931年底，带领所属部队在敌我力量悬殊的情况下，誓死抵抗，多次击退日军的进攻。
- 1936年8月，加入中国共产党。
- 1938年2月，在周恩来的鼓励下，准备去延安参加抗大的领导工作。动身离开武汉的前夕，被国民党特务秘密逮捕。
- 1949年11月27日，在重庆被秘密杀害。

忆黄显声将军

李即吾*

略　历

黄显声将军，1896年出生于辽宁省凤城县苇子峪村（今属岫岩县）。他北京大学预科毕业后，投笔从戎，任沈阳兵工厂科员；后考入东北陆军讲武堂第三期，毕业后即在东北军服务，历任营长、参谋、张学良侍卫副官、第三四方面联合军团部宣传部部长、陆军第十九师第一旅旅长、第二十旅旅长、辽宁省警务处处长、骑兵第二师师长、骑兵军副军长、五十三军第一一九师师长等职。双十二事变爆发后，五十三军军长万福麟秉承反动派意旨，夺其兵权，调他任该军副军长。漳河战役后，黄显声自动离职去西安，复转武汉，致力于营救张学良并从事抗日宣传鼓动工作，不幸于1938年被特务以请客为名逮捕，送息烽集中营监禁，后移重庆中美合作所白公馆魔窟。重庆解放前夕，白公馆大屠杀即将开始时，黄将军于1949年11月27日首先遇害，时年52岁。

---

* 作者曾任国民党军第五十三军第一一九师参谋长。

生前的思想主张和抗日贡献

黄显声生前具有高度的爱国思想，尤富于正义感。余先后与之共事四年，知之较详。九一八事变前，每谈及国事日非、帝国主义对中国的侵略日益加紧，尤以日本帝国主义对我东北领土的狼子野心，黄忧愤万分，主张必须立即唤醒人心，奋发图强，严整军备，加强训练，以防突然侵袭，庶几有备无患，并曾以此意见向张学良进言。张亦深以为然。九一八事变时，黄已调任辽宁省警务处处长，当时即坚决主张抵抗，极力反对蒋介石的不抵抗政策，乃以警察队为骨干组织义勇军对日作战，不断给日军以打击，是东北最早举起抗日旗帜的军事力量之一。以后这支部队转战于辽西、辽南一带，长城战役中，坚守古北口，其后编为东北军骑兵第二师，黄任师长。是时，他即主张国内大联合，共同抗日，更坚决主张联合共产党。驻防怀来县时，黄曾广收进步青年，成立教导队，请共产党员任教官，教别处不许教的政治课程，唱别处不许唱的进步歌曲。他又收容从古北口退下来的一部分散兵，组织一联络队，与当时正在张家口准备发动抗日的同盟军互相联系，后因长城战役失败，奉命退驻北平西苑整训。

1935 年，东北军大部调往西北，骑兵编为一军，黄调任副军长。蒋介石命令黄“剿共”，黄不但不执行，反而更广泛地联合共产党人士，希图组成抗日联合阵线。适值张学良在西安王曲镇成立军官训练团，召集西北总部所属部队上尉以上军官分期受训，主要为灌输抗日救国进步思想。黄曾任总队长，在团中公开反对蒋介石所谓“攘外必先安内”的反动政策，坚决主张全国大联合一致抗日的路线，结合友辈，广为传播，组成了发动双十二事变的核心组织。黄即为此组织的积极分子之一。

1936年双十二事变前夕，他调任第五十三军一一九师师长，师部驻石家庄。是时，张学良为了中华民族的命运，已下定决心联共，命黄转任此职，必要时由他掌握此华北仅有的一部分东北军。因五十三军军长万福麟老朽昏庸，如一旦有事，必张皇无措，终必屈服于反动派（我曾充一一九师参谋长，辞行时，张曾向我微露此意）。黄于整军经武之余，更进一步做实现抗日的准备工作，一方面团结五十三军内部，宣传鼓动，激发其抗日情绪；一方面加紧训练所属部队，淘汰贪污渎职分子，吸收有志爱国青年，成立教导营（时东北军各师均无此组织），灌输抗日进步思想，大力支持群众运动，打击国民党特务，延揽冀南一部分共产党员，共图救国大计。当时如刘澜波（解放后任电力工业部部长）、孙志远（第三机械工业部部长）、康健生（北京解放时任华北司令部敌工部长，已逝世）等，均在师部任职。一时人心振奋、士气激昂，大有灭此朝食、还我河山、与敌不共天日之概。

双十二事变爆发后，黄显声更积极地联络进步青年，推动抗日救亡工作，对于爱国志士，无论在精神上或金钱上，均予以大力支持。不久，张学良被囚南京，何应钦、宋哲元辈即向万福麟施加压力，剥夺黄的兵权，扑灭此抗日救国种子。于是万福麟乃以军长名义，调黄任副军长。当时黄十分愤慨，即向万嘲笑说："你好大权力啊，竟能委任副军长，真是天下奇闻。"万福麟当时面红舌结，无言以对。

七七事变爆发后，抗战开始，黄曾参加漳河战役，因受排挤，主张不能实现，又不满万的逃跑战术，乃毅然离军去西安，后又转武汉，致力于营救张学良并联络劝导东北军做抗日工作，更坚决地与共产党联合，促使全国一致抗日。黄当时对延安深为向往，经常与共产党员及武汉中共办事处来往。后被国民党特务发觉，假请客为名将其逮捕，即以莫须有的罪名，送囚集中营。

狱中表现

黄显声入狱后，表现非常坚定，兹择其最突出者记述如下。

（一）不受利诱。在狱中，特务想收买他，腐蚀其革命意志，曾送给他支票簿一本，说是无条件供他使用。但他早已识破其奸，拒不收受，虽经特务强留室中，事后他仍将其送回。

（二）高度的自我牺牲精神。黄有三次出狱的好机会。第一次是在息烽集中营时，当时有被释难友黄彤光女士（黄以嫌疑被捕，案情不重，于日军攻陷独山后被释，一度任集中营会计），因十分钦佩黄，相处甚得。她出狱后，即千方百计设法营救黄出狱，乃借去南京办公之便，亲访莫柳忱，请其代向蒋介石申请释放。莫上书后，蒋批缓释。缓释等于不释，此路不通。她又通过其他关系，买通军统局司法科长（忘其名），准备做一假释令，拟定由黄彤光去征得黄同意之后，订好日期，买好飞机票，一切准备妥善，再由黄彤光通告该科长，即下达假释令，出狱后立即飞往香港，该科长亦立即逃走。但未得黄同意，事未果行。第二次是黄有一旧日同事，时任炮兵团长（忘其名），驻防中美合作所附近，知黄可以出外打猎（有特务监视）。该团长连等六天，终于会到黄，乃伺机与黄约请先逃往他的团部，再化装一同逃走。黄亦未同意。最后一次，是由黄彤光女士策划（是时黄女士名为正阳学院学生，实则为营救黄，卜居于磁器口中美合作所附近），时在大屠杀前一个星期。时黄女士已买通狱中看守（除看守长杨进兴死心塌地做刽子手外，其余五人均被买通，其中看守宋宽，更早成为黄女士的有力助手），拟用越狱方式。计划届时由一人将杨进兴制住或击毙，即强行出狱，事先由夏在汉（正阳学院毕业，时任《国民公报》记者，富于正义感，有爱国思想，是黄女士营救黄最有力的助手。黄就义后，灵柩即系伊护送回京，现任北京市第三十一中教员）雇好汽车，在外等候，黄逃出后即先避往乡下。但黄不同意个人出逃，坚持必须楼上难友十余人全部同时逃走。他们只好重做计划，孰意布置未及就绪，大屠杀提前发生，以致黄最后一个脱难机会变成泡影。

黄所以不愿单独逃走的原因，主要因为狱中地下党组织正策划准备全体越狱，如黄一人先逃，势必引起敌人的戒心，全体难友将失掉越狱机会。这是黄高度自我牺牲和阶级友爱精神的突出表现。另一方面，是黄估计情况有错误，对敌斗争的方式方法也不够灵活。黄曾对人谈过，我的罪名，就是营救张学良将军和主张全国共同抗日，所以我自信无罪，我光明磊落，要出狱就必须正面释放，光明正大地出去，不然即待重庆解放后再出去。这样黄终于失掉出狱机会，最后杀身成仁。

（三）营救顾健平同志。顾健平为共产党员、重庆《大公报》编辑主任，以嫌疑被捕。当时敌人虽不了解他的身份，但不轻于释放，经黄与顾研究分析情况后，即决定由顾找外面关系，进行保释。于是由黄将信交黄彤光女士，再由黄女士将信交夏在汶转交《大公报》段经理。夏当时是《国民公报》记者，可以借联系业务为名直接找到段经理，不致引起敌人怀疑。后由段经理请托上层人士，将顾保释出狱。

（四）协助狱中地下党组织复刊《挺进报》，提供报纸（消息的主要来源）和纸张。当时，黄在狱中可以看报，但特务严禁报纸外传，必须逐份保存，并经常检查。因此报纸的传递和归还，需要特别缜密，如被发觉，地下党组织即有遭到破坏的危险。狱中亦根本得不到纸张，除利用各种可以利用的废纸外，余均由黄供应。这项工作是非常复杂困难的，赖黄的机智谨慎终于使党的地下刊物得到顺利发行。

（五）狱中坚持学习。黄虽在狱中，仍不忘刻苦学习。除能看到的书报以外，他还努力攻读俄文。黄之习俄文，除向狱中同志请益外，主要依靠自修，据闻学得很好。他在狱中著有《俄文语法》一书，现在友人手中保存。黄并未去过俄国，小说《红岩》中说黄是俄国留学生，想系因黄精于俄文之误。

就义时情况

1949 年 11 月 27 日下午 4 点钟，白公馆看守长杨进兴到黄室中说，周主任（周养浩）请黄先生谈话，马上就去。黄即料知情况险恶，即将预先准备好的小刀藏于身上，以备必要时与敌一拼。在前往周养浩办公室途中，李英毅（张学良将军副官）走在最前，黄走在第二，杨进兴紧随黄身后，另一杨姓特务在后尾随。行至中途，万恶的刽子手杨进兴即开枪射击，于是黄及李英毅副官均遇害。

生前佚事

黄显声富于正义感，疾恶如仇，不畏权要。兹择其大快人心的一二事，摘述如下。

（一）棍责张海鹏之军械处长许某。黄任东北军第二十旅旅长时，驻防洮南县城。时张海鹏任洮连镇守使兼第三十二师师长。张系绿林出身，骄悍愚顽，不学无术，纵容部属，扰民为害。黄曾一再向其劝说必须严整军纪，加强训练，以平民愤而固国防。张屈于将军义责，当时亦表示接受，但实际并未有所改变。一日，张之军械处长许某坐车不给钱，黄的副官向其责劝，许某仍蛮不讲理。事被黄闻悉，即命人将其带到旅部，严加教育后，当场棍责 40，直至许某承认错误，始将其释去。

（二）惩治张之恶子四驴子。张之四子，绰号四驴子（因其毫无人性而得名），在洮属一带城乡无恶不作，极尽横行霸道之能事，吃喝不给钱，在街上随便打人骂人，以致路人侧目，畏之如虎；在乡下更是任意横行，强占良家妇女。人民怨声载道，但惧张之淫威，忍气吞声。黄闻悉此情，即派人调查确实，当即命人前往逮捕，但四驴子颇为狡猾，越墙逃走。此害虽未除，但在黄驻防洮南之日，四驴子不得不远避他方，不敢再回洮属作恶，一时人心为之大快。

（三）查抄军阀汤玉麟烟土。1931年，黄调任辽宁省警务处处长时，汤玉麟任热河都统。汤亦系绿林出身，与张海鹏的作风无独有偶，还大量销售烟土，为害之巨，不亚洪水猛兽。其沈阳私宅存有大批烟土，据云不下数万斤。黄即派人将其全部查抄，予以没收。后汤一再向张学良将军诉请发还，均未获准。

其 他

黄显声生前尝谓人生必须有健全的身体，始能有健全的事业，所以特别注意锻炼身体。他除精于马术和射击术外，游泳、溜冰、打球等健身运动都喜好，并持之以恒。因此，黄身体健壮，精力充沛，就义时已年逾五旬，然望之犹如四十许人。

黄的夫人许仕坤女士，解放后仍健在，住北京市东城达教胡同8号。长子黄耀华，在北京热工仪表厂工作；次子黄军，在北京化工厂学习。家庭人口共11人，生活方面，党和政府亦妥为安排，备极照顾。

黄于1949年11月27日惨遭杀害，当时即埋于特务事先掘好之坑内。重庆解放后，由黄彤光与夏在汶设法寻出遗体，购棺成殓，以后即由重庆烈士治丧委员会负责办理一切善后事宜，灵停沧白治丧堂。后经征得夏在汶同意，由其护送灵柩回京安葬，自重庆用登陆专艇载运。当时，灵柩共八口，即杨虎城及其家属四人（杨将军夫妇及其二子）、宋绮云秘书家属三人（宋夫妇及其幼子）及将军灵柩。灵柩抵汉口江岸，四野司令员林彪曾亲往迎祭，当地机关团体和市民亦纷纷前往祭奠，备极哀荣。是时将军长子黄耀华，亦由京赶来迎接。再由汉口派专车护送至京，安葬于北京市西郊羊坊店家茔。后羊坊店进行改建，由总理亲批以副部长待遇移葬京西八宝山烈士公墓。

我与黄显声将军先后共事四年，对他的爱国思想及正义行动极为钦佩。黄对待部属亦颇为礼重，相处四年之久，无一闲言。忆及当年与黄在一一九师共事时，黄目击国势险危，寇焰日张，特别不满意蒋介石的卖国投降政策，所以衷心向往共产党，常说要挽救国家危亡，打倒日本帝国主义，非联合共产党不可，并预见在打倒日本帝国主义后，复兴中国亦非由共产党领导不可，黑暗腐朽的国民党是无能为力的，因此我们必须与共产党合作，为驱逐日寇、复兴中国而共同奋斗。惜壮志未酬，身已就义，可为将军憾矣。回忆及此，不胜伤感。

冯占海

依今日之计，只有以武力对强权，以铁血求复土，别无他途！

- 1899年11月6日生，字寿山，辽宁义县人。
- 1919年，入东三省讲武堂学习。
- 1925年，任吉林省督办公署卫队团上校团长。
- 1931年，九一八事变后，他坚决反对熙洽的叛国投日行为，通电全省抗日讨逆，率团北上舒兰、五常、宾县一带。
- 1932年1月10日，将所有抗日部队统称东北抗日自卫军，任副总司令兼右路总指挥。6月，率部经拉林进攻榆树，击毙日军大川少将等日伪军700余人，收复榆树。
- 1933年1月，任第六十三军军长兼九十一师师长，后参加热河保卫战和长城抗战。
- 1937年，七七事变后，九十一师在永定河南岸固守城与日军激战，全师伤亡惨重。
- 1938年7月，九十一师划入汤恩伯的三十一集团军，在武汉会战中，官兵浴血厮杀，伤亡殆半。
- 1963年9月14日，病逝于吉林长春。

日军侵占长春吉林和熙洽投敌经过

冯占海

日军攻占长春

九一八事变时，东北边防军副司令长官兼吉林省政府主席张作相，因父殁回锦州治丧，由参谋长熙洽代理军政大权。当日军在沈阳开始炮击北大营后不久，辽宁省政府主席臧式毅用长途电话将日军进攻沈阳的情况告知熙洽，最后臧式毅和熙洽两人曾用日语讲了一段话，说的什么内容不得而知。后又接到吉林省驻沈阳办事处李树荪电话，也同样报告了沈阳被日军侵占的情况，未说完电话即中断。警耗传来，吉林市人心震动，这时因情况还不甚明了，熙洽似乎还抱着观望态度，并未做何举动，市面也未发生骚乱情况。

事变当时，长春驻军有吉、长警备司令兼第二十三旅旅长李桂林所部。沈阳事变发生后不久，李桂林即奉熙洽命令，该旅除傅冠军一个营留驻二道沟外，其余全部避往双阳县境内。时长春南岭尚驻有第二十五旅第五十团团长任玉山、炮兵第十团团长穆纯昌等部。

9 月 19 日拂晓 5 时许，日军驻长春的多门师团的一部分部队即向我长春市铁北二道沟驻军第二十三旅傅营袭击。该营立即自发应战，营长傅冠军身受重伤（后因伤重牺牲），因敌众我寡，部分官兵被缴械，部分官兵撤出防地。

同时又有一部日军向长春南岭驻军穆纯昌炮兵团和任玉山步兵第五十团的营房偷袭围攻，我哨兵发现后，部分官兵起而应战，激战数小时，敌我互有伤亡。后来该两团接受熙洽命令撤退，炮兵团36门大炮及库存械弹等全被敌掠去，炮团官兵仅携带步枪退往市郊外40余里的新立城一带，以后由穆纯昌率全团官兵投敌。任玉山团有两个营（李辅臣营、张乐山营）撤至麦子沟一带，后来在榆树县作战后参加抗日军。日军得手后又分头向长春市各机关进袭，长春遂于19日陷于敌手。

另外，日军于19日上午又向长春车站进袭。吉长铁路警务段原有武装警察百余人，事先日军授意该警务总段长，假说点名，将全体官兵集合，以待日军。日军开到后首先开枪袭击，我警务段官兵奋起还击，因敌我距离甚近，战斗颇为剧烈，敌我均伤亡不少。

长春被日军占领后，日军又以步、骑、炮各队在市内作军事示威行动，有时飞机在上空盘旋飞行，企图震慑人心。同时日军又由公主岭调来军队数列车到长春郊外米沙子车站，以防我军哈尔滨方面部队南进向长春进攻。

长春市政处处长张书翰、公安局局长修长余，原是两个亲日分子，长春沦陷后两人即积极为日军效劳，到处奔走，同时熙洽也用电话嘱告他们和日军取得密切联系，二人也不时向熙洽报告情况。日军占领长春后，对通往吉林市的电报、电话路线不但不加以破坏，反而进行保护，以便于利用熙洽向我南岭驻军下达不抵抗的命令。

熙洽出卖吉林

长春既陷，吉林省垣由于熙洽叛国降日，被日军不战而得。

熙洽是清朝皇族的近支（爱新觉罗氏），又曾留学日本士官学校，与日军师团长多门二郎（曾任士官学校教官）有师生关系，素有亲日倾向，更暗怀恢复清朝统治思想，妄想借日军力量，恢复清朝政权。所以在日军侵占长春后的翌日（9 月 20 日），熙洽即派张燕卿（副司令长官公署秘书）携密函赴长春面见多门，表示甘心卖国投降。他得到多门的暗许后，即着手布置出卖吉林的叛国阴谋。

在熙洽未迎接日军到吉以前，省城原有驻军为第二十五旅旅长张作舟所辖步兵第三十二团（团长刘宝麟）、第三十三团（团长夏鸿谋），副司令长官公署卫队团团长冯占海所辖步兵三个营，骑兵一营，炮兵一营，迫击炮、重机枪、通信等各一连。9 月 20 日下午，熙洽以副司令长官名义发出命令，略谓为了避免冲突，保存实力，中日事件由外交解决，各部队长应严约所部不得擅自抗击，致使事件扩大，着驻省城各部队即时一律开出城外数十里待命。当时各部队因不明真相，第二十五旅全部遵令向乌拉街方面，卫队团全部遵令向永吉县官马山地区，分别退走待命。

先是，9 月 19 日，熙洽以副司令长官公署名义转下电文，略谓："奉谕：日军侵占东北，我军应万分容忍，幸勿端自我开，中日事件由外交解决。"但此一电报并未写明来历。当日下午，熙洽来电话约我面谈，见面时熙洽说："日军因中村大尉事件和柳条湖事件，已占领沈阳市，同时于 19 日晨日军又因长春万宝山事件，已占领长春。你应率部队整装待命。"

我当时即向熙洽建议说："应当命令驻长春、吉林各部队向日军反击。”熙说：“我奉电令避免冲突，中日事件由外交解决。”我问熙：“此系奉到何人电令？”熙说：“此电发电人不准传达姓名，此时不便告知，日后你会知道。你不需派兵出去迎击。”

20日下午，熙又来电话约我见面，见面时，熙问我：“你接到退出城外命令了吗？”我答：“接到了。”熙又问：“驻省城部队应迅速撤出城外待令。”我问熙：“日军未到，因何将部队撤出省城？”熙说：“我准备跟日本军交涉，和平解决吉林事件。”我又问：“如要和平交涉，为何不到长春去交涉？”熙答：“派不出合适的人去。”熙又说：“我拟约多门师团长带少数军队到吉林来谈判。”我问熙：“如果日军到吉林谈判后不撤兵，怎么办？”熙说：“日本人不会不守信用。”我激愤地说：“日军侵占我国土，我们可以命令部队抵抗、打他。”熙急忙说：“年轻人光凭血气，太不量力，不用说东北军队，就是全国军队也难以打垮日本。在中国历史上，凡是来了外患，都是在战争中打亡国的，没有谈判亡国的。少数军队妄自发生冲突，是以卵击石，徒使事件扩大。现所有军队应即本着命令撤出城外数十里待命。”熙当时又说：“你给我留下两个连暂时负保卫两署警卫之责，并将徐文田营长留下（因徐是日本士官学校毕业）。”我即同意将徐文田营长带领第三连连长刘济宾、第四连连长林甲春留于省城。熙又说：“你这就将徐营长找来，当面命令他暂时在省城直接听我指挥。”当时我就将徐文田营长找来。嘱他听熙的直接指挥，而后我就率全队撤出省城。临走时，我问熙：“万一谈判不成，应怎么办？”我问到此处，熙装着十分痛心的样子说：“万一谈判不成，我单人找你，领你们一起抗日。我个人为了国家，生死存亡已置之度外。”

我当时受了熙逆蒙蔽，即率队退出城外。

当日军进占吉林以前，我省一些工人、学生和爱国群众，激于义愤，张贴标语，高呼口号，宣传反对日军侵略我东北，要求军队起来抵抗日本，保卫国土，并表示愿做后盾。因当时熙逆投敌真相未露，所以群众尚未能提出打倒熙逆等卖国贼的口号。

9月21日，熙洽召集省城各厅、处、科主要负责人开会，声称不日约多门师团长到吉林市，和平交涉吉省的中日事件。当时省府委员诚允说："约日军到吉林市交涉，那是引狼入室，非常危险。"熙洽坚决不同意，诚允即时退出会场，前往哈尔滨。省府秘书长潘鹗年也不同意约日军到吉林，熙洽亦置之不理。潘是当时的抗日派人物，吉林伪组织成立后，他曾送熙菊花两盆，并写诗两首，讽劝其不要变节，熙颇为不满。潘后不辞而别，离吉去哈。此外尚有实业厅长马德恩等亦不同意日军到吉市，劝熙洽多加思考。此时只有建设厅长孙其昌、吉海铁路总办李铭书、前第十五师参谋长郭恩霖等十余名亲日派附和熙洽"日军打不得，和平交涉为上策"的谬论。

9月22日晨，熙洽找徐文田营长面谈。熙说："你带的这两连兵，即时撤出城外，归回原团建制。"并说："你见到冯团长时，告诉他省城安静，经过与日领事交涉，可望找到和平解决吉林事件的途径。"

徐文田于9月23日晨，率兵二连返回官马山防地。徐与我见面时告诉我说："熙洽这两天与日领事会见频繁，会后面带喜色。他在最后二次会晤日领事时，不用翻译，用日语密谈，态度很不正常。他每逢会见日领事时，告诉我在客厅周围派兵警卫，严禁外人往来行走。9月21日熙洽会见日领事时，我在客厅门外窃听，听到日领事问熙洽：'省城内怎么还留有武装部队和警察？'熙回答说：'省城只有两个连，暂时警卫两署，武装警察也只是少数，大部分已撤出城外。'并说：'这些部队我准备在多门师团长到吉市前夕，命令他们撤出城外。'日领事问：'吉省所有部队能听从你的命令吗？'熙答：'多数还能听我的命令。现有两署机构必须撤销改组，重立新机构。'日领事回答说：'像这样事情，等候多门师团长会面时再行商谈确定。'"后徐对我说："看熙洽的举动行为，很可疑。”我当即打电话到省府询问情况，得悉日军在两小时内就要来到吉林市。

吉林伪组织的出现

到了9月23日下午，熙洽竟派副司令长官公署秘书张燕卿、军官教练处总办齐知政等，陪同日军多门师团长所带天野旅团部队进入吉林，接着就分别占据省垣重要机关，并掠夺官银号大批库银和军械厂原存大批枪弹。

当晚，熙与多门会面后，即接受多门指示，将旧省政府、司令长官公署一律撤销，成立伪组织。第二天熙洽即又召集省议会、商务会和各厅负责人开会，当场宣称已经与日军交涉妥协，为了免去战祸，将原有军政两署撤销，合并成立一个“吉林长官公署”，胡说这是权宜之计，将来中日事件和平解决后，仍请“帅座”（指张作相）回任，请大家推举长官人选。到会人员中，亲日派孙其昌等十余人高声拥熙任长官。当时虽然有些人心中不满，因恐遭不测，亦不得不表示赞成。至此，熙洽就出任了伪吉林省长官，并将原省府改为一厅制，即民政厅，任李铭书为伪厅长；原有司令长官公署各处取消，改为军令厅，任郭恩霖为伪军令厅厅长。

熙洽于9月25日又召集各法团及厅长以上人员开会，宣布就伪长官职，并宣布旧有法令不合新政府要求，以后一切听从新政府命令。会后熙洽即发出通电，大意谓：为了吉省安宁，免遭战祸，经各界推为吉省长官，即将旧有军政两署撤销，所有各部队长、各县长、各公安局局长、保安总队长，应继续维持治安，不得擅离职守，电到之日，应各自权衡，共济时艰，何去何从，应表明态度等语。

此电发出后，凡迟迟未表示态度者，均被撤职。如驻哈市第二十六旅旅长邢占清被撤后，任宋宇之为伪旅长。第二十八旅旅长丁超被撤后，任白文清为伪旅长。吉林省警务处处长王之佑被撤后，任赵汝梅为伪警务处处长。直到李杜率各部抗日军到哈市后，邢、王、丁三人始行复职，邢参加抗日，丁、王二人，一度参加抗日自卫军，后亦投敌。

熙洽成立伪政府后，吉市中学大部分自动停课，表示反抗，一部分学生参加抗日军；一部分到外县躲避或赴北平，其余部分学生，直至翌年春始行复课。日军宪兵昼夜搜查枪支，并迫害抗日爱国人士。日军天野旅团长带领步、骑、炮和坦克部队，在城内主要路线行军示威，并有多数飞机在省城上空盘旋飞行。省城商民极为惶恐不安，商店多数关闭，群众对熙洽叛国，极为痛恨。外县爱国群众和学生纷纷起来自动组织了救国军、抗日军、讨逆军，有的数十名，有的数百名，有的千余人。有的农民放弃收割，以作消极抵抗，直至年底，地里尚有高粱、谷子等作物，无人收割。

熙洽的诱降活动

熙洽甘心降敌以后，一面派员对我团威胁利诱，一面令日军骑兵进占口前车站，与我团官马山的骑兵对峙。双方不时发生接触，但因敌人妄想诱降，故尚无大冲突。熙逆在9月24日前后曾三次派人到官马山对我团驻军威胁利诱：第一次派永吉县县长关荫轩持熙逆亲笔函劝降，大意谓“识时务者为俊杰，应忍辱负痛，勿与日军发生冲突，免将事件扩大。兹任你为吉海护路司令职务，应听从新政府命令”等语。第二次又派伪司令长官公署参议杨沛然持函前来威胁，大意谓“日军屡次准备向你进攻，均被我劝阻，你应祸福相权，当机立断，率部返回省城。今改任你为省城警备司令职务，并保护你生命财产绝对安全。余与你有师生关系，决不食言”等语。第三次派艾迺芳携熙函前来劝降，略谓“传闻你有意准备向日反击，日军已得到情报。日军嘱我转告你，如果你向日军抗击，则将吉林市人民洗光。倘若如此，则应由你个人负责。希望你念及省城百姓灾难，速即解除兵柄。如不愿就官职，可送往日本留学，先发给数万元留学费用，以后一切费用由政府负责”等语。

我对熙逆先后派员威胁利诱劝我投降，均严词加以拒绝。我部全体官兵对熙逆甘心投敌卖国的行为，深为愤慨，人人切齿，一致表示要抗日讨逆，誓死不屈。至是我军即将原有部队正式改编为抗日军。

9 月 24 日，熙逆曾派前第十五师参谋长郭恩霖、参谋处长佟衡携熙逆劝降书到乌拉街第二十五旅防地诱降。第三十二团团长刘宝麟、第三十三团团长夏鸿谋各率所部之一部投降，其余部分官兵不听伪命，撤至榆树县。军官教练处总队和原有省城公安武装保安队等部队，经熙逆派齐知政前往劝降后，这些部队也都附逆。此后在吉林即展开了抗日讨逆的斗争。

冯占海部东北抗战记

陈正风 *

冯占海力举抗日大旗

1931年9月19日，日军侵占奉天的消息传到了吉林省，老百姓惊慌失措，渴望驻军快点奋起抗日，但驻在吉林市东大营的几个旅的部队却若无其事。当时吉林省总参谋长熙洽代理督军张作相的职务，他于9月19日上午召集团以上的军官开紧急会议，在会上他并不是下令抵抗，而是命令各部队驻守原地不动，官兵不准走出营房，以避免冲突，准备迎接日寇侵入吉林。命令宣布后，只有一个外号叫"鱼大头"的旅长于仙洲立刻表示服从命令，其他旅长都是支吾其词。寂静片刻，一位在这次会议上级别比较低的军官上校团长冯占海提出异议，要求调集吉林、黑龙江两省的部队对日作战。熙洽对冯占海的抗命不遵未能预料到，意欲当场将其逮捕治罪，又碍吉林省府的警卫部队都是冯占海的部下，不敢轻易动手，无可奈何，只好留待日军侵入吉林后再治他。

冯占海是第六八二团团长，六八二团原来的番号是三十四团，它是

* 作者原名陈墨香，当时系东北抗日义勇军第三路总指挥部副官。

张作相的卫队团。这个团编制庞大，武器装备精良，官兵素质较好，是吉林省所有部队都比不上的。军官中有不少是张作相的亲属，团长冯占海就是张作相的外甥。

9月19日下午，冯占海召集各营长开会，在会上做了誓不投降日寇的决定，并命令立即做好出发准备，将库存械弹和装备全部携带，限于黄昏前准备完毕，待命出发。部队到哪里去，去干什么，排长以下的官兵都不知道。人们只能猜测，有人猜这是去投降，给日本兵倒出营房，因此大家愤愤不平；也有人说这是出发迎敌上战场，于是大家又急不可待。

9月20日清晨，驻在吉林市莲花泡的第六八二团炮兵营和第三营，已经没有卫兵站岗了。营房里边空洞洞的不见一人，宿舍和办公室里只剩下了桌椅、地铺和枪架。这里的一千几百人已于19日深夜随全团拉出了吉林市。当熙洽于20日清晨发觉时，冯占海的全团官兵已到达距吉林市70华里之口前（今永吉县县城），靠山宿营了。

口前在吉林市的南边，它的东边地势平坦，西边靠山。这里有很多朝鲜人，他们不甘受亡于日本之辱而来到中国定居，在这里以种稻为生，可谓丰衣足食。部队在这里不愁食粮，加上口前以西群山连亘，又有作战的有利地形，冯占海团长就在此地于9月20日召集了全团官兵，宣布坚决抗日，举起了抗日大旗。

就在那几天，熙洽曾三次派人至口前，来诱冯占海投降，但均被拒绝。最后一次冯占海枪毙了熙洽的使者，才打消了汉奸熙洽的企图。

吉林失陷

九一八事变后的第二天，冯占海举起了抗日大旗，而吉林省总参谋长熙洽却带领商会等一群乌合之众，在21日手持临时制作的小太阳旗，稀稀拉拉地走出吉林市，迎接了日本侵略者。这天在吉林市最热闹的商业区河南大街上，商店全部停业，居民闭户，行人断绝，景色变得十分凄凉。那些平日在大街上拎着皮带横冲直撞的东大营大兵，这天也不见踪影，被他们的上级关在营房里不准出门，回避去了。河南大街的两侧，每隔 30 米就站一个日本兵，各个胡同口均有两个日本兵把守。日本兵布满了街巷，他们双手握枪，横眉怒目，刺刀上沾满了鲜血。吉林市就这样被日本人占领了。

偷越铁道封锁线

冯占海的抗日军，在口前停留十余日。据情报得知，日寇和熙洽自吉林市已调动了日军和伪军，其先头部队向口前开来，企图围缴冯占海的抗日部队。在日伪军尚未到达之际，冯占海就于 1931 年 10 月上旬率全团官兵转移到磐石县的横道河子。当日伪军迫近横道河子时，冯占海又于 1931 年 10 月下旬率全团向左后迂回了，使得日伪军两次进攻都扑了空。

抗日部队自横道河子出发，经两日急行军后，在蛟河火车站以南约 25 华里的一个村庄大休，以待日暮。又据报告，蛟河车站及铁路两侧虽未见日寇和伪军，但有日寇之铁甲车定时往返于吉林至敦化之间巡逻。抗日部队决定于当日黄昏后冒雨过铁道。

这天下午，阴云密布，大雨不止，出发时已是道路泥泞。在昏黑如翳的夜间，伸手不见五指。为了不被敌军发现，命令不准照明。泥水陷腿至膝，跋涉前进，十分困难。至午夜，虽已行进了五小时，但只走了 15 华里。大雨转为大雪，气温骤然下降到零下七八度，滴水成冰。呢裤结成冰筒，使腿不得弯曲；呢大衣冻成了冰板，一曲就断。本来预计于午夜全部越过铁路，但由于气候突变，行进困难，直到旭日东升，后卫部队（第三营）才到达蛟河车站。冯占海团长自午夜就和警戒部队一起，他站在道木上不停地说："兄弟们累了吧，过了铁路就宿营，把衣服烤烤干，暖和暖和。"等部队全部通过了，他才骑马向先头部队奔去。经过一夜的紧张行进，抗日部队安全地越过了蛟河火车站，穿过了铁道封锁线。

受到了人民的爱护和支持

抗日军越过蛟河车站，向北行进10华里宿营了。老百姓燃起一堆堆木柴给士兵们烤衣服，让士兵们坐在热炕上暖身体。抗日的部队受到了老百姓的尊敬和爱护。

1931年10月下旬，抗日部队自蛟河向北继续前进。冯占海的抗日行动传遍了吉林省的城镇和各村，男女老少，人人皆知。不甘做亡国奴的爱国志士、学生、工人和农民，弃家抛业纷纷来投冯占海抗日救国。其中有的是大粮户的子弟，他们自带枪马。地方上的行政人员和各界人士，也多数不甘日军的凌辱。抗日部队在行进途中，每到一个村镇都受到老百姓和地方行政人员的出村迎接。他们在街道两侧摆满了方桌，上边堆着热气腾腾的大馒头和一碗一碗的白开水。站在方桌后边的男女老少亲切地招呼着："老总，在这打尖休息吃饭吧！歇歇再走，吃点东西，喝碗水。"虽然已到打尖的时候，但没有命令，官兵没有一个离开行列去随便吃老百姓的食物。要严格遵守军纪，这是冯占海团长在每次讲话时都强调的。

经数日之行军，于1931年10月底到达吉林省阿城县[①]，即驻守于此。团部、炮兵营和直属连驻阿城县城内，第一营驻阿城以南，第二营驻阿

① 阿城县今属黑龙江省。

城以东，第三营驻阿城东北约60华里处之蜚克图。在行军路上和在阿城驻地，接纳了许多从四面八方投来的抗日志士，于是冯占海团长在阿城县将原第六八二团扩编为旅，团部改称为抗日军旅司令部。团长冯占海自任为旅长，邓乃柏为副旅长，张纯玺为参谋长。扩编并没有任何上级的指示，而是由于部队壮大人数越来越多，自称为旅。自此，冯占海的抗日声誉也越传越广。

拉林仓巷战

冯占海将军的抗日义勇军在阿城整训了两个多月以后，此时已到旧历年关。义勇军在这期间的策略是：敌来我走，敌走我进，避免战斗，减少损伤，保持实力。部队经过整训以后，力量壮大了，则又采取了亦攻亦走，敌强我走，敌弱我攻，攻其不备和诱敌出洞，夺其老巢的战术。当时日军自吉林、长春各地调动了大批日伪联合部队，与驻哈尔滨之日军相配合，企图围攻抗日义勇军冯占海部。冯占海将军得知敌人兵力约胜于义勇军几倍，便不得不在敌人尚未接近时就率全旅转移了。

1932年元月下旬，义勇军各部队突然接到司令冯占海的命令，限时在阿城紧急集合。集合后未经训话，就急速出发了。此次出发的方向是自阿城县向南行进，走的是回头路。其目的有二：一是乘吉林市的敌人出动之际，去攻打吉林市；二是敌人的兵力强大，以避其锐。出发的第二天中午到达了拉林仓镇，司令冯占海命令在该镇休息。但休息了很长时间仍不出发，有人说是要在此地宿营，也有人说还没到宿营地。后来才知道是前边发现了敌情，在等待情报，以选择行进的道路。待至当日下午4时许，部队始自拉林仓出发，继续向南行进。走出拉林仓5华里后，忽然从后边传来停止前进的命令，随即又传来向后转的命令，仍旧回到拉林仓宿营了。

在拉林仓的东西大街上，有烧锅、大丝房（绸缎店）、金店和当铺。四周虽无寨墙，但东西南北街头都有可关闭的寨门。这是一个人口较多、商业繁荣的大镇。冯占海将军的司令部就宿营在西街路北的烧锅大院内。元月28日当天的晚上，一位通信排长说是会掐“诸葛马前课”，算出来不吉利，如果明天上午9点以前不离开拉林仓就必定有战斗。对于这些话，人们并不认为这位排长真的能掐会算，而认为很可能是已经发现了敌情。

1932年元月29日早餐后，约8时许，突然西寨门枪声骤起，日军大队骑兵竟然向义勇军守门连队冲锋。门外是日寇，门内是敌人早已埋伏好的伪军便衣队，敌人内外夹击，使义勇军守门之连腹背受敌。敌人很快就冲进了西寨门，逼近了义勇军司令部。与此同时，南寨门也被日寇突破，冲进了南街。因为在拉林仓镇内敌人早已埋伏了300多伪军便衣队，所以从战斗一开始就是巷战，以刺刀拼转。随即拉林仓全镇各街各巷和各院落都响起了枪声，七九和六五口径的枪声混合在一起，已经辨不出何处是义勇军，何处是日寇。勇敢的抗日官兵毫不畏惧，有的迅速转入室内，有的上房，有的堵巷口，有的贴墙根，有的靠墙角，化整为零，各自为战。以窗下、门旁、屋顶、墙头和墙角为依托向敌人猛击，打得日寇尸横满街。抗日义勇军司令部是敌人的攻击重点，敌人发起波浪式的冲锋，时起时伏。义勇军官兵利用大院的四角炮台和高墙，伸出几十挺机枪和几百条步枪还击日寇。从炮台上射击孔看下去，大街上的敌尸遍地，尸上横尸。日寇利用街上的死洋马为掩体，也没逃过义勇军神枪手的眼睛。

从西面来的日寇部队陆续向拉林仓增援。拉林仓街上子弹飞来飞去，噗噜噗噜地作响。冯占海将军带着学兵连冒着弹雨冲出司令部的后大门，奔到镇外去指挥炮兵营和第一营，阻止了日寇增援部队的前进。

激烈的巷战，从早晨8点持续到夜间11点。抗日官兵坚持战斗，直到接到司令冯占海将军的命令，才开始突围，向预定地点阿城县集结。

突围时，在司令部大院将阵亡的少校团附和第三营少校营长杨树森等数十官兵的尸身用白布裹起来后，装上三辆大卡车，突围带走。又由于弹药已经耗尽，便收集了烧锅内的所有鞭炮，在炮楼上和高墙上燃放，以迷惑敌人。当夜 11 点 30 分，移去倚门的土麻袋，打开后门，首先开出三辆大卡车及司令专用的小汽车，司机左右堆有土麻袋，官兵们枪上刺刀，紧随车后。冲出后门，沿后街东进北转，冲出了寨门。19 日夜 12 时许，抗日部队全部突围了。

在巷战中，义勇军官兵非常机智勇敢，如第三营第十二连中士班长尹汇川（河北丰润县人）和上等兵邓世英（山东莱阳县人），他二人贴在街口的板障墙墙角，尹汇川在前，左手提着步枪背靠墙壁，邓世英在后，双手端握轻机枪，他俩欲探首观察敌情时，恰巧日本兵也贴近了这个墙角。尹汇川发现墙角对面伸过来一个日本兵的脑袋，因来不及举枪，便伸出右手给日本兵一个大耳光，正打在日本兵的耳门上，日本兵倒在地上，邓世英及时将机枪伸过去，一梭子弹，不仅把那个日本兵打死，还打死另外三个日本兵。又如第三营营部住在西街当铺里，他们与所属之各连失去联络。少校营长杨树森率营部官兵拟窬墙去司令部大院。司令部大院在营部西边，与之相隔三户人家。在越最后一道墙时，营长的随从兵阎昶抢先跳下，刚跳进院内，突然从临街的木匠铺后窗口伸出三支枪，射杀了阎昶。后边的营部官兵发现了室内有敌人，便立即全部窬墙而下，沿墙根爬至窗下，抓住敌人伸出来的枪管，以数支步枪和手枪伸入窗内，击毙了三个敌人。不幸的是，第三营少校营长杨树森也在这个窗口下牺牲了。在义勇军破门进入室内搜索时，三个敌人都死在室内存放的棺材的下边，他们不是日本兵，而是隐藏在这棺材铺的三个伪军便衣。从他们使用的三八式马枪可以知道，枪支是藏在棺材里的。在司令部的炮楼里挤满了抗日官兵，并且互相争夺着射击孔。如果你连发三枪打不中一个日本兵，就会有人喊："躲开！三枪都打不倒一个，敌人不是要上来吗？"

便被拉到旁边去。“你看着，那房上的日本鬼……”啪的一枪就把房上的敌人打下来了。枪管发红了，就换别人的枪射击。百发百中的射击手在每个炮楼上都有十几个，有力地阻击了敌人靠近义勇军司令部。

这次拉林仓巷战，是冯占海举起抗日大旗以后率领义勇军头一次与日军交锋。在这次战斗中，由于义勇军的官兵机智勇敢，狠狠地打击了敌人，使日寇知道在冯占海领导下的抗日义勇军并不是好对付的。

上面提到的埋伏在拉林仓镇内的日军便衣队，那是在义勇军自阿城出发时，日寇就已得知拉林仓是义勇军的第二个宿营地，所以日寇以重金收买了伪军士兵300余人，编为便衣队潜伏在拉林仓镇内。在这次战斗后，部队在阿城集结时，始发觉第三营上尉营附傅某（日本士官学校毕业的）被调为旅部参谋以后，于阿城给日寇送出了情报。当冯占海将军派人捕他时，这个汉奸已经逃离了。

收纳土匪为抗日队伍

流动不定的土匪，当时在东北是很多的，人们管他们叫“大流子”或“大杆子”。这些土匪的成员来自全国各地，多数是在军阀部队里当过兵的，也有一部分是道路通熟的当地人。他们在深山老林里，对什么地方可以通行，什么地方不能行走，了如指掌。当然山下的大道小径，他们的马蹄也全部蹈过。而且对一个村镇，有多少富户，有多少钱，他们也都摸得一清二楚。他们的行止不定，甚至一天转移数处，走遍了东三省。“架票”和到有炮台的大院里去“掏秧子”是他们的主要营生。

义勇军经拉林仓巷战后，于元月30日晚到达阿城县集结。2月2日，又自延寿县方向开来约5000人马，也宿营在阿城县周围各村庄。这些人马，一群一伙地行进无队形，衣着极为不整。有的穿水獭狐皮呢大氅，而足下是一双破靰鞡。有的只穿一件破棉袄，腰间系一条布褡包，上边别着一支手枪，而足下则是一双漂亮的大皮靴。头上戴的帽子，有狐皮的，有水獭的，有貂皮的，有山羊皮的，有狗皮的，有猫皮的，五花八门。有人穿得并不好，可是胳膊上戴着金镯子，手上戴着金戒指。他们的枪有套筒、有连珠、有三八式、有汉阳造、有斜排子，甚至还有单打一，也很杂乱。他们所骑的牲口，有马也有骡子。约有 3/10 的人带有长短枪。原来他们是两股"大流子"，来这里投冯占海将军参加抗日。他们的头目一个叫宫长海，一个叫姚秉乾。宫长海有 3000 多人马，姚秉乾有 2000 多人马，共有 5000 多人马。

宫长海和姚秉乾在国破家亡的时刻改邪归正，来投冯占海将军共同抗日，义勇军的官兵非常欢迎。冯占海将军将他们编为两个旅，一个叫宫旅，另一个叫姚旅（没有番号），称之为宫姚二旅。昨天的土匪，"大流子"，"大杆子"，在冯占海将军的影响下，走上了抗日道路。抗日义勇军的队伍又壮大了，增添了抗日力量，为此，冯占海将军又自任为抗日义勇军司令。

攻打哈尔滨

九一八事变以前，掌握哈尔滨军政大权的镇守使是丁超，他统率一旅之兵力。九一八事变后，丁超的部队在哈尔滨失陷时就已投降日寇。后来他又带着老婆离开哈尔滨，那时他已没有一兵一卒了。他先到了依兰县，又于 1932 年 6 月到宝清县居住，穿着长袍进出他的家门，是个老百姓。以后就不知道他的去向了。当时（1932 年元月）的哈尔滨是日寇和伪军占领着。

抗日义勇军宫、姚二旅均系骑兵，他们的行动快，又善于冲击，虽有不善守的短处，但也善战，各自为战、死不投降是他们的特长。义勇军的基本部队（步兵）是经过长期训练的部队，虽然较骑兵行动迟缓，但是能攻能守。此刻义勇军既有步兵又有骑兵，大大增强了作战能力。

1932年2月3日下午，抗日军又自阿城出发，向阿城以北进军。到2月4日下午，行进的方向忽然变换，从向北转而向西，朝哈尔滨方向行进了。日暮后，冯占海将军骑着洋马从步兵行进行列的一侧掠过，与其并马同行的是宫姚二旅长，其后是两个骑兵旅的官兵，他们向部队行进的前方驰去。

约是2月4日夜11时许，冯占海将军亲率突击部队到达了哈尔滨三棵树外围，经周密的部署，于5日拂晓前，趁守在三棵树之日寇和伪军熟睡之际，跃马冲进了三棵树。日寇和伪军措手不及，抱头鼠窜，逃向道里。道外被义勇军占领。义勇军步兵乘胜追击，于2月5日晨推进至道里，占领了哈尔滨市内的一部分街区。

在哈尔滨市内，白昼巷战，推进迟缓。战斗持续到5日下午日暮时分，日军自长春、吉林等地调来的大批援军已经到达了哈尔滨，同时有一部分日军自哈尔滨以南之平房向东移动，企图切断义勇军后退之路。2月5日的夜晚，战斗激烈，这正是旧历年的除夕，枪声代替了鞭炮声。由于敌情变化，义勇军撤离了哈尔滨。

在撤退路上，人们发现，那些原来没有枪的士兵都背上了枪，不拿枪的文书上士和书记官也背上了枪，许多士兵肩上背着两支枪，带手枪的连长也多背一支步枪，还有的腰间挂着“王八”盒子。这些都是从被打死的日本军官身上摘下来的，都是战利品，这次共缴获步枪700余支，弹药300余箱。冯占海将军知道，即使全部占领了哈尔滨也难固守，不如夺取了敌人的枪弹武装抗日部队。

得到朝鲜人的援助

义勇军自哈尔滨撤离，经宾西、宾州，到达方正县。军司令部驻方正县城内，宫姚二旅驻会发恒和夹心子，基本旅驻在高丽帽子。各部队在所在地的山上构筑了简易工事，居高临下，准备迎接来犯的日伪军。

在2月10日的清晨，先是敌机数架在义勇军上空轰炸和扫射，会发恒和高丽帽子的瓦房也遭到敌机的破坏。其后则是日军步兵向义勇军阵地进攻，山地战又开始了。此后天天有战斗，天天有伤亡。义勇军负伤的官兵自前线绷带所送到方正县东门外东北义勇军第三路总指挥部的野战医院，伤兵们入院以后，才知道这个野战医院的医官是朝鲜人。一位是四旬开外的中校医官崔相田，一位是少校医官崔相满（崔相田之胞弟），一位是少校医官韩鹤日，一位是上尉军医金立德，还有一位上尉司药张鸣唤，他们都是朝鲜人（当时称为高丽人）。在这所新成立起来的野战医院的军医中，只有院长许超凡是中国人。这五位朝鲜籍军医官都已从事医疗工作多年，医术很高，深受抗日官兵的尊敬。但在给伤兵换药时，伤兵在痛不忍耐时对医官不免无理的乱骂，医官听了并不恼怒，却说："朋友，不要骂，你死都不怕，还怕疼吗？希望你早点伤愈重返前线，去和日本鬼子拼！"这就是他们在挨骂时，对伤兵的由衷回答。

这五位朝鲜人是从哪儿来的？崔相田是来自吉林省依兰县，他在依兰东门外开设一个面粉厂，在城内十字街东开设一个有三间门面的西药房和一所有20张病床的医院。其余的四位医官是崔相田药房和医院里的医生和司药。崔相田对日军有深仇大恨，其余几位也追随崔相田抗日，他们志同道合。冯占海将军自哈尔滨到达方正县后，崔相田便关闭了所有营业，携带药房和医院的所有药品来投奔冯占海参加抗日，并将其全部药品和医疗器械以及面粉厂的粮食捐献给东北义勇军第三路总指挥部的野战医院。他们不但献出财产，而且冒着生命危险充当毫无待遇的野战医院医官，为抗日义勇军建立了这所野战医院。负伤官兵不分昼夜地送到野战医院，朝鲜籍的医官也日夜操劳着，经他们的治疗和手术，使很多负伤官兵免于死亡，得以重返前线再投入战斗。

崔相田医官于1933年元月奉冯占海之命，回到吉林省去组织朝鲜籍人进行抗日，但不幸被捕牺牲。其弟崔相满及韩鹤日、张鸣唤、金立德等人，在1937年七七事变后的一些日子里，还在第六十三军军医处工作。1938年江西战役后，冯占海将军弃军离去，这几位为中国人民抗战出过力的朝鲜人也不知去向。

东北义勇军第三路总指挥部

依兰县当时属于吉林省，它位于松花江南岸，牡丹江东岸，两岸紧靠城垣，两江围绕，是依兰县城的天然屏障。在这里驻着一个步兵旅，旅长叫李杜，他又是这里掌握军政大权的镇守使。九一八事变以后，已有半年之久，日军并未进犯到此，李杜也没有向日军投降之意图，仍然据守在依兰县。

冯占海将军到达方正县以后，即与黑龙江省的马占山和依兰县的李杜取得了联系。他们为了团结抗日，协同作战，共同约定于1932年3月底在依兰县会晤。在他们的会议上，坚定了抗日的决心，并统一了抗日义勇军的番号。他们把抗日部队分为三路，即马占山、李杜、冯占海各为一路。部队的全衔是：东北义勇军第一路总指挥部，总指挥马占山；东北义勇军第二路总指挥部，总指挥李杜；东北义勇军第三路总指挥部，总指挥冯占海。这三路义勇军的总指挥是各自指挥自己的部队，彼此不属，也没有比他们再高的指挥部。

自制武器击敌机

1932年2月10日，义勇军在会发恒与敌接触战斗，冯占海将军亲临火线指挥作战。敌人在飞机大炮的掩护下，经数日之战斗侵占了会发恒。义勇军姚旅转移到高丽帽子与基本旅会合，合力打击敌人。

在战斗中，义勇军没有对空武器，敌人的飞机可以任意轰炸和扫射。为此，冯占海将军召集了本部曾在沈阳兵工厂工作过的技术人员，研究制造能对空射击的武器。经过努力，制造出“橹管炮”，它与六〇炮相似，但比六〇炮稍长，炮弹射得并不高，最高也不超过60米，有点像二踢脚爆竹。但在敌机低空扫射时，用此对空射击，对敌机也是个很大威胁。冯占海将军对研究打击敌人的办法，也是十分重视的。

战斗转移到高丽帽子，敌人的飞机更是猖狂，每日天一亮就来袭扰。敌机每队四架，彼队来，此队去，轮流轰炸和扫射，直到黄昏后才离去。勇敢的抗日官兵既对空又对地，毫不惧怕，义勇军姚旅只用步枪就击落了敌机，士气大振。此后，敌机来袭，义勇军就以步枪、机枪去迎头还击，吓得敌机不敢肆意低飞。

撤离依兰，冯与杜分手

东北义勇军冯占海部，在高丽帽子战斗，持续了一个月之久。在这期间，敌机整天不停地轰炸义勇军总指挥部，从高丽帽子到方正县30华里的道路上，到处都是敌机投掷的炸弹声。此时是1932年3月中旬，义勇军前线部队正在撤退的途中，总指挥部也随之自方正县城撤离东进了。

义勇军部队沿着松花江南岸的高山，经大罗勒密、小罗勒密和大连河，一路未停，到达了牡丹江西岸。牡丹江西岸是山地，东岸是依兰县城。时在初春，江水即将融解，老百姓说，开江只在一夜之间，江水从江心分离拥向两岸后，即可行船。当时的江水已不能负重，有陷入冰窟的危险。况且日军企图阻止义勇军渡江，用数架飞机轰炸了牡丹江面，炸出许多冰窟。义勇军只好将驰马下载，分解山炮并将弹药箱等较重物品置于木板上用长绳牵引，往返运送。人员马匹间隔距离加大，防止陷入冰窟造成伤亡。冯占海将军渡过了牡丹江，与李杜将军的部队会合，共守依兰县。

到1932年4月中旬，江面可以行船的时候，日军开始向依兰县义勇军阵地发动进攻。东北义勇军第二路李杜部与第三路冯占海部，对牡丹江西岸之敌开始了战斗。日军的炮艇自哈尔滨开出，在松花江心顺流而下，进犯依兰县。

冯占海将军为了300多名负伤官兵的安全，命令野战医院把伤兵先行撤离火线，拟去同江。即于松花江南岸登上六只大帆船，顺流东下了。伤兵在船上能坐能卧，比坐火车舒适得多。但是没考虑到日军的一部分炮艇经依兰东下，危及伤兵。当义勇军的伤兵船到达富锦县时，日军的炮艇也已到达距富锦仅40华里之绥滨。义勇军的伤兵只好立即登岸，离开松花江，转乘苏联式的四轮大车向东南行进，到了宝清县。

宝清县离富锦县200多华里。这是日军没到过的偏僻小县，也没有任何部队在这驻守。这个县的县长仍然是九一八事变以前的老县长张某。当时他曾想了各种办法唤起全县人民起来抗日，甚至借迷信宣传抗日。因此，这个县的老百姓都积极投入抗日工作。东北义勇军第三路野战医院运送300多伤兵来到本县。当时在本城内有一家苏会一饭店，店主人名叫苏会一。这个店有草房30间，院内可容大车数十辆。苏会一得知伤兵到了宝清，他不待县政府来号他的房子，就在他的饭店门口主动迎接并说：“我这房子宽敞，都能住下，请到我店里住。”把伤兵接入他的饭店。同时写一张“停止营业，为抗战服务”的红纸条贴在大门上。

他把自己住的大房间也让了出来，他和他的夫人搬进一间小屋。并嘱咐店伙计要侍候好伤兵。他每天早晚都去伤兵房里问长问短以示慰问。本县不只是苏会一如此，所有的老百姓对义勇军都是如此热情。

宝清县的老百姓，在张县长的引导下，为了抗日家家献力量，人人投入救亡工作。抗日标语到处可见。张县长在城内设“造炮局”，集合了全县之铁匠、木匠日夜开工。所造的大木炮，口径为六寸，长约六尺，外围有大铁箍数道，炮膛内装黑火药，以生铁碎块为弹丸，用四个有轴的大车轮架起，以骡马牵引。还造了红缨枪和长刀。并召集全县爱国志士数百人，经整训一月余，他亲自率领这数百名抗日民军去袭击盘踞在富锦县的敌人。虽几次受挫，但抗日的决心不减。

依兰县之防御战，虽有松花、牡丹二江为天然屏障，但日军以步兵、大炮、飞机、汽艇的优势，不断发起渡江攻势。经两旬的战斗，第三路军和李杜的第二路军于 1932 年 5 月上旬分头撤离了，放弃了依兰县城。冯占海将军率所属部队沿牡丹江东岸向东南方向撤离，打算在国内的靠近深山处建立抗日根据地。李杜将军则率其所属之一旅向东北方向撤离，去靠近苏联边境。从此，东北义勇军第三路总指挥冯占海将军和第二路总指挥李杜将军分手，以后未再会合。

乔装木匠通过封锁线

冯占海带领全军撤离依兰，于 1932 年 5 月 10 日前后到达勃利县，并打算以此处为抗日根据地。命副总指挥邓乃柏和参谋长张纯玺带领基本旅一万余人驻守在勃利县一带，作为后备部队。司令部设在勃利县城内。冯占海将军于 1932 年 5 月下旬，亲率一部分义勇军一万余人（宫姚二旅在内）渡过牡丹江，游击于吉林市以东以北地带。他们每到一处，必定打击敌人，无一日不战。经过数月的战斗，义勇军越战越强大，人数天天增加，已号称数万之多。从此军威更为大震。他们不仅袭击了日伪军盘踞的县城和村镇，也攻打了吉林大城市。破城镇，杀日寇，毙汉奸，收降伪军充实抗日力量，从而使得日寇和汉奸惶恐不安，成为日寇侵华的一大障碍。因此敌人纠集了大批兵力向义勇军围攻。义勇军返回勃利县之路被切断了，被迫向长春西北方向移动，接近四洮（四平至洮安）铁路。义勇军就在这四洮路以东的地带，同四面八方来的敌人展开了战斗。

当时的四洮路属于辽宁省，越过四洮路，经过辽宁，即可进入热河省的东北部。义勇军在四洮路以东的地区，在它的东面、南面和北面都有日伪军封锁着，只有西面的四洮路上尚未发现敌人，可以由此通过。

1932 年 10 月中旬的一个夜晚，冯占海将军下令，在黄昏后开始穿越四洮路。当晚，部队从几条道路上穿过，至午夜，已有半数越过了铁路。突然，从辽源方向驶来敌人的铁甲车一列，在义勇军所要通过的一段几公里长的铁路上不停地进退，将义勇军拦腰隔断，阻止了义勇军在路东的部队继续前进。前有铁甲车，后有日军，激烈的战斗自午夜打到拂晓。因战斗失利被隔在路东的部分义勇军散走了。冯占海将军也被隔在铁路以东，落在敌人的包围之内，与部队失去了联系。天破晓时，他在老百姓家换了破旧的便衣，老百姓收藏了他的军装和马靴。这家老百姓是木匠，冯占海将军打扮成木匠模样，光着两只脚，手持五尺杆（丈量木料的尺），穿着破旧的衣服，独自一人在敌人铁甲车来回行驶的间隙中，过了敌人在铁路上的封锁线，到了铁路以西，在那里收容了散兵，集结部队两万余人，重整了队伍。

边战边走三千里

东北义勇军第三路总指挥部，由邓乃柏和张纯玺率领的基本旅留驻在勃利县四个多月。勃利县靠近深山，地势优越，又加上基本旅战斗力强，日军未敢来犯。1932 年 9 月上旬，副指挥邓乃柏接到了冯占海将军从四洮路以西派便衣送来的命令。命令部队即速出发西进，通过吉林、辽宁省地区，过四洮路，在四洮路以西靠近热河省边境，与冯占海将军所带领的部队会合。以吉林省的东部勃利县到热河省的边境，约是 3000 华里。路途中到处都有日伪盘踞，很难确定一定的行进路线，只能边打边走。好在这一万余人的基本旅都是有战斗经验的官兵。

在宝清县的 300 多名负伤官兵已经痊愈，恢复了战斗能力。于是发给他们每人一条披肩的羊肠布口袋，装进 10 斤炒米（炒熟的黄小米）作为十天之口粮。不需带水，山沟里都有。并请来在深山里采过人参的向导带路，准备越过 260 华里既没有人家又没有道路的深山，去勃利县集合。1932 年 9 月 8 日，已痊愈的官兵自宝清县出发了。行进 15 华里，即进入了深山。在少有人走的小路上，两边的树枝交错，在最低之处必须低头弯腰才能钻过去。行进半日之后，再无路可寻。那里是丛林茂密，松柏参天，高峰对峙，岭岭相连。紧随向导，忽左忽右，走一段停一会儿，看看太阳识别方向。披荆跋涉，服装被刮破，搔痕缕缕。遇水而涉，遇峦而攀；饥食炒米，渴饮溪水；日出则行，日暮则宿。战士用刺刀砍些树枝和割些杂草，搭起茅棚以遮夜露。周设警戒，以防野兽。经过六天的跋涉，翻越了 260 华里没有人家的大山，到达了集合地勃利县城。

副总指挥邓乃柏和参谋长张纯玺，于 1932 年 9 月 16 日带领基本旅一万余人，自勃利县出发向西前进了。十天之后到达了延寿县，并在此休息三天。当时延寿县没有日军，仅有地方团队和警察，他们愿意跟随义勇军抗日，有些不能跟着走的愿意缴枪。除此，在城北关驻有红枪会 500 多人，在他们司令部的大门口两边有四个手持红缨枪的人守卫，令人生畏。这个红枪会的会首叫“一撮毛”，因为在他的左腮上长着一撮长毛而得此名。他身着古代战袍（戏装），背插四面龙旗，乘枣红马，自诩关羽临凡。他睡眠无定时，不吃熟食，以生小米充饥。有人说他枪刀不入，子弹也打不进，若别人吞服了他所画的黄裱符，也会枪刀不入，子弹触身落地。人们都这么传说，但谁也没看见过，就连他本人也没试验过。红枪会也要求抗日，就把他们收编为东北义勇军第三路总指挥部红枪大队。

义勇军又自延寿县出发向西行进，途中所经的大小城镇都有日伪盘踞，天天有战斗。为了轻装前进，只好甩掉了大行李。行进的方向和宿营地都无法事先确定，因为战斗随时会发生，行进方向也随时变动。攻打城镇不是为了夺城，而是为了走。边打边走，一天只能走四五十华里。至1932年10月中旬才到达吉林省西北部的扶余县。

扶余县城在吉林省的西北部，松花江东岸，它西面的城墙就是松花江的堤岸，城下就是松花江。在南门外约200米处有一个渡口，它是这一带唯一能渡江的地方。在这个县城内驻有日本宪兵一个中队、一个步兵大队和伪军一个步兵团。这些敌人得知义勇军将要到达扶余县时，便将渡船及停在江边所有大小船只全部拉到距扶余县城10华里处集中看管，并强迫船夫上岸押赴城内，企图阻止义勇军渡江。敌人关闭了城门，并在门内堆上了土麻袋。敌兵布满在城上，准备守城。

那天下午2时许，义勇军靠近了扶余县，司令部停止前进，在城东1500米处的一个村庄里做渡江准备。突然间，一颗迫击炮弹落在这个村庄爆炸，紧接着就连续发来十几发。在这种情况下，义勇军一位连长立即把山炮调向城内准备还击，但被参谋长制止，以避免伤害城内的老百姓。县城的东面是一片开阔地，而南面则是一片房屋。靠近城墙的房屋仅有四五米，容易接近爬城，因此，义勇军的攻击重点选择在南门。当时红枪大队担任爬城任务，以步兵一个团为掩护，攻打南门。又以一个团的兵力从东面佯攻东门。

当日黄昏后，义勇军开始了攻击。红枪会吃了“大法”（练气吞符），增强勇气，以枪弹打不进的精神，在步兵一个团的掩护下，从南关翻墙越屋靠近了城墙根，即以临时制作的扶梯贴墙攀登而上。经几个小时的战斗，在当夜12时前就登上了城头，夺取了南城墙。在城东的义勇军一个团也相继登上了东城墙。敌人被义勇军赶下城墙，义勇军立即入城打开城门，步兵进城。敌人经北门全部逃出扶余县城，结束了战斗。

扶余县城被义勇军打开了，但为了严肃军纪，下达了“部队除留部分收缴敌人物资外，其余撤到城外，官兵不得擅自进城，违者处决”的命令。天明之后，从城内走出数十名老百姓，他们是撑船的船老大。在敌人逃跑以后，这些船老大主动出城，带领义勇军寻船，把义勇军送到松花江西岸。这次攻城，首功是红枪大队，是他们首先爬上城墙驱逐了敌人。在阵亡的60余名官兵中，红枪大队的队员约占一半。至于红枪会能刀枪不入的说法，那只不过是他们会员的一种迷信思想罢了。将阵亡官兵埋葬在松花江以西一块荒地上，坟前树立了木牌，并由其生前所在连队集体致敬告别。安排好死伤官兵，部队又继续向西前进了。

天气渐渐地冷了，官兵们都提早穿上了新的羊毛皮军大衣、皮裤和戴上了膻羊皮帽子。这些东西都是从敌人那里缴获来的。

到达乾安县西北地区时，这天上午战斗了两小时，下午2时许先头部队又开了火。原因是前卫少校团附孙英杰不顾敌情，乘马前驰，走在尖兵的前边，但不幸中弹坠马身亡，从而激起了官兵对敌人的仇恨。义勇军的前卫官兵不待命令立即冲上前去。原来是前边路侧有一土寨，周有炮楼，就是炮楼里的敌人出枪打死了孙团附。住在这个寨里的大粮户赵家有弟兄四人，这四弟兄都是汉奸。在义勇军尚未到达该地时，他们就纠集了保安团队和日伪部队等待拦路劫击，阻止义勇军前进。

红枪大队是义勇军的冲锋队，不论一天与敌人有几次交战，总是以红枪大队打冲锋。这次攻打土寨也仍然把红枪大队调在最前边。先是以山炮摧毁了土寨北面的三个炮楼，而后红枪大队在轻重机枪的掩护下硬打硬上冲入寨内。敌人除死亡者外，均从西寨门逃出。

从此，义勇军未遇敌人劫击，也安全地越过了四洮路，进入了草原。

在一望无际的草原上，人烟稀疏，村落之间的距离甚远，行进了将近一日，未遇人家。大雪纷飞，直下到日暮前才停止。站在丘陵高地上向西眺望，只见白雪茫茫，偶见一黑点，那是一个蒙古村庄。行进了将近一日，才遇到一个有十余家的蒙古村庄。这里家家没有粮，只有羊群和草垛。义勇军所带的炒米早已吃光，有两天没进食物，许多人已不能支持。当听到就地宿营的命令，有的马上就倒下了。这时的军队也顾不得什么纪律了，把一只只的羊从羊群拉去，用刺刀割开，甚至剥皮未尽就放在火堆上燎烤。火弱不能烤熟，就用刺刀割成碎块而生吞。还带一块，装在饭袋里或挂在马鞍上。什么时候饿了，就割一块，放在嘴里整块吞下去。天亮了大家相互看看，每个人的嘴角或两腮都沾上了羊的鲜血。

冰天雪地，寒风刺骨。饥吞生肉，渴咽积雪。虽穿着皮大衣和皮裤，但连续数日腹内正饥，亦不免唇齿相击。日暮后就地露天宿营，堆雪成壁以防西北风，用手耙去地上雪，以冻土为铺，臂挽马缰，怀抱步枪，蜷缩而眠。东方发白时，吹起前进号，不用整队集合，爬起来就走，前导后随。积雪深过膝，行进极为困难和迟缓。似此非止一日，偶至一个有 20 余户的蒙古村和一座喇嘛庙。部队数以万计，而村庄只有 20 余户，人多住处少，仍得露营。蒙古包里不准官兵进入，各墙角和院内院外都躺满了人，村外雪地上躺的都是人。把狗从狗窝里赶出去，钻进去避寒。大一些的狗窝可以容纳两个人睡眠，虽不能伸腿，但可蜷曲而卧，在此时此地来说，可算是上等“房屋”了。喇嘛庙的喇嘛施舍了两石黄小米，就用这些黄小米在各家煮稀粥。人多米少，只好在一口八印锅里下二升米，粥稀如水。锅台旁边挤满了人，有的拿碗，有的拿水壶或茶壶，焦急地等待着粥熟。有人不等粥熟，就把茶壶伸入锅内去灌粥，用碗舀的也不怕烫手。有的人没有器皿，眼看着吃不着，饥不择器，竟将蒙古人的小便盆当作饭碗，已顾不得其他了。

在草原上，经过十多天行进才到达热河省开鲁县境。在这补充了给养，从此就不再挨饿，行进间也不再有敌情顾虑了。

东北义勇军第三路总指挥部的部队，由邓乃柏所带领的基本部队，从1932年9月16日自延寿县出发，到是年12月上旬，经过了两个半月时间，走了3000多华里，才全部到达热河省建平县。在此与总指挥冯占海将军所带领的部队会师了。在这两个半月的行军途中，几乎天天有战斗。本文只列举了扶余县和赵家寨的两次，其他处之战斗亦如是。

南京大员来改编

1932年12月上旬，东北义勇军第三路冯占海部，已先后全部到达热河省东部。总指挥部驻在建平县下洼镇，部队分布在绥东、建平、乌丹城、赤峰等几个县。自九一八事变起，这支部队天天在战斗，假眠不卸装，奔走挨饿，转瞬已近一年半的时间。到了热河省，身后没有敌人，睡眠可以卸装宽衣，饭也可以吃饱了，算是安定了一些日子。在下洼镇东北约300华里处之开鲁县，驻有一个蒙古骑兵旅。当时以冯占海的抗日势力强大，骑兵旅崔旅长赠给冯占海将军白马一匹。这匹马名叫“小白龙”，翻蹄亮掌，行走如飞。他们之间建立了良好关系。

1933年元月初，东北义勇军第三路冯占海部，在下洼镇一带休息期间，南京派来一位叫高维岳的大员到下洼镇，并且去各地集合义勇军的部队查点人数。但其结果是无数，究竟有多少人查点不清。以后便将东北义勇军第三路总指挥部番号改编为中央陆军第九集团军，冯占海为集团军总司令，但集团军以下所属要编几个军和几个师几个旅，未能确定。

下洼镇被炸

随着部队改编，下洼镇又成为第九集团军司令部的驻地。下洼镇以北至开鲁是沙漠地带，开鲁以东之通辽，下洼镇以南之北票、阜新和以东之彰武等地均有日军盘踞。据报告，此数处日军之部队有所增加。义勇军虽然已无后顾之忧，但正面之敌却蠢蠢欲动。在东北方沙漠地带，敌人进兵不便，又有蒙古骑兵旅驻守开鲁，判断日军不会从开鲁进犯下洼镇。

1933年2月8日，也就是旧历正月十四日这天，忽然街上有人呼“我们的飞机到了，快来看哟”，并且笑声不止。果然有四架双翼飞机从西方飞来，在下洼镇上空盘旋。老百姓认为从西方飞来的飞机是抗日的飞机，立即鼓掌欢呼和放鞭炮，以示欢迎。就在人们兴高采烈的时候，四架飞机忽然散开，以高空下降盘旋俯冲投弹和扫射。这时人们才看清楚标志着日本太阳旗。鼓掌、欢呼和鞭炮声换成了对空射击的枪炮声，此时飞机声、枪炮声、喊声响成一片。下午2时许，四架敌机又来轰炸，八架次之敌机，计投弹90余枚，其主要目标是义勇军司令部。

下洼镇仅有400多户人家，经过这次敌机轰炸，房屋多数倒塌，瓦砾满街，死伤者举目可见，但见死者咬着牙关，瞪着两眼紧握着拳头，表现了不屈服的精神。也见到死者的父母妻子儿女，在血泊中抱着死者的尸身，握着死者的手，哭泣号叫，悲痛不可忍，表现了复仇的决心。街道两侧的房屋断了半壁，店铺门上的牌匾落地，杂货铺的山梨满地滚，皮肉挂树梢。顷刻间，下洼镇变得破乱不堪，悲惨万状，目睹者无不义愤填膺。

撤离下洼镇

1933 年 3 月底的一天清晨，人们正在熟睡，突然有人喊：“快点起来呀！日本鬼子要进东寨门了，总司令部和部队全部撤退了！”不及问报信人，他已上马飞奔了。人们立即起床，着装上马，刚驰至大门外，就与已进入寨门的日军搜索斥候接了火。这是义勇军司令部的最后一部分人在撤离下洼镇时的情况。

下洼镇的南面是北票，东南和东面是阜新、库伦旗，这三处的日军虽有增加，但无动向。下洼镇以北通辽之日军，就全倚靠驻开鲁之蒙古骑兵旅去抵御，可谓安全。然而骑兵旅的崔旅长却已暗中勾结日军，与日军密谋企图消灭冯占海部队。他表面上与冯占海将军和善，并赠送白马，其实他已投降日军。就是他引导日军以骑兵快步自开鲁向下洼镇偷进，当敌人接近下洼镇时，义勇军司令部才发觉。当时义勇军毫无戒备，且部队居住分散，一时难以调动，致使日军有了可乘之机，直接冲到义勇军总司令部。冯占海将军措手不及，被迫撤离了下洼镇。日军继侵占东三省以后，又于 1933 年 3 月占领了热河省。

此次战斗，是自下洼镇转战建平、赤峰、乌丹城，经锥子山、森吉图、半截塔等地，止于察哈尔省之多伦县。在这艰苦的征途中，冯占海的部下，肩背步枪，手拄树枝，一步一个血印，滴滴鲜血，洒在征途上，时时回头望故乡。

冯占海

入关缩编

1933年4月，热河省又被日军侵占了。此时，陆军第九集团军总司令冯占海将军奉南京政府之命，入关整编。部队经沽源至察哈尔省省会张家口，驻防在平绥铁路线上之下花园、新保安、怀来县、康庄一带，总司令部驻怀来县城内。部队到达防地以后，于1933年4月底，整编工作就开始了。

在整编时，因为这个部队没有待遇，有许多人自动离去。当时义勇军的官兵有许多是关内人，有亲友的去投亲了，有的去做小生意，也有人回了家。仅留两万几千人，被编为中央陆军第六十三军，军长冯占海，副军长邓乃柏，参谋长阎武。撤销了第九集团军番号。军部设参谋处、副官处、书记处、军械处、军需处、军医处、粮秣处、军法处及所属之稽查处等八大处。军直属部队有特务营、工兵营、辎重营、通信营、骑兵营等五个营。中央陆军第六十三军所辖的仅是陆军第九十一师，师长由中将军长冯占海兼任。师以下辖三个旅，即二七一旅、二七二旅、二七三旅；三个旅长是：张纯玺、宫长海、姚秉乾。每个旅以下属三个团，分别为五四一团、五四二团、五四三团、五四四团、五四五团、五四六团、五四七团、五四八团、五四九团，共九个团。全军两万余人只编为一师三旅，这样又为以后的改编做了准备，旅的番号撤销即可改为师，那么就一军三师了。

冯占海将军在怀来整编以后做的第一件事，是把所有部队都迁出民房。部队自己建筑临时简易营房，租用土地，每亩以应收粮折价交款。建房由各团官兵自己动手，掘地四尺，出土筑墙，地面以下四尺深，地面以上四尺高，深加高即八尺，也就是从室内地面到房脊的高度。室内以土坯为炕，炕上铺谷草。房山上还有短短的小烟囱。在一排一排的营房四周，筑起了七尺多高的土围墙，内有操场，进出有营门。无论是从远处看，还是从近处看，都看不见里边的房屋，因为房子离地面只有四尺高。这不但解决了住房问题，对加强纪律，控制官兵外出也起到了很大的作用。

冯占海将军在整编以后做的第二件事，是严肃军纪，犯则立罚。如在怀来有一个少尉排长擅离营房，到夜10时方归，卫兵在门内守卫。该排长叫门时，卫兵没有上级命令不敢开门，该排长只好在门下缘距地面约30厘米的底缝钻入，但刚伸进一个头，就被卫兵一刀劈下。此事发生后，立即传令嘉奖此卫兵，并通报全军表彰。第六十三军的严明纪律，从此建立起来了。

在怀来县，冯占海将军做的第三件事就是派人刺杀了少将旅长姚秉乾。冯占海、宫长海和姚秉乾他们三个人为了携手抗日，曾在1932年初拜过盟兄弟。东北义勇军冯占海部从张家口进关后，被改编为中央陆军第六十三军，中央即开始按月发给官兵薪饷。在发放头一个月薪饷时，第二七三旅旅长姚秉乾克扣了全旅的官兵薪饷，为此冯占海将军曾几次下令让姚将薪饷立即发给官兵。但姚秉乾对此却置之不理，而且还威胁说："我给你出力打了这么多年日本鬼，这钱我是应该享受的，如果不讲情面，老子拉出关去再拉杆子。"这些话引起了冯占海将军的戒心。以军法来说，克扣军饷是死罪，违抗命令也是死罪。冯命令姚来军部开会，姚不到，冯想逮捕姚又恐怕在官兵中发生打斗事件，因而冯占海将军派了军部少校副官张荫峰独自一人去姚旅行刺。张副官先是佯装和善友好与姚谈天，故意奉承，使姚不生戒心。姚是个大烟鬼，大烟鬼的烟瘾还没过足，张荫峰也就和姚对面躺下，并掏出一包鸦片说："请旅长尝尝这个。"就在姚秉乾烧烟泡时，张荫峰掏出手枪将姚击毙了。冯占海将军对遵守法纪的官兵是很爱护的，对触犯军法分子也是毫不留情的。

冯占海

在平汉线整训

1934年的4月初，这虽是清明时节，但是天高云淡。挤满官兵的军用列车穿越着大小车站不停地疾驶着。在这敞篷车厢里，风吹得人们低首掩面，帽子都拿在手里，官兵们都露着剃得溜光的头。偶尔向铁路两旁望去，大地一片葱绿，但见那一簇簇压着白纸条的坟墓却又令人心酸。列车经过南口、北平、保定、石家庄，停车高邑县，这里就是第六十三军的新防地。部队分布在高邑县、元氏县、宁晋县、赞皇县、赵县、柏乡县、临城县、内丘县等八个县驻防。军部及军直属部队驻高邑县，军司令部驻城内。

部队到达新防地以后，人事更动很大，不称职的军官佐被编遣，离开防地。也有许多离开部队去受训，学习结业再归队。对那些贪污、违法、吸毒的军官佐一概清除，驱逐出境。此时，王耀刚为第二七一旅少将旅长，赵文质为第二七二旅少将旅长，赵维斌为第二七三旅少将旅长。从上尉连长到上校团长，多有更动。但不管如何更动，全军的军官佐，都是在九一八事变以后追随冯占海抗日的第六八二团官兵中提升的。

冯占海为中将军长，全军官兵无党无派，军中没有党派的组织。除副军长涂思宗外，没见任何上级机关派人来任职，就是副军长涂思宗也不过在第六十三军待了半年就离去了。冯占海将军的友好以私人关系介绍来的人，皆安插在各处，都不给予带兵的职务。除此之外，还有第二十九军宋哲元部来的教官，教授拳术和大刀。冯占海将军为了部队的正规化，提高官兵的素质，成立了中央陆军第六十三军军官教育团，任命夏云龙为该团上校团长，负责训练下级干部。教育团分为军官、军士两个班级，六个月毕业后分到各部队。在职的军官和军士都要经过教育团的受训，所以六十三军的下级军官都是在该军教育团受过训的。

当时在河北省南部铁路沿线一带，老百姓中有少数人吸毒。毒品的名字叫“墩”，“吸墩”就是吸毒。“墩”的形状如同切断的笔杆，一段约为十毫米，中有小孔，颜色有粉红的、蓝的、白的，如同带彩色的小粉笔头。和吸大烟一样，把“墩”以灯火稍烤，粘在烟斗上吸用。由于部队常驻这个地方，有少数军官也沾染上了吸毒嗜好。为此冯占海将军下令根除部队里的吸毒犯，把吸毒的官兵全部逮捕，羁押在各县的监狱里。但各县的监狱皆有人满之患，冯占海将军又命利用高邑城内的一座破庙，把围墙修补加高，在这里成立了陆军第六十三军司令部羁押所。稽查处的几名稽查带领一班稽查兵，轮流担任看守勤务。羁押所长专押吸毒犯，但吸毒犯不能有贩毒嫌疑，若沾一点贩毒的边，就必定在破庙的厕所里做枪下鬼，对吸毒犯是毫不留情的。这里没有军法审判，只凭军座的“查某某，吸毒贩毒，着即枪决，以召炯戒”一纸手谕。就这样，冯将军根除了部队里的吸毒者，加强了训练，使数万不健全的义勇军经过将近两年的整军训练，成为纪律严明、战斗勇猛的抗日部队。

在第六十三军中，有十几位在沈阳兵工厂工作过的技术人员，他们都有精良的制造武器技术。冯占海将军把他们从所属的各部队调集军部，给他们配上有钳工技术的士兵，成立了陆军第六十三军修械所，任命军械处的上尉军械蔡兴武为所长。修械所主要是造步枪，仿日本的三八式，质量很好，不次于日本造的。经多次射击试验，连续发射 50 多发子弹都不发生故障。这个所每天能生产 10 支三八式步枪，一年约生产 4000 支。经过几年的时间，就将原有不堪用的老步枪全部换成了三八式，改善了义勇军时的装备。

七七事变以后，冯占海又率部到永定河和江西省投入抗日战斗。

吴克仁

马革裹尸，死于捍卫祖国的战场上，乃吾辈军人最光荣的归宿。

- 1894 年生，字静山，吉林宁安人。
- 1916 年，考入保定陆军军官学校第五期炮兵科。
- 1923 年，任东北三省陆军军士教导队特科连长。
- 1933 年春，率部参加长城抗战。6 月，任一〇七师师长。
- 1937 年 2 月，接任第六十七军中将军长。10 月，奉命开往淞沪作战。11 月 9 日，率突围部队抵达青浦和昆山交界处的白鹤港，指挥部队渡河时，被日军袭击，不幸中弹牺牲。

关于我们军长吴克仁之死

吴凤起*

七七抗日军兴，东北军第六十七军转战天津、上海间，屡挫强敌，坚守阵地，上海一役尤为激烈。从其阵亡将士统计数字来看，仅将级军官就阵亡5名，重伤3名，团长伤亡过半。此5名阵亡将官中就有我们军长吴克仁和军参谋长吴桐岗。由此足可说明该军抗战的坚决和英勇。然而由于吴军长的死况不明，第六十七军不仅未蒙奖励，反因伤亡过半而缩编为一个师，军长家属任其流浪，连一点优抚也未得到。笔者彼时适充吴军长的随从参谋，对其阵亡的经过情形，概略知之，兹特述如次。

天津—大城

第六十七军直辖两个调整师：第一〇七师（师长金魁璧）、第一〇八师（师长张文清），每师辖2个旅，每旅辖3个团，共5万余人。1937年7月下旬，第六十七军大部分集中河南商丘附近，准备用火车向河北天津外围输送。车运前，吴军长曾在商丘车站，召开将官会议，研

* 作者当时系东北军第六十七军军长吴克仁的随从参谋。

究集中输送、补给和作战等重大军事问题。会上，他首先概略介绍了当前形势，然后，着重就全军今后的作战方针和部队部署做了详细说明。最后他说："我们盼望已久的全面抗战，现在总算是开始了。此次作战非同往昔，必将打出一个上下来。作为东北军来说，不管别人怎样打法，我们是义不容辞的，一定要同日军拼个死活。绝对不能叫别人指着我们背后说，东北军只会叫嚷着抗日，而实际打起来的时候则是一个草包。就我个人言之，自受命之日起，已把妻儿老小作了善后的安排，以身殉国是我最大的光荣，如能活着回来那当然也是我最大的愉快，因为我能亲眼看到胜利的果实。"这段话清楚地表明了吴军长抗战的坚强决心，不是胜利便是死。会后一些迷信者议论说：军长的讲话，兆头不好。

是年八九月间，天津附近大雨滂沱，平地皆水，士兵几乎是天天沐雨而战，然士气仍极旺盛。日军对大城第六十七军防线进行了几次试探性的进攻，均未得逞。吴军长经常到第一线督师，看到士兵在如此艰苦的环境中，毫无埋怨情绪，而且战斗热情较之以往任何时候都要高涨，他的胜利信心更为坚强。

不久，山东韩复榘企图与日军妥协，作战不力，平汉线又节节败退，第六十七军后方补给线受到严重威胁。在此情况下，吴军长仍未气馁，他认为敌人的战斗力并不比我军高出多少，只要我军坚决抵抗，必能制止敌人侵略的凶焰。当平汉线石家庄行将不守时，刘峙来电：令第六十七军即刻脱离当面的敌人，沿沧石路向平汉线的彰德、新乡方向撤退。吴军长对这一战役的失利非常愤慨，他说："论我军的士气和战斗力以及兵员数量占绝对优势，怎么会这样快就失败了呢，而且一退就是几百里！这只能说是刘峙指挥上的无能。"接着第六十七军又奉命撤退到黄河南岸待命。

上海—松江

我跟吴军长去南京的途中，他说："从前有句俗语：'宁给好汉牵马坠镫，不给草包当祖宗。'这两句话含义很深，此次河北之战，第六十七军一直在胜利中，但却蒙了一个丧师失地的臭名。到南京见着委座，我将尽一切努力，请求大本营把第六十七军调往上海前线，不再跟刘峙那种活迷糊鬼混了。"我答："第六十七军虽全部由河北退回，但损失也相当严重，有些部队把电台都丢了，如果不加以整顿，马上即向上海转进，大有疲于奔命之势，此古兵法之所忌，似应加以考虑。"他说："你们做幕僚的人，总是顾虑那么多，要知道现在是非常时期，也是军人见危授命之秋，只要国家需要我们，又何计其他！"

到南京见蒋介石回来后，吴军长精神十分饱满，喜形于色地向大家陈述他此次南京之行述职的顺利情况。我心知吴军长希望把第六十七军投到上海战场的请求必能获准，因为这是蒋介石求之不得的事。第六十七军愿意牺牲，蒋介石又何乐而不为！天津外围之战，第六十七军的战斗力，蒋是知道的，即令吴克仁不来请求，亦将调他来上海增援。不过自愿和被调这二者之间可能有很大的差别：因为他自愿要到上海来，首先要把自己部队的战斗能力夸誉一番，对第六十七军的实际损失就不便说出来，当然也就不能有所请求；如果是被调，则实际上的损失自可全盘提出，所请求补给的一切军需物资，自可垂手而得。但由于吴克仁的急于想脱离刘峙的指挥自愿增援上海，又是仓促向上海转进，而没有得到整顿和补给的机会。

第六十七军到上海后，配备于松江前线，直接受张发奎指挥。此时上海战场战斗十分激烈，双方炮火互相轰击和反复的冲锋，尽日不绝。

第六十七军刚一上去，就遭到一次最猛烈的进攻，几乎把军的防线整个冲垮。吴军长曾亲率直属营到前线督战，幸好把突入的敌人消灭，恢复了原阵地。就这第一个回合作战，检点战绩，其损失的程度远远超过以前的战斗。在河北高级军官无一阵亡者，此次交锋的结果，吴骞旅长负重伤，关团长阵亡，下面的伤亡就更大了。

军前进指挥所设在松江城内，白天几乎完全躲在能抗重磅炸弹的掩蔽部里指挥战斗。日机整日不断地空袭，所投下的炸弹没有太大的，其目的为扰乱我军的补给线和麻痹指挥系统，以便利其第一线的进攻。战斗的进行越来越激烈，空袭亦越来越频繁，吴军长虽知前线危殆万分，也不能出去督战，只好在掩蔽部里的电话机旁指挥战斗。他几乎是不眠不休，喉咙嘶哑，仍在不停叫喊，常是那两句话："与阵地共存亡，违令者杀头。"他的部下也总算对得起他，都坚持到了最后，没有在他们的手中失掉阵地。

当他听到他的亲密战友旅长和团长们阵亡的消息，口里虽说："马革裹尸，死于捍卫祖国的战场上，乃吾辈军人最光荣的归宿。"可是他眼里却情不自禁地流下泪来。

松江—昆山

由于第六十七军誓死坚守阵地，日军几次猛攻，均未得逞，乃转其凶锋于其他的方面。11 月 5 日夜，张发奎来电令第六十七军放弃松江，自行突围，向昆山撤退，并告知敌第十军三个师团在金山卫登陆，已突破守军防线，向我包抄过来，并切断昆山的通路。但敌人的兵力，只占领了几个重要据点，对我之包围圈尚未形成，我军如能集中兵力冲其薄弱部分，自可安全撤退。自这次通话后，张发奎即撤往昆山。吴军长听到敌人已抄后路，再在原阵地坚守已不可能，随即电令第一〇七师师长金魁璧、第一〇八师师长张文清自行组织撤退，目标为昆山。

由于第一线的不守，指挥系统完全陷于紊乱之中。松江城挤满了由前方溃退下来的散兵游勇，各部皆有，谁也指挥不了谁，又加上大家处在包围圈内，每个人都企图逃脱被包围的厄运，就更加不听指挥了。吴军长初期还想掌握军直属营，掩护军部指挥人员冲出重围，但到后来发觉直属营已溃不成军，想集中一个连的兵力也无能为力。且前方的敌人越来越近，时机紧迫。最后，仓卒集中了二三十名战士，刚出街就有不少人失掉了联系。原因是彼时天上星月皆无，黑暗异常，行走不便，加之街上日军特务充斥，随便鸣枪，常有被流弹击中殒命者。当吴军长到达松江通往青浦的要路口时，只剩下军参谋长吴桐岗、参谋处长吴锡凯和从第一线退回来的旅长刘清源，还有几位参谋和军长的两名副官，士兵也不过十余人了。吴军长开玩笑似的说："我们这些人，比当年曹操败走华容道时，还要狼狈得多！"

1937年秋季，不仅华北多雨，上海附近也同样多雨，所有沟渠小河里面水都是满满的，除公路外其他地方都是泥泞多水，不易通行。松江通向青浦、昆山的公路的第一个交通要点是一座木桥，第二个要点是蛇山口（隘路），路两旁地形复杂，第三个要点是新开河上的大桥（已被敌机炸毁两处）。前两个要点已被敌人控制，目的在截断我军的退路，尤其是我军重武器和车辆的撤退。由新开河大桥至松江城的公路上几乎摆满了车辆和重武器（各种火炮和机枪），后皆为敌所获。

吴军长面对敌人的第一个火力封锁的要点，回顾众人说："怎样排除桥对岸的封锁？"刘旅长当即接言道："由我率几名弟兄，用火力将敌机枪火力压制住，你们可趁机冲过桥去。"吴军长未加思索当即同意了刘的建议。这十余名士兵的武器有两挺轻机枪、七八支冲锋枪，其余均为步枪，刘旅长手中的武器是长嘴手枪。他们利用黑暗的掩护爬向桥去，大约越过桥之一半即为敌发觉，对方的机枪开始扫射起来，刘旅长高喊杀声冲向敌人，终因敌方火力过猛，又未弄清敌火力点的位置，结果白白地送掉了最后的一点兵力。更令人难过的是眼睁睁地看着刘旅长的阵亡，谁也没有冲过桥去！

见此情景，大家都没作声。过了一会，吴军长开言道："我们再等一等，看看别人是怎样过去的？是否还有别的道路可走？"陆续向这条道路跑来的散兵却有不少，他们一看到敌人的封锁，无心再和敌人战斗，便纷纷逃到别的方向去了。看到这里，吴军长觉得既然大家不能集中力量用硬打的手段突过去，只有分头寻找敌人的空隙，潜出敌人的包围圈去！于是，他对我们这些随行人员下令："从现在开始，大家各自行动。最好是一两个人在一起，自寻出路，尔后在昆山集合。"我因是军长的随行参谋，要求和军长同行。他说："我有两位副官同行已经够了。你会游泳，河流阻碍不了你，赶快把大衣脱掉，游泳突围去吧，到昆山赶快找着贺副军长（贺奎），请他尽快地把撤退回去的部队迅速集中起来。"我问："军座打算怎样突围？"他答："我准备令副官去找小船，从别处渡过河去。"因此，我不便再要求和他一道突围了，因船小人多，对军长的行动也不方便。

于是会游泳的人都把大衣脱掉，有的把较重一点的武器也投于水中。吴锡凯处长更为利落，竟把手表和钢笔也一齐抛掉。别人问他这是为何？他答："万一被俘，免为敌人认出我是军官。"

初期，我们几位会游泳的人尚协同一起寻找敌之空隙，由于夜暗和路不熟悉，渐渐的都失散了。我游过许多没顶深的沟渠、小河和一条宽约百余米的新开河，首先到达昆山。

据突围回来的士兵说：于拂晓前后看到吴军长和吴参谋长已脱离松江和青浦到达新开河附近，正在寻觅渡河中。估计时间，如果真的在拂晓前后到达新开河，则下午必能来到昆山。然而我们几度去戒严司令部探询，均无消息。是日傍晚，我遇到第一〇七师赵参谋，得知第一〇七师金师长和邓玉琢参谋长也在新开河乘船过渡时遭敌伏击，两人均跳入河中。金师长为善游泳的参谋用绳子拖上岸来；邓参谋长却因负伤过重沉没于水中。与邓一同葬身河内者，还有两名参谋。

吴克仁和吴桐岗之死，由今看来是同样的死于敌人的机关枪扫射而沉没于新开河。只因和他们同道的人无一生还者，故当时无从肯定其生死。抗战初期，敌人利用吴克仁的下落不明，曾以他的名字命名伪军的部队番号，企图诱骗抗战不力的将领向其投降。一般不明真相者，也误认为吴克仁没有死而投降了敌人，蒋介石也明知没有这回事，可是他却既不辟谣，也不表彰忠烈，竟漠然置之。

抗战末期，吴克仁阵亡于上海的事实，才渐渐为人们所了解，可是时过境迁了，谁还理他这一档子事？遂令这样一位坚决抗日并以身殉职的军长，落了个不明不白的下场！

刘多荃

我民族受强邻之压迫，当前凡我官兵，应竭诚团结，共赴国难。

● 1897年生，字芳波，辽宁凤城人。

● 1923年，从保定陆军军官学校第九期炮科毕业。

● 1936年12月，张学良和杨虎城发动西安事变，刘多荃参与了此次事变，担任捉蒋行动的总指挥。西安事变和平解决后，东北军被整编成六个军，刘多荃任第四十九军军长。

● 1937年8月，日军开始沿津浦线大举南犯。刘多荃率第四十九军在沧县及静海附近与日军激战。

● 1941年11月，刘多荃任第十集团军副总司令，12月兼任热河省政府主席。

● 1943年6月，任第十二战区副司令长官。

● 1985年7月22日，病逝于北京。

扣蒋前夕

刘多荃

西安事变的前几天——12月8日，蒋介石约我和王以哲去临潼吃早饭，我坐在蒋的右边，王坐在蒋的左边。席间，蒋满脸怒气，三人都没说话。饭后，蒋随即站起身来，先对我说："你对'剿共'有什么意见吗？"我沉思一下说："中、下级军官全想留着力量，准备打回东北老家去。"蒋介石听后紧接着就对我说："自从'九一八'后，国人对你们东北军都很不原谅，现在'剿共'战事仅剩最后五分钟了，我是给你们东北军一个立功的机会，你们要理解我的用意，服从命令，努力'剿共'，方是你们应持的态度。"王以哲此时站立在蒋的身旁。蒋说到这里就连声催着我先走，然后要王以哲跟他到隔壁客厅去。刚一进屋，我就听到蒋很气愤地对王说："你军部的电台经常和共产党通报，你还以为我不晓得，我早就知道你们的这些举动……"刚听到这里，蒋的值班卫士表示不愿意让我听下去，我即到钱大钧办公室等候。约半小时，王出来了。

我们回到西安，就去向张学良将军汇报。王说："坏了！咱们和红军的往来电报，委员长都晓得了，从今以后，他不允许咱们再和红军联络。委员长叫咱们服从他的命令，努力'剿共'，将来由他领导咱们收复失地，打回东北去。"蒋还说，王是东北军中有希望的将领，以后要改过。

张听完我们的汇报即回屋里去了。

当日下午，王以哲邀我到他家去，密告我说："副司令要办一件惊人的大事，你无论如何猜不着。"待了好久，他又说："我昨夜整宿没有入睡，副司令已与杨主任经过多次密商，决心要扣委员长，准备闯一场大祸。"我听后，感到很震惊。就问王："副司令真能这样做吗？"他说："今晚或明早副司令还会找我们谈这件事的。今晚杨主任和邵力子主席的宴会我不能去了，请你替我称病致谢。"（那晚杨、邵宴请中央随蒋来西安的要人，并包括东北军和十七路军高级将领）由此可见，扣蒋的消息王是先我而知的，由于此举关系甚重，他当时的精神也是极紧张的。

9日晚6点左右，我去副司令公馆探听消息。副司令正要吃晚饭，一见我，就说："蒋孝先这小子太狂了，他对黎天才说，你告诉张副司令，西北的'剿共'任务如不愿担当，即请张退出西北，不要误了大事。如若还愿意干，就好好干。蒋孝先有什么资格教训我！"张恨极了，又说："我一定要扣蒋，你快去把鼎芳（王以哲的号）找来。"

王到后，张副司令向王表示了自己扣蒋的决心。王说："副司令有决心干，就干吧！"

10日晚9时许，我们被召集到副司令公馆。先到的有王以哲、缪澂流、我、孙铭九、白凤翔及刘桂五。副司令命我到米春霖家将于学忠找来。于一进屋，张就说："我要造反！"于当时未明白造什么反，张说："为了停止内战，我已决定要扣蒋。"于问张："如蒋不同意，第二步怎么办？"张说："我已和虎城谈过，此举成功则大家之福，如不成功，我张学良拿头去见他（指蒋）。"话到此处，形势已很明了，随后我们即分别按计划开始行动部署。

马占山

倘有侵犯我疆土，及扰乱我治安者，不惜以全力除之，以属我保卫地方之责。

● 1885年11月30日生，字秀芳，吉林怀德人。

● 1913年，任中央骑兵第二旅第三团第三连少校连长。

● 1925年，第二次直奉战争结束，升为东北陆军骑兵第十七师第五旅旅长。

● 1931年，九一八事变后任黑龙江省政府代理主席兼军事总指挥，率领爱国官兵奋起抵抗日本侵略军。11月，领导了驰名中外的江桥抗战。

● 1937年，卢沟桥事变后，任第八战区东北挺进军司令，兼理东北四省招抚事宜。后积极参加了绥远保卫战、阴山血战。

● 1938年1月，所部分驻黄河沿岸，稳定伊克昭盟局势，粉碎了敌人“分而治人”的阴谋。

● 1939年5月，赴重庆报告晋绥抗战形势，解决武器弹药补给，受任第十二战区副司令长官。

● 1950年11月29日，病逝于北京。

马占山抗日的点滴回忆

李子民 *

1931 年九一八事变发生后，由于蒋介石实行“不抵抗主义”，致使日本侵略者不费吹灰之力，在短期内侵占了我辽、吉两省和蒙边。日寇吃了甜头后，更贪得无厌，放胆大举进犯，首先是利用汉奸张海鹏（原洮南镇守使）部为先锋，配合进攻我黑龙江省。在此紧急关头，马占山毅然率部奋起抗战，第一次给日寇以有力回击，博得全国人民的爱戴和海外人士的赞誉。我曾任马部中校参谋，对马氏抗日行动，颇为了解。今就记忆所及，分述数事如次，以供参考。

马占山字秀芳，吉林怀德县人。行伍出身，历任东北军营、团、旅长。1928 年 4 月，任东北第三、四方面军第二骑兵师师长。1929 年 7 月，兼任黑河警备司令，并曾兼任剿匪司令。1931 年任代理黑龙江省主席，1932 年任黑龙江省主席。1937 年，任东北抗日挺进军总司令。马氏为人爽直坦率，忠于职守。奉命代理黑省主席以后，从未离开作战。平时待人颇讲信义，对军纪要求甚严。任东北挺进军总司令时，查悉随从人员强奸民女，当即处决。

---

* 作者当时系马占山的黑龙江省军事长官部中校参谋。

马占山

见危授命代理黑省主席

九一八事变突起，沈阳、长春、吉林和蒙边相继沦陷，马占山在黑河警备司令部曾先后召开紧急会议，研究对策。适接北平张学良副总司令电，令速率所部开赴齐齐哈尔，执行代理黑龙江省政府主席职务。马氏当以少数兵力驻守黑河一带，大部队伍立即开赴齐齐哈尔布防，同时接任省政。

1931 年 11 月初，日寇乘原任黑龙江省主席万福麟去北平未归之际，以汉奸张海鹏部为先驱，偷袭洮南路，向齐齐哈尔推进，被黑龙江省保安旅于兆麟部以 5000 人击退。时马占山先头部队已赶到，乃会同于旅对敌施行夹击，大败张海鹏部和日军。马占山进入齐齐哈尔后，接任黑龙江省代理主席。当经召开会议，任免官员，要求省政府全体人员一律不得擅离职守，违者按战时纪律论处。随即进行作战部署：命令黑龙江省部队第一旅旅长吴松山率部参加战斗，配合马军夹击来犯之日寇和张海鹏部。将日伪两军击溃后，缴获战利品不少，随即将嫩江桥炸毁，免为敌用；命令骑兵张连甲、陈当鉴两旅驻防大兴站；对昂昂溪、塘池等地的防务也做了布置。所属将士纷纷表示誓死捍卫国土。

日寇借口修桥大举进攻

汉奸张海鹏部被击溃后，退到泰来镇招收土匪，重编部队 7000 余人准备蠢动。日本驻黑龙江省领事清水八百娇词洮昂线系由日本贷款修筑，洮昂线上的嫩江桥应由日方修复。马占山代主席据理驳斥：洮昂线是我国铁路，自有我铁路局修理。日寇理屈词穷，竟悍然派装甲车和日军强行修桥修路，并向我攻击，同时派飞机对我进行空袭。马占山代主席命令所部狠狠回击，并增调部队将张海鹏军包围在河套地带予以痛击。日寇亦派大队飞机助战。

其后，马氏召集重要军政人员商讨对策，会上明确了以下几个问题：（1）日寇看出中国的不抵抗政策，故而野心勃勃；（2）在作战激烈时，估计中央有两个可能，一是给予某些经济援助，一是仅予精神鼓励；无论情况如何，黑军坚决抵抗到底。万一省垣失守，即向望奎、拜泉、海伦一带转移。以上方案，获得与会文武官员一致拥护。

当时马氏所辖部队有吴松山旅、苏炳文旅、程志远旅、屯垦军、张连甲旅、陈当鉴旅及苑崇谷旅。苑崇谷（字敏则，吉林宾县人，时年34岁，历任东北炮兵营、团长，屯垦军统带及暂编步兵第一旅旅长）被任为前方总指挥。据苑报告，省府所存款项全被万国宾（万福麟之子）带走。前方军饷和军需用品非常紧张，马占山代主席只得向省银行贷款维持。此讯传至各地，全国人民即自动捐款，汇到抗日前线。华侨捐献尤为踊跃。

11月初，日寇借口修桥，向我军大举进攻。马占山代主席增调苏炳文、程志远两旅至嫩江桥附近参加作战，并亲赴前方阵地督战，使敌未能得逞。我驻大兴站一等炮手庞德海在迎战中，连续射出80余发炮弹，予敌重创，受到全体将士和全国人民的嘉奖。

马占山在军中接蒋介石电：撤销万福麟一切职务，任马占山为黑龙江省主席。一时军心大振，官兵立下宏誓大愿，坚决消灭来犯之敌，收复失地。

日关东军司令官本庄繁电逼马占山下野，并将军队撤走。马占山主席一面指挥应战，一面致电北平张学良副总司令，略谓日寇眼看黑军孤立无援，准备大举进攻，故敢提出无理要求。

嫩江桥正面日军向苑崇谷旅猛攻，迫使苑旅后退20里，江桥陷入敌手。此时，马占山主席急电满洲里扎赉诺尔程志远旅徐、刘两团兼程增援。程旅援军到后，力战敌人。敌骑兵攻我左翼乌林诺尔，苑旅则从右翼夹击，日军伤亡颇重，纷纷向江桥撤退。随后又以步、骑、炮兵和飞机联合向我大举进攻，以图报复。

日酋关东军司令官本庄繁见我军弹尽援绝，对马占山主席提出第四次通牒。马氏转电北平张学良副总司令，复示拒绝无理要求。以后敌分三路向我猛烈进攻。我军战至数小时后，为避敌一时锋芒，从齐齐哈尔退出。按计划先撤至乌诺头张家花园一带（三间房附近），然后转移到绥化、海伦、望奎、拜泉、克山一带整顿。

通电全国，致电南京政府

在抗日紧急关头，马占山主席一面将战况通电全国各地，一面电告南京国民党第四次全国代表大会，电文如下：

1. 经中央通讯社致全国各地电

日寇图北满野心暴露，举世睽睽，毋庸讳言。此次借口修理江桥，大举进攻我军，只可相与周旋。连日激战，昼攻夜袭，恣意惨杀，致我死伤枕藉。卒以受迫过甚，退保三间房大小新庄一带，筑垒坚守。顾日军武器精良，胜我百倍。明知江省联络断绝，呼援不应，仅以一隅之兵力，焉能抵日一国之大军？！所差堪自恃者，凡我前防战士，莫不深明大义，慷慨激昂，大有气吞河岳、敌忾同仇之势，兼之占山受国家倚畀之深、人民寄托之重，目睹辽、吉沦亡，江省危如累卵，与其坐失国土，委父老于不顾，毋宁牺牲一切，奋斗到底，为蒙天佑，或可保持一时而获最后侥幸。本日日军迭派飞机向我军连续掷弹，一面调集兵力逐渐推进，观情况恐于最短期间必将大肆图攻。占山守土有责，一息尚存，决不使尺寸土地沦于异族。惟有本我初衷，誓与周旋，始终坚持，决不屈让。惟海内明达，其谅察焉！余誓率前方将士一致决死相拼，并将最近情况电国联，请设法制止，静候各国公正解决外，务请全国父老努力振作，以救危亡，不胜愤慨之至！

黑龙江省主席马占山叩（虞）[1]

2. 致南京国民党第四次全国代表大会电

南京第四次全代会公鉴：日伪不道，侵我领土。占山擐甲执兵，保固疆域，军人之天职。忝蒙褒嘉，展读之余，惶悚无已，惟望袍泽益矢忠贞，庶几稍分中央北顾之虑，无负薄海同胞之望。

马占山叩（虞）

休整与转移苏境

1932年4月，我义勇军占领绥化。不久，马占山部苏炳文旅两个团由安达抵大赉。日军200余名退走。该县由苏部占领后，向安广方面进军，同时袭击舍力之敌。

马占山抵呼兰，召集各县民团，集中在望奎、拜泉、海伦一带，改编成义勇军。各义勇军推马占山为黑龙江省救国义勇军总司令。其他各民团亦备枪、马、壮丁，听候调用。一时十余县已集结七万余人。黑军各旅则在海伦、拜泉、克山一带休整。其后，马氏亲率六个团至松浦市，将呼海路全部货车调集海伦。由于呼海路职工逃往哈市，所以路务趋于停顿。日军天野旅团已进驻齐克路龙江站等处。驻哈日军协助熙洽伪军

① 虞，韵目代日表为7日。

李炳文旅巡视哈绥线。

4月底，自卫军司令冯占海旅在方正南江滨与日军战斗数小时，日军不得前进。自卫军宫长海旅袭占方正后，过柳板站向宾县进发。5月初，呼海沿线绥化为我义勇军占领。

马占山所部军队由海伦输送至呼兰前线，士气旺盛。21日，华侨捐献马占山飞机八架，野炮20余门，合编一大队，与原有部队四万余人，一起加紧整训。是时，马氏所辖部队，步、骑、炮兵和航空兵都有，中东路西段全归马氏统辖。连同义勇军、民团计之，东北全境抗日武装力量共达9万余人，日寇后路有数处被我军截断。致使日酋本庄繁调集大量部队，企图消灭我军。

1932年五六月间，国联调查团表示，满洲应归张学良领导，暂归国联管辖。日军见国联前来调查，又向我大举进犯，日酋本庄繁亲自督战。马占山、苏炳文督师奋力应战，大战数日，我军伤亡甚重。年底，马占山率部由讷河驰至扎兰屯，与苏炳文部会合。由于日寇大部队跟踪追击，马占山被迫率部经大兴安岭向苏联境内转移。

跟随马占山江桥抗日

谷振寰*

嫩江桥头的激烈战斗

1931年9月下旬，日军继侵占沈阳之后又占领长春、吉林，关东军前方指挥部移设于长春。日军官员们气焰嚣张，非常得意，认为乘胜北上不误战机，不把苏联在中东铁路的力量视为阻碍才是上策。乃由南满铁路输送军队经四平至洮南，取道四洮铁路由洮南经白城子、泰来、江桥直取齐齐哈尔。这个部队就是日军有名的多门第二师团。

此时黑龙江省军政长官万福麟，已早奉张学良之命率所属国防第二十九旅（旅长王永盛）和第三十旅（旅长于兆麟）进关参加讨伐石友三的战役去了。省的军政大权无人主持，军署参谋长谢珂以大敌当前，形势紧迫为由，急电请示万福麟。万以黑龙江大局非马占山不能胜任，请张学良电令以马占山代理黑龙江省军事长官兼省主席职务。马占山接到电令后，星夜由黑河赶进齐齐哈尔省城，其所遗黑河警备司令兼步兵

---

* 作者当时任国防筹备处第一科中校科长，并随马占山亲历了江桥抗战，后任马占山的军政两署中校卫队营长。

第三旅旅长职务，由团长徐景德代理。9月下旬马到达省城时，日军即利用驻洮南的汉奸张海鹏（后为溥仪首任侍从武官长）率其所属骑兵旅向黑龙江移动。

马占山生性机敏，胆识过人。他是奉天省怀德县（现属吉林省）人，自幼生长于贫农家庭，流落到黑龙江省。因为身材矮小，人称为马小个子。但上下马非常灵活，枪法纯熟，说话声音特别洪亮，凭征战屡立奇功。在吴俊升、张作霖、张学良、万福麟等部下，由普通一兵一步一步晋升。多年来，在军中享有盛名。他进军省城时，正值省城群龙无首。因此有人说奉天、吉林都已被日军解决，江省乃一角之地，也应和平渡给日军，但爱国者却力主抗战。在和战之间，他能排除众议，以爱国热诚，决心抗战，指挥若定，从嫩江桥东岸开始部署如下：

正面左起为暂编步兵第一旅三个团，即旅长苑崇谷的由兴安屯垦区洮南、瞻榆一带撤至黑龙江省的爱国军队。向右延伸为黑龙江省卫队团团长徐宝珍；省防步兵第一旅第一团。第一线步兵计五个团，统归苑崇谷旅长指挥。

左翼骑兵第一旅三个团，旅长吴松林。

右翼骑兵第二旅三个团，旅长涂全胜。

其余黑龙江省国防骑兵第五旅、教导队、炮兵第九团、工兵营、步兵第二旅抽调一个团，地方保安部队四个团统归骑兵第五旅旅长程志远指挥为第二线总预备队。

黑龙江全省军队除万福麟带进关内第二十九及第三十两个国防旅外，剩下省防步兵三个旅，一个国防骑兵旅，两个省防骑兵旅，另外有地方保安部队共约七个团。

国防骑兵第五旅旅长程志远在省。

省防步兵第一旅旅长张殿九，驻扎兰屯，属哈满线护路军，只能抽出一个团参加抗日。

省防步兵第二旅旅长苏炳文，驻海拉尔，属哈满线护路军，兵力分散各站，也只能抽调一个团参加抗战。

省防步兵第三旅旅长徐景德，驻黑河边防，不能抽调。

地方保安部队司令窦联芳，部队分散在各县。

因此抗日军队在第一线只用上五个步兵团、六个骑兵团。

10月上旬，汉奸张海鹏又特派代表来齐齐哈尔联络，意欲依日本的后台唾手而得入黑龙江当个伪督军。这个铁杆汉奸的代表被马占山痛斥责骂一番而去。10月中旬，张海鹏奉日军的命令，率他的骑兵旅由洮南出发，向齐齐哈尔前进行至白城子，遭到苑崇谷的伏兵迎击，溃散逃回。

10月中旬，日军多门师团用铁路输送，在嫩江桥西岸部署攻击部队。我方在东岸已构成正式防御阵地，步炮兵阵地比较坚固，士气大振，准备迎战。双方成对峙状态。

此时，我已由独立骑兵第五十五团调任国防筹备处第一科中校科长，随同参谋长谢珂、参谋处长韩家麟等曾到前线巡视一周。大致就绪后，准备请主席马占山到前线指挥，鼓励士气。马接受了我们的建议，翌日命韩家麟和我随他乘马视察两天，边看边议，并给营长以上前线军官讲了话，士气大振。

10月末的一天拂晓，日军气球在江桥西岸上升，飞机凌空盘旋巡视我方阵地。敌先以炮空联合轰击，掩护步兵前进。我方严阵以待，并未还击。待其步兵全线展开，由渡河点半渡，先头兵将要上岸时（其时是尚未封冻时节，大部分日兵都在两处用纵列材料所架的桥上抢渡。敌过于轻视我方，并用橡皮船补助零星渡河），我方乘其不备，突然发出猛烈的步炮火力，用轻重机枪扫射，用炮兵曲直射。野炮、山炮、迫击炮联合交互配合轰击，前线这五个步兵团的装备也不亚于日本，编制又大，一个旅三个团比一个师的人数还多。经我一度猛烈攻击后，双方阵容如犬牙交错，日军飞机重炮均不能轰炸。日军一部上岸进行白刃肉搏战，我军用早已准备好的手榴弹先行投掷，炸死炸伤其大部，然后挥刺刀和他肉搏决斗。日军的小队长、中队长手持战刀叫喊督战，而其上岸的一部已经尸横遍野，也被消灭得差不多了。日军在渡河点所架的桥梁已被我炸断，在江中的小橡皮船也都逃没，有的人跳下了水。那时的天气特别冷，日军防寒准备不足，这些都是他们战败的因素。从拂晓战至10时许，枪声才沉寂下来。

最后日军鉴于伤亡过重，又过不了江，过了江也将全军覆没，不得不作缓兵之计。遂派一个叫林义秀的少佐到我前方指挥所，会见上校参谋石兰斌。临时协定，双方暂行停止战斗，互不过江，互不开枪。话说完，林往回走，刚出门日方向我方开枪射击一次。石兰斌出门问林，先打他一个耳光说："你定的不打枪为什么你们先开枪？"林急表道歉，口称回去查办。日本军官在我们的防区内吃点亏也能忍下去，也怕我们处理他。此人以后在黑龙江当首任顾问。

当日军正在渡江时，马占山接前方指挥所石兰斌的电话，听了战况汇报（马占山指挥作战，遇有紧急情况，都是亲临战场，亲自观察情况，因此部下对他都是据实报告，不敢扯谎）。他即刻骑马赶到前方，从右到左巡视，我和韩家麟及随护人员附手枪排均骑马随行。我们到达前方时，时已傍午，还有时断时续的枪声。从右翼卫队团起，有骑兵第二旅旅长涂全胜和卫队团长徐宝珍，步兵第一团团长吴玉书，都在阵地缘端迎接。马占山一面还礼一面叫老涂、聘三（徐团长号）、玉书，你们都辛苦啦！弟兄们都怎样？他们同时说，士气都挺旺盛。

由徐宝珍团长作了简单的战况报告后，马占山便巡视左翼部队去了。左翼有旅长苑崇谷和吴松林率步骑六个团长，各团团长在苑旅长处迎候马占山，由苑作了简单的汇报。至午后3时，才作归途，8时回到齐齐哈尔。星夜整理战报，我伤亡百余人。电告万福麟、张学良转报中央。

次日，接中央"限即刻到"急电嘉奖，并任命马占山为黑龙江省军政长官，解除代理职务称谓。北平救国委员会特电鼓励慰问，国内各界、国外华侨纷纷来电，分别相继汇款慰劳，颂扬马将军孤军抗战。

马占山益加奋勉，积极整顿。首先任命我为军政两署中校卫队营长。将原卫队团扩编为暂编第四旅，原卫队团长徐宝珍抗战有功提升为旅长。马进省城时并未带来部队，他急于抓到自己的部队。省教导队有 700 多训练一年有余的学生，将其特编为一个卫队营，这个营长职务他特别重视，认为我是他有旧关系的人，我也认为这是他亲近的带队官。联想起我上讲武堂时，在北平见他，他给我拿了 100 银圆补助我入学费用。他还向骑兵第四旅参谋长张凤舞说："我很喜欢那个小谷参谋。"看他这样待我，他又这样英勇爱国，我也改变了他是个大老粗不好侍候的看法，从心里佩服他，愿意忠于他做一名抗日战士。于是积极备战，准备迎击江水封冻时日军的第二次进攻。

马占山的大事计划还须靠参谋长谢珂，但他对谢不太信任，主要靠韩家麟。韩是东北高等军学研究班毕业，是马的义子，其安全行动靠我来布置安排。

自 11 月初起，日军运送物资的车辆往来频繁，增加了人员，补充了弹药器材，官兵都换发了防寒服装，如皮帽、毡疙瘩鞋等。

11 月中旬，日军增加一个步兵旅团、一个骑兵旅团，统归多门指挥。时至大雪季节，江水逐渐开始封冻。18 日天遇奇寒，是夜日军开始全面进攻。我军竟夜迎战，战斗激烈，双方伤亡惨重。战至拂晓，日军气球上升，飞机助战，轰炸我军阵地，并指挥炮兵向我炮兵进行压制射击。日军借其炽盛的火力及陆空联合掩护向我冲锋。我卫队团和步一团衔接处，被敌突破一点。敌突入阵地后，我方反复攻击，争夺突入处，形成了拉锯战。

撤出省城集结泰安、海伦

与日军鏖战至19日夜，我方不得不保持实力，节节撤退。乃作有计划的依命令行动：第一线撤至泰安镇以东地区，第二线稍与敌接触。20日拂晓前，撤至齐齐哈尔以东泰安镇以西地区。

在日军将再进攻以前，我们判断日军必定增加兵力。最后我们放弃省城，退到中东铁路线以东。幻想以日苏的斗争关系，日军也许不会越过中东铁路以东，我们可以幸存一时。因此转移概略部署如下：

（一）11月16日，用火车输送省城军政两署及各机关向泰安镇迁移。

（二）11月18日起，第一线部队后方兵站至19日夜，前线部队向泰安镇以西地区逐次转移，原抽调之步兵第一旅及第二旅各一个团各归还原建制。

（三）19日夜，第二线部队在掩护第一线撤出后，再行向齐齐哈尔以东地区转移，对敌严密警戒。

（四）骑兵第五旅程志远部集中在昂昂溪以东警戒。涂全胜骑兵旅集中在富拉尔基以东警戒。

（五）吴松林骑兵旅在泰安镇以西掩护本部及各部的安全，暂一旅撤至拜泉集中整顿，暂四旅撤至讷河集中整顿。

（六）19日夜第一线部队开始撤退时，我率所部及手枪队大部护卫人员先行出城。就行军序列，马占山的个人行动从来是机警的，有的时候出没无常，使人难以猜解。我出城约20华里，马占山由乘车改换骑马随我部队行动，翌晨到达泰安镇。

11月20日，我们有秩序地依命令按计划撤退到达目的地。日军进入齐齐哈尔省城，布告安民，组织维持会，寻求汉奸，调查马占山留下的人。

21日，日军骑兵旅团长要求出城追击，多门只许其于近距离搜索“扫荡”。这个旅团长在黑龙江用骑兵作战是没有经验的，在行军大路上畅行无阻，对大路两侧只是近距离按常规搜索一下就认为太平无事了。当日骑行至40华里处时，在乌裕尔河上游设伏的我军，放过其先头部队，对其本队予以迎头痛击。日骑紊乱，先头向后转，后续向前进。被我突然射击打得落花流水，敌不得已向回狂奔。此时我左翼骑兵旅和右翼骑兵旅警戒部队让开道路待其回奔时，我骑兵立用马上袭击（旧军术语：即急驰进击）手段，猛冲射击。日军骑兵旅团遭到出其不意的袭击，除伤亡人马外，残部狼狈逃回省城。

1931年11月下旬以来，日军飞机常来泰安镇临空侦察，虽不常轰炸，我们感觉部队太密集，因此拟把军政两署迁移到海伦。海伦有哈尔滨及呼海铁路可以利用，交通便利，指挥方便。月末迁到海伦，以骑兵第一旅吴松林部驻守泰安镇，我率部随军政两署到达海伦驻守，我方主力集中在拜泉、克山、讷河一带。日军占领齐齐哈尔以后，暂未东进。我们在海伦过了一个阳历年，还过了一个春节。国内外各方和慰劳仍不断地来电鼓励，日本飞机也来炸过两次。马占山驻在广信公司（即地方银行），他的胆量大，与众不同，非常机警。在这个时期，多门师团转而利用哈长线攻取哈尔滨，守哈尔滨的东省铁路护路军总司令丁超率吉林部队抵抗不住退出哈尔滨。1932年2月5日，日军占领了哈尔滨。此后，多门便对马占山开始了威胁利诱工作。

拜泉军民追随马占山抗日札记

张济人

誓同生死抗强倭寇

1931年9月18日，日本关东军突然向沈阳炮击制造事变后，便借口侵占了我东三省。第一次长春傀儡政府召集各省首脑开会以前，原黑龙江主席万福麟已在关内。事变起，其子万国宾携款潜逃，南京政府电令主席由保安司令马占山接任。此次马占山应召赴长春，对傀儡政权虚与委蛇表示归顺，多少骗点款项。1932年春他回任后，不言不行，黑龙江省局面，一切都在混沌中敷衍。马占山回省一个多月后，突然反正。一天，省前导人员由省会齐齐哈尔来传令拜泉各机关派员前往迎接马主席进城。顿时各机关首长（我以首席检察官代表法院）出西门前迎，进城驻“官银号”（原是机关人员招待所）。他带来亲信官兵不过百余人，齐齐哈尔到拜泉约600华里，只通汽车，到此已是下午6时黄昏后了。商会、官银号人员忙忙乱乱地准备晚餐和马匹草料。据说还有殿后部队，约一个营，明天傍晚可到。

第二天，马主席召集各机关首长、民众团体负责人开会，宣布反对南京不抵抗主义。我们将以拜泉地区为根据地，拍出电报向全国同胞声明与日本侵略军抗战，决不归顺伪满洲国。明知眼前敌众我寡，敌强我弱，但正义在我们这边，世界上凡是爱好和平、支持正义的国家和民族，一定能够支持我们，帮助我们！希望全国同胞和全国武装战友们，一齐起来举起抗战的大旗，驱逐倭寇，叫它滚回去！永远滚回去！

马占山主持开了两次会议，大致决议如下：

（一）省级人员和军队东征到海伦（拜泉东200余里，通火车——呼兰、海伦路线）驻节。

（二）拜泉地区，任命朴炳珊为旅长，刘某某为第一团团长、李某某为第二团团长。驻守拜泉。

（三）拜泉县长王履中及税务局、邮政局、官银号、中学等均照旧任职。

（四）法院原属中央系统，兹省府暂时代行，原拜泉地方法院首席检察官张政仁兼代理黑龙江高等法院院长，对拜泉地区所属各县行使司法行政权。

（五）地方各团体统由商会会长崔占鳌协同防守城乡安全，筹措军用粮草物资。拜泉地区自南部安达（中东铁路线）以北，属拜泉控制的明水、望奎、林甸、青冈；拜泉以北的克山、依安等县，都是产粮区，人民和官兵的食粮，不至匮乏。

（六）拜泉有收入的机关，可能收到的税款、粮草等等，省府一半，拜泉各军团、各机关一半，各自协商分配。

（七）总之，各按各机关应尽的职务，照常办理，并体察国难当头，更应公正协商合作，顾全大局，坚持正义，共同努力尽到保卫国家的重大责任。

马主席一行大致部署后，即移往拜泉东200里的海伦驻节（呼海铁路北端）。半个月后，据报：马部为绝敌军追路，曾在松花江北岸呼兰县破坏江桥和铁路，与哈尔滨的日寇交战一次，颇受损失。北进到海伦向北经过萝北县时，稍有接触。最后向北沿山区进到黑河（即瑷珲）驻扎。敌军未再向北追击。但从此和我们断绝了联系。

我们拜泉地区就遵照原来的部署，按部就班地举着抗战大旗，执行各项任务。我以兼代黑龙江高等法院院长名义，每夜与军事首长朴炳珊将军（他是马部中文化最高的军官）在东城那一家大商店后院客屋，密谈军国大事（原来在事变前，他以团长驻扎拜泉时，与我就结成比较亲密的友谊，他的夫人素云和我的夫人贵真年龄差不多，也来往如姊妹）。现在共赴国难，同心抗敌，更是患难与共、生死相依了。所以获得马主席北走疆场断绝联系消息之后，一夜仍在那家商店后院秘议：改换独立旗帜，我们文武携手，抗战到底！我立即赞同这个主意，可以号召发展。于是共同决定，改番号为"黑龙江民军司令部"，以旅长朴炳珊为总司令。任命刘某某为第一旅旅长，李某某为第二旅旅长，任命商会会长崔占鳌为商会自卫团团长，县长王履中为行政警察总指挥，拜泉地院首席检察官兼代黑龙江高等法院院长张政仁为司法警察总指挥。共同加紧训练，准备抗敌。

第二日，正式召集各机关各团体会议，照原案通过张贴布告，并通知控制的各县政府。全场欢声雷震，意气凌霄！这已是1932年夏了。我从此亦成了戎马书生了。抽暇就找古今中外的兵书阅览，命我的警卫员张文治、姜梦飞训练法警枪法，训练马匹，陆续增加百余人，走马20余匹，又联络我的同学王履中县长训练政警200余人，马匹20余匹，通力合作，维持秩序，差不多一年期间太平无事。

日寇对拜泉地区采取"逐渐蚕食，步步包围"的战术。过了将近一年的期间，日寇开始骚扰了。在生活方面，粮食未绝，只是严寒地区，燃料消耗量大，煤源绝了，烧柈子（小树劈的），柈子绝了烧豆饼，豆饼绝了烧黄豆。在军事方面，敌以七架飞机轮流轰炸，把拜泉军营100多栋房屋炸得全成瓦砾。与此同时，日寇的包围圈逐日缩小。将近年底，拜泉城西60里的泰安镇驻军，被敌寇夜袭，尸横遍野。不久，城南五六十里的三道沟子，与敌抗战，损失亦不轻。军事一日紧张一日，有四件事应略记之。

（一）前半年，日寇方面派了一名军官下枝少佐，带领一名朝鲜籍翻译，来劝说我军归顺“满洲国”，以提升官职为饵，引诱朴司令。朴冷笑叱之！即刻捕送法院。我命拘禁在新式监狱，一切优待不要侮辱。我曾亲自开庭审讯，问他：“为什么侵略中国？”他始终坚持“为东亚共荣圈”！我想，他知道我们不虐待俘虏，才敢这样牙硬。

（二）过半月后，我军旅长刘某某，竟利欲熏心，暗地到监狱勾结下枝，如果给他升官，他可以叛变，灭朴归顺。典狱长告密，朴司令晚间即召旅长刘某某来司令部商议军事。刘佯装无事，来到司令部。朴司令劈头就质问有无投敌叛变阴谋？他口称：“没有……”立即走出，逾墙逃走。朴司令亲自和卫兵追逐击毙之。

（三）过农历年（1932年春）后，在我们声明改为“黑龙江民军”后不久，忽有自称“军长邓文的部队，派一参谋来请求借路东进，并请募鞋千双”。司令部允许派高级官员进城协商，士兵不准进城。司令部、县政府、法院、商会、各机关代表举行招待会。便餐后开会，邓文演说，痛哭流涕地说，士兵在冰天雪地中还穿着草鞋呢！我方动员捐款购鞋，不多时，各机关代表筹了一万余元，明日收齐付与。

（四）释囚第二日，邓部又派一位参谋来法院同我协商释放狱囚增加兵员问题。我召集推检商谈，征求意见。我说：“我们这次举旗抗战，主要是表示我们中华民族是不受屈辱的文明民族的尊严，坚持正义的精神，暂时是不能取得胜利的。预计在这中央不支持、邻省不援助的情势下，迟早我们须退出城外，不如趁机把狱囚预先处理，比较安全。”大家都赞成。典狱长主持将无论已决未决的囚犯90多名聚坐一堂，我亲自训诫几句话，出狱后要安分守法，改过自新，各就自己的所能，工作谋生。

无家可归者，送到城外邓部报名登记当兵，不许自流。典狱长同职员按照花名册很有秩序地一一放出，由法警、看守小心谨慎地送出城外或送邓部点收。确实有家可归者，按路程发给路费若干元。

军民誓师抗战到底

“我们明知在敌众我寡、敌强我弱的形势下，于短期内是不能取得胜利的。但是我们的祖国，有着5000年的文明历史，有着聪明勇敢的伟大民族，决不能忍受一个区区弹丸的岛寇任其蹂躏。只恨我们的中央政府为一党之私，坚持‘先安内后攘外’的错误政策，对日寇实行不抵抗主义；对我们大胆举起抗战大旗，他们竟掩耳无闻，不肯派一架飞机前来表示慰问，更没有一个邻省援助一枪一弹。而我们不顾艰难生死，为保持伟大的中华民族不屈不挠、光明正大和不可侮蔑的国魂，我们亦要拼一个你死我活——背城借一！我们要生的伟大，死的光荣！”

以上是军事日紧一日，民军司令部、拜泉县政府、黑龙江高等法院三机关会衔张贴的布告。

在“风声鹤唳、草木皆兵”的气氛中苦度一年多了。这时已到了农历壬申年十二月二十六日（1933年1月21日）拂晓，突然从西南方连珠似的猛射来一阵炮声，停一会儿又是一阵飞机轰鸣声。敌人的火炮和飞机，轮流着向我重要目标和守军阵地进行炮击和狂轰滥炸起来。我军警武装一齐应战，唯我既无大炮，更无飞机，对抗敌人的大炮、飞机，也只是用步枪还击！就这样凭着斗胆应战！

相持至下午天将黑时，文武机关首长都集合在西城外护城河畔新式监狱办公室，商谈退出城外北进的计划。按兵法在敌强我弱、敌众我寡的情况下，只有采取“敌进我退”的战略，才能保持实力，准备再战。为此，决定留下商会会长崔占鳌，由他带着俘虏下枝少佐和翻译员，忍辱一时，去迎接敌人入城，以免人民涂炭，也可以掩护我军安全退出城外向目的地前进，免遭无谓的牺牲。其余三机关和部队一律出东门向东北方转移。随后，我们一行按预定计划顺利地离开了拜泉城。朴司令和夫人素云、我和夫人马贵真并骑前进，率领机关和部队向瑷珲（黑河）目的地奔去！

李　杜

凡有侵略疆土扰乱治安者，愿共击之，敌忾同仇，义无反顾。

- 1880年8月4日生，辽宁义县人。
- 1905年，入东北讲武堂普通科。
- 1917年，任东北陆军第二十九师第一一四团团长。
- 1931年，九一八事变爆发时，任依兰镇守使兼东北军二十四旅旅长。
- 1932年1月，率部在哈尔滨、方正、依兰、密山等地抗击日本侵略军。
- 1933年1月，自卫军失败后，李杜率残部退入苏联。同年7月假道欧洲回到上海，被任为南京国民政府军事委员会委员。
- 1934年7月，追随宋庆龄、何香凝等进步人士，倡议成立了中国民族武装自卫委员会，并就任该会的武装部长，支援东北的抗日斗争。
- 1956年8月23日，病逝于重庆。

我所知道的李杜

毕长风

李杜原名李荫培，字植初，又名玄存、黎苏，1880 年 8 月 4 日生于辽宁省义县西关。其父李万钟半农半商，是殷实人家。李杜 6 岁入私塾，学习刻苦，聪慧过人，读书 12 年，对唐宋诗词颇感兴趣，尤其喜爱李白、杜甫诗篇，更慕二人忧国忧民豁达坦荡的胸怀，遂更名李杜。

李杜 1901 年投笔从戎，历任东北军连、营、团长及吉林警备司令等职。九一八事变后他组织抗日联军，奋起抗击日本侵略。1938 年我曾受李杜委派任东北抗日联军某部游击司令，其间与李杜曾多有接触，是以对李杜生平知之较详。今我已至耄耋之年，自谓来日无多，故我愿在我有生之年，将这位曾在白山黑水间纵横驰骋使日寇闻风丧胆的风云人物，就我所知者予以记述，俾不至任其与草木同朽。唯因笔者年纪老迈，所记者又多系半个世纪前之旧事，是以挂一漏万，错讹舛误之处或所难免，敬希知其事者不吝指正，则幸甚！

忧国难投笔从戎

1901 年李杜离开父母及新婚的妻子，写下“埋骨何须桑梓地，人间处处有青山”的豪迈诗句，投笔从戎。1906 年考入东北讲武堂普通科，跟同盟会秘密会员吴禄贞将军学习军事及民主革命的先进思想，毕业后在奉军历任连、营长等职。1911 年 10 月辛亥革命爆发，东北革命党人在长春、哈尔滨等地纷纷响应，当时李杜在锦州驻防，与标统车震、商震各处奔走，救了很多同盟会员。

献良策招抚蒙匪

1916 年李杜任东北军一一四团团长，此时日本参谋本部和关东军司令部，正在策划满蒙独立，组织“宗社党”，张作霖调兵，在郭家店把蒙匪首领巴布扎布击毙，但余患未除。李杜亲书招抚计划，请求单身直入匪穴，劝其降服，以避免征杀祸及百姓。军中同僚深知蒙匪强悍凶残，恐李杜遇害，百般劝阻，李杜挥笔写下诗文，其中有“倘若靖边氛，一身何足惜”之句。军中同僚无不佩服其凛然之正气。李杜当即跨上一匹青马，踏上征途。蒙匪首领大将军拉巴拉和二将军贲巴加卜闻报李杜单骑深入，不胜惊讶，暗暗钦佩李杜的胆量和勇气。二将军贲巴加卜率队武装出迎，李杜面不改色，在刀枪丛中阔步走进大将军帐中，然后从容不迫地陈述来意。拉巴拉沉默不语。当夜李杜便宿在二将军贲巴加卜的营中。李杜在匪穴滞留 20 日之久，细心了解匪情，终日与队员们嬉闹一起，时而饮酒，时而射猎，并与拉巴拉、贲巴加卜结为异姓兄弟，力劝二人以国家为重，勿听信日本人的挑唆，放下武器返旗安业。在李杜的教育下，拉、赍二人交出山炮6门，长短枪千支、手榴弹千枚及清室逊帝肖像、龙旗等物，同时又献出肃亲王所赐的日本战刀一把。赍巴加卜手持战刀虔诚地宣誓说：“今后如有二心，请用此刀枭吾首级。”李杜呈明当局，准将匪队收编成一个骑兵营，其余发给免罪执照各回家乡安业。

李杜单骑劝降，功绩卓著，这引起其主官吴俊升的嫉妒，李遂于1917年秋，辞职拂袖而去。

1919年秋，李在北京就任步兵统领衙门咨议兼将校研究所所长、陆军部军事科长等职。当时他看到北京政治舞台上，黎元洪、段祺瑞、张勋、徐世昌、冯国璋等争权夺利，倒行逆施，狼狈为奸，置国家利益于不顾，对此，李杜心灰意冷，乃毅然辞职回乡。

忧国爱民反内战

1921年黑龙江督办孙烈臣邀请李杜整理全省森林警察事宜。李接任后勤于治事，常年栉风沐雨，出入山林草莽，民众称赞，木兰七县商民，给他在松花江北岸立德政碑一座，当地人民称“李公亭”。

1925年郭松龄反奉，由于李杜斡旋，遂免去一场自相残杀，此时李杜任吉林第十五师第十旅少将旅长，随张作相第五方面军撤至锦西，保护了民宅和百姓生命安全。1926年奉军出兵关内打冯玉祥，李杜深感内战频起祸国殃民，不就第十五师师长，张作相只好委任李杜为依兰镇守使兼第二十四旅旅长。1927年4月就职，担任下江13县的军事防务，得到民众的尊敬和信赖。

秣马厉兵谋抗倭

1931年9月18日10时30分，日本帝国主义者以柳条湖事件为借口，揭开了侵占我国东北的序幕。张学良奉蒋介石之命不予抵抗，李杜目睹国土沦于敌手，悲愤万分。

9月23日下午，熙洽把日军多门将团长及天野旅团长迎进吉林，组织伪吉林省长公署。李杜闻之怒火中烧，拍案斥贼，并立即向依兰镇守使所辖各县发出通电，呼吁各县军民团结起来，一致对敌，做好一切应变准备。接着通令属下冻结松花江下游各县的永衡官银号、边业银行及财政税收的款项，以备军需，然后设立镇守使署所辖的自卫团督办处，在下江13县组织民团、保卫团等，登记民枪，整顿地方武装，积蓄军用物资和弹药粮草，以备战时之需，并清除隐患汉奸，又把富锦省府的无线电台迁往依兰，同北平张学良、黑龙江马占山取得联系，并派人联络张作舟、冯占海等抗日派首领。李杜从富锦返回依兰后，立即召集全旅少校以上军官会议，李杜慷慨陈词，守土抗战保国卫民是军人的天职。当时全场顿时沸腾起来，各团长争先发言，请缨奔赴沙场，驱逐日寇，洒血捐躯在所不辞。李杜的号召像一把火炬点燃了下江地区轰轰烈烈的抗日怒火，坚定了13县军民杀敌卫国，誓死不当亡国奴的信念。

击日伪首战哈尔滨

1932年1月26日李杜率部进入哈尔滨外围，1月27日与冯占海夹击伪军于琛澄部，李杜冒着枪林弹雨，亲临第一线指挥奋勇杀敌，伪军溃退。当天下午日伪军不甘心失败，在重炮掩护下，并派四架飞机助战，向李、冯军阵地反扑。李冯军奋起反攻，将日伪军包围并将敌机击落，日军福田中尉和清水大尉被击毙。伪军团长田德胜被迫率部起义，抗日军大获全胜。1月28日，哈尔滨处处挂满横幅标语，高大的楼房上悬挂威严的国旗，人群在道路两旁热烈欢迎抗日军，李杜率队井然开进哈市，驻哈市外国人皆惊其用兵神速。1月31日，抗日军将领冯占海、马占山、赵毅、邢占清、王之佑等在哈市召开联席会议，会议决定成立吉林自卫军总司令部，公推李杜为总司令。当地各团体、商会、银行等支援自卫军银圆50万元。由各将领领衔发表了抗日讨逆通电和告民众书。

1932年2月1日又歼灭十里铺伪军刘宝麟，缴获长短枪600余支，俘伪军700余。日军第三旅团长长谷率领兵车到双城车站，自卫军用轻重武器一齐截击，日军横倒竖卧在站台上，被击毙甚多。日军闻报急令田岛旅团增援，并出动飞机20多架，日军两个旅团，伪军6个旅，分三路向哈东进犯。2月3日战斗开始，李杜亲上前线指挥，打退敌人一次一次的进攻。自卫军伤亡惨重，弹药告罄，李杜悲愤交加，要与阵地同殉，被部下救走。

1932年3月9日，溥仪就任伪满执政。李杜闻讯即向国联发出电文，誓死反对。4月2日，马占山发表抗日通电。王德林救国军，辽宁省各处义勇军兴起，得到共产党声援支持。李杜在依兰自卫军总司令部召集各将领会议，决定分三路反攻哈尔滨。战斗中缴获大批武器弹药，使日本侵略东北的计划，一再受挫。日军不甘心失败，增派第八师团、第十师团、第十四师团、第二十师团、朝鲜派遣队、间岛派遣队、混成第十四旅团、混成第八旅团，分别对东北各地义勇军，进行大规模围剿。1932年秋击败了黑龙江马占山。1932年末辽宁省各路义勇军撤往热河。日军又对李杜、王德林等部进行围剿，战斗异常残酷，终以众寡悬殊，弹尽粮绝，李杜满怀悲愤和忧伤，退入苏境，1933年7月8日辗转到了上海。至上海后，李杜总结东北抗日经验教训，对如何组织领导东北义勇军，写出意见书呈交国民政府。1936 年 1 月 18 日，各义勇军首领在汤原兴隆镇开联席会议，统一组织成立东北抗日联军，公推李杜为总司令领导抗日。

1937 年 2 月，李杜奉蒋密令，组织东北抗日联军总部。7 月 20 日，蒋介石召见李杜及抗联代表李延禄、孙克昌等，令造具各军编制开始工作，并批准军费 2 万元。“八一三”沪战一起，李杜奉蒋令，偕参谋及技术人员携带电台，经迪化绕道西伯利亚，前往东北推动各军扩大游击战争。不料飞抵兰州，新疆当局盛世才电阻入境，旋奉电召返回南京。

李杜抗日救国得到张学良的支持

1933 年李杜在东北抗日失败去上海后，决心亲自潜回东北，组织旧部，训练民众再揭抗日义旗。这一义举得到张学良将军的支持，张特派他手下的亲信应德田协助李杜工作。1934 年秋，李杜向蒋提出出国考察的申请。1935 年的一天，李杜偕应德田拜访苏联驻华总领事鲍格莫洛夫，向他提出由西欧假道苏联潜入东北抗日的计划，当即得到鲍格莫洛夫和参赞鄂山阴的赞同。接着李杜又拜会了美国驻华商务参事和太平洋海军司令，美国人对李杜的计划也表示了同情和支持。李又积极联络在关内各地的旧部商议抗日计划、返回东北后的行动方案、斗争策略，以及活动方式等具体事宜。

1935 年 12 月一天夜晚，李杜带着应德田在上海吴宫饭店会见中共领导人潘汉年，向他表达返回东北抗日的心愿，得到中共的热情支持。冯雪峰推荐共产党员柏承芳等人，做李杜的秘书和翻译，帮助李杜出国入苏转道东北抗日。1936 年 3 月，李杜的申请得到批准，6 月，李杜乘法国邮船到达巴黎，但没有得到批准进入苏境。李杜只得从法国返回上海。此时中共为了推动东北抗日工作，周恩来推荐李杜就任东北抗日联军总司令，并刻制关防交给李杜。李杜再次计划通过迪化去苏转道东北，结果到兰州，新疆当局仍不准入境。1937 年 11 月李杜返回南京。当时上海已经陷落，李杜化装乘法轮再去欧洲，1938 年春李杜获准入苏境。但却没能进入东北。

李杜前后三次去东北未成，但他历经坎坷并不灰心，仍以抗日联军总司令的身份，继续从事抗日工作，派董麟阁在香港，孟述先在天津、重庆等地架设电台，与东北抗日联军保持着联系。1942 年初春，中共领导人董必武、叶剑英到重庆南山抗联总部拜访李杜，李杜热情接待，聆听他们对抗日斗争的卓见，交换对时局的看法。1942 年 6 月，国民党特务到南山抗日联军总部，摘下总司令部的牌子，封锁办公处，取消了李杜抗日联军总司令的名义，缴收无线电台，停止经费供应，并解除了李杜军事委员会上将参议职务。

送毛岸英、毛岸青去苏联

1936 年 6 月当李杜第一次去欧洲时，在他的随行人员中，有三个十几岁的孩子，这三个孩子，一个是地下党员董健吾之子，另外两个是毛泽东同志之子毛岸英和毛岸青。因为 1936 年收养革命后代的上海大同幼稚园遭到敌人破坏，居住在这里的岸英、岸青兄弟生命安全受到威胁，所以上海地下党决定委托李杜将岸英兄弟送到苏联。

事情的经过是这样的：宋庆龄同志为了推动国共第二次合作，曾委托董健吾前往陕北苏区，向毛泽东同志、周恩来同志送交一封重要信件。当时陕北“剿匪”副司令是张学良，董健吾秘密通过李杜的介绍会见了张学良，找机会与中共代表谈判，张学良很高兴地用自己的座机将董送到延安。这样董健吾结识了张学良，二人交往渐厚。一次董健吾提及，送革命后代和自己的子女去外国留学，张学良慨然应允资助 10 万法郎。

为了保密起见，董健吾没有直言岸英兄弟与毛泽东的关系。以后上海地下党找到李杜，向他言明实情，李杜欣然应允，甘愿承担极大风险，保证把孩子们安全送到苏联。上海地下党组织就把岸英等人送到李杜家里，半个月以后李杜化名王天华与随行人员及三个孩子，秘密乘法国邮船到了巴黎。经向苏联驻法大使馆接洽，他们只同意岸英兄弟入苏，但不同意李杜入苏。

李杜介绍中共代表与张学良接头

张学良决心停止内战同共产党讲和，想到李杜。1935 年 12 月，张学良趁去南京参加国民党五全大会之机，借故来到上海同李杜会面，希望李杜从中斡旋。李杜听少帅改弦更张，不再与共产党为敌，准备团结起来，枪口一致对外，内心兴奋，满口应允，一定设法竭力办妥。李杜自从接受张学良之命，立即同潘汉年取得联络，言明张学良与中共谈判的心愿。上海党组织经过妥善研究，决定派刘鼎同志前去西安。李杜接到通知即给张学良发去密电，张学良特派他的高级参议赵毅来沪迎接，1936 年 3 月刘鼎便以李杜代表公开身份前去西安。张学良与刘鼎相处甚善。由于李杜的斡旋和推动，张学良同中共建立了友好关系，终于发动了震惊中外的西安事变。

秘密加入共产党

抗战期间，李杜在重庆任国民政府军事委员会上将参议时，经常与周恩来、董必武、叶剑英会晤，同共产党的关系非常密切，以后终于在 1945 年秘密加入了中国共产党，为特别党员。抗战胜利后，李杜寓居重庆，坚决反对蒋介石打内战的反动行径，因此遭到国民党反动当局的猜忌和迫害，令其退出军籍，断绝了他的生活来源。然而李杜不畏强权，仍以不屈的精神投身到反蒋、反内战的民主进步运动之中。

新中国成立以后，共产党和人民政府高度评价了李杜的功绩，推选他为中国人民政治协商会议全国委员会委员，四川省政协委员，重庆市政协常务委员。

1956 年 8 月，李杜在重庆病逝，终年 76 岁。

苏炳文

面临生死关头，既不可忍，又不能待，唯有奋起抵抗，尽卫国守土的天职。

- 1892 年 9 月 2 日生，字翰章，辽宁新民人。
- 1912 年 9 月，升入保定军官学校第一期步兵科。
- 1928 年 12 月，任东北边防军驻黑龙江副司令公署参谋长兼国防处长。
- 1931 年，九一八事变后，协助马占山作战，抗击日军。
- 1932 年 3 月 31 日，在海拉尔通电就任黑龙江自卫军总司令。10 月 1 日，正式宣布就任东北民众救国军总司令。
- 1975 年 5 月 22 日，病逝于哈尔滨。

海拉尔满洲里抗战始末

苏炳文

日军阴谋侵吞海、满，强行派遣伪警进驻

日本军阀对我东北的侵略，采取两种手段：一则威胁利诱使我就范，然后设法消灭之；二则各个击破，次第消灭之。我们深知日军的战略战术，既不受其威胁利诱，也不甘心被其各个击破。马占山重举义旗再起抗日后，联合驻防拜泉的东北暂编步兵第一旅旅长朴炳珊（号大同），相机恢复省城——齐齐哈尔。不料在七八月间，吉、黑两省阴雨连绵，江河泛滥，哈尔滨市街道行舟，洪水之巨为数十年来所未有，因之到处行动困难，富拉尔基铁路江桥有了险象，以致哈满西线火车中断多日，军事行动大受阻碍。

我平素与日本军阀无联系，而于执行职务中，常有反对日本军国主义的表现，因此日军对我极为不满。当马占山于1932年4月初离职后，日本关东军司令部曾派宫崎少佐，由哈尔滨乘飞机来海拉尔，向我征求意见，曾说"关于中东铁路护路总司令、'满洲国'军政部部长、黑龙江省省长等三个职位，您可任选其一，以资借重"等语。我以才力和威望不足，难以胜任为词谢绝之。窥其用意，在于以调虎离山计，使我坠

入陷阱，任其摆布，以消除日本军阀在海拉尔、满洲里的隐患。我知其诡计，不能上他的圈套，被其愚弄。

6月间，日军又向我提出要求，让我允许派遣国际警察队进驻满洲里。日方此举名为向苏联警戒，实则严防我与苏联联系，我当即拒绝，经再三交涉，我方仍未同意。最后施加种种威胁，扬言如不允许则认为怀有敌意，将派日军一旅团护送前往。我经再三考虑，敌伪派来的警察队不过百余人，满洲里在我军控制之下，必要时可以随时采取解除他们的武装等行动；否则，日军将以派军护送为名侵入海满地区，将使黑龙江省西部一片干净土地沦陷于日军铁蹄之下。本“小不忍则乱大谋”之义，我方向日军提出了进驻的条件：一为仅允许国际警察队搭乘客车抵满，不得另开兵车；二为关于国境防务应受当地驻军部队首长节制，地方治安仍由当地公安机关负责维持。这些条件经日军同意，国际警察队开入了满洲里站。这个警察队是由中、日、朝三国人混合组成，队长秦树声系辽宁金县人，素充日军爪牙，狐假虎威，气焰嚣张。7月间，秦树声赴长春汇报到满洲里后的情况，乘火车经过扎兰屯时，被驻站第一旅护路军稽查诱请下车，密行处死。之后虽经调查也未得实据，但日军对该旅痛恨已极，未经几日就撤了张殿九的旅长职衔。

在当时形势下，我们抱有三种希望：其一，在9月间国际联盟开大会讨论李顿调查团的报告书时，能明了日军侵略东北的真相，以及伪造东北民意强迫成立伪满洲国的情形，对于日本军国主义的穷凶极恶的侵略行为，能有正义的决议案加以制裁；其二，南京国民政府与日本进行正式交涉，争取和平解决东北问题，早日恢复东北原状；其三，张学良能率领在关内的东北军全部回东北，与我们残留吉、黑两省的部队成为掎角之势，协力作战，使日军腹背受敌，首尾不能相顾，予以严重的打击。然而，上述幻想竟成泡影。马占山在庆城（庆安）、铁力、绥棱等处的游击战迭告失利，8月间被日军击溃，零星部队不久又为日军所歼灭，日伪方面又转为策划对哈尔滨到满洲里西线的侵略活动。

哈满西线军民奋起抗击日军

兴安岭以西的呼伦贝尔大草原，为蒙民游牧区，人烟稀少，不种五谷。这里的地方行政权，由呼伦贝尔旗副教统贵福掌握。

1929年冬，中、苏两国因中东铁路问题发生冲突，我驻满洲里的东北陆军步兵第十五旅梁忠甲部，驻扎赉诺尔的东北陆军步兵第十七旅韩光第部，均被苏军击败缴械，梁忠甲旅长在满洲里被俘，旅附魏长林阵亡，韩光第旅长和张季霙、林选青两团长在扎赉诺尔阵亡。两旅被俘官兵均被苏联运往伯力，兴安岭以西地域全被苏军占领。这时东北代表蔡运升到伯力和苏联代表进行两次谈判，双方达成停战和平协定（即伯力协定），始将所有被俘官兵运回原防，由省府（黑龙江省政府）重发武器，开始训练。

1930年3月中旬，梁忠甲突患脑溢血，逝世于海拉尔。我奉张学良司令长官的电令，继梁忠甲曾担任的中东铁路哈满护路军司令、呼伦贝尔警备司令、东北陆军步兵第十五旅旅长三个职衔。适当战事之后，地方凋敝，经济困难，官兵士气低沉。我就职后的主要任务，对外力求与苏联敦睦邦交，恢复友好；对内则绥靖地方，安抚蒙民，至于整训部队，加强教育，更为固有职责。是年冬，万福麟司令官调该旅移驻巴彦，将黑龙江陆军步兵第二旅归我统率，由巴彦开到海拉尔、满洲里两地填防。

1932年8月间，日军侦悉我在哈满西线积极准备军事，收容各地远道来投的青年学生130余人，编为学兵连，实行军事教育；密派干部到各处招募新兵，以旅部参谋长郎国琛为团长，成立步兵第九团；还招集沈阳东北兵工厂流亡的技工和青年百余人，由刘绍复（字显忠，曾到德国学习过制造兵器）领导，在博克图兵营里秘密制造手榴弹、地雷等。凡由沦陷区逃来的爱国志士，我均予安排，大部分参加民众救国后援会工作。

日伪方面屡次向我征求调动职务的意见，我均未接受；迭次邀请我到省城（齐齐哈尔）会议，我也拒绝前往。日军认为我居心叵测，必须铲除，于是先行撤换驻扎兰屯的哈满护路副司令兼黑龙江陆军步兵第一旅旅长张殿九的职务，以汉奸冯广有（字万镒）接充。自九一八事变以来，张和我抱定共同抗敌的决心，张来海拉尔与我商量进退问题。我们以为在过去时期含垢忍辱，委曲求全，期待时机之到来，而今日伪势力将渗入富拉尔基以西地区，无疑唇亡齿寒，大敌当前，迫在眉睫。况且部队饷项、给养、服装等均由省城发给，一旦被其截留，势必坐以待毙。面临生死关头，既不可忍，又不能待，唯有奋起抵抗，尽卫国守土的天职，决定张殿九拒绝交出旅长职务，当即派该旅驻免渡河站的第六团团长张玉珽率部进驻富拉尔基，以阻止冯广有前来接任旅长。事态演变至此，伪黑龙江省省长韩云阶、伪黑龙江省司令官张文铸派曾任该旅团长的刘继武到扎兰屯向张疏通，但不得要领而归。接着又派前黑龙江省司令官公署参谋长谢珂来海拉尔，向我说明韩、张派他前来的目的，借口张殿九旅长年老无能，对部下约束不严，军纪废弛，驻防区内时常发生违法事故，必须撤换，整肃纪律，关于我的位置保证不动等。但我们坚持张旅长不得更动，申明如果冯广有强行前来接任旅长职位，难免发生意外，由谢函告韩、张，并要求他们收回成命，以维持现状。谢决定留海拉尔抗日，不返省城齐齐哈尔。日军和伪组织方面又派金奎璧、陈鸿猷两人携带 8 月份军饷来海拉尔发放，郑重表示对我并无他意，但认为张殿九抗不交代旅长是我策动的，决不收回成命；如果再行抗拒，自 9 月份起，停止发给所有军饷、给养以及冬季御寒服装等，并派部队讨伐，以示膺惩。敌人之阴谋，早在我们预料之中。

当时，哈满西线军队、民众情绪激昂，愤不可遏，纷纷要求讨伪抗日。适值日内瓦国际联盟开大会，讨论我国的东北问题，乘机揭露日本军阀残暴蹂躏东北人民的罪行，使全世界各方面人士了解真相，明辨是非，伸张公理，给侵略者以制裁，以期有利于交涉之进行。1932年9月27日，在海拉尔举义对敌，将旅海拉尔日鲜侨民300余人集中保护，用火车运到满洲里，交由日本驻满洲里领事馆照管。同日，由步兵第四团吴德林团长率兵两营包围驻满洲里站伪国际警察队，令其缴械。该队因持有新式武器，顽强抵抗，双方激战半日，我军用迫击炮将警察队营房击毁，发生火灾，伤亡20余人，始竖白旗缴械投降，悉数收容于满洲里特区法院监狱中。所有日、鲜侨民600余人，由军警妥为保护，送交日本领事馆管理。是日有由哈飞满的日本飞机一架，经过海拉尔时，因飞行较低，被我军伏兵射击。该机情知有变，急转东飞，因汽油用尽，落于朱家坎附近，机中十余人被当地农民击毙，由此足以证明广大群众痛恨日军情形之一斑。在检查尸骸中发现有军官数人，有外交信差一人，均为由满洲里去莫斯科者；发现携带文件中除外交通报外，另有林义秀少佐调查报告书一本，报告书中记载着当时东北军政要人的姓名、籍贯、年龄、出身、派系、思想等，分析颇详。现将文件中对于我的记载摘录于下：

苏炳文年40岁，辽宁新民县人，保定陆军学校第一期步兵科卒业生，曾在北京袁世凯建立的模范团中服兵役及任尉官。第一次世界大战时，中国对德宣战，参加协约国共同出兵远东。1918年，他任中国陆军第九师营长，被编入驻海参崴支队；1927年，他任东北三四方面军步兵第十七师师长，1928年调任黑龙江军务督办公署中将参谋长，兼任国防筹备处处长、黑龙江省政府委员等职务。1930年出任呼伦贝尔警备司令、中东铁路哈满护路司令、东北陆军步兵第十五旅旅长等职务，为张学良嫡系。他于1929年曾到齐齐哈尔访晤会谈，言语行动表现傲慢，对于驻在地日本领事和馆员以及满铁公所职员等均淡然视之。1930年，他到海拉尔任职后，常与苏联驻海拉尔、满洲里两领事馆往来，而日本领事馆邀请他赴宴，他多谢却。1931年九一八后，马占山代理黑龙江省主席，他将驻满洲里的步兵团、骑兵旅开到嫩江桥助马作战，抵抗日军。1932年4月，马占山由齐齐哈尔逃走，屡次派人约他进省城（齐齐哈尔）会议，并拟调升高职，他概不接受。根据谍报，他现正招集流亡，扩充兵力，准备反满抗日的工具。他系正式军人出身，抱有爱国思想，亦有相当威望，非土匪出身者可比，不可轻视。加以接近苏联，难免不无异谋。倘不能使其就范，应以武力消灭之，免为燎原之火，以完成早日统一东北三省之目的。

阅林义秀少佐的调查报告和处理我的意见，可以推测日本军阀对我的处心积虑、阴狠毒辣到何等地步，我虽至愚，也不能中其诡计。

9月27日，海拉尔、满洲里两地采取讨伪抗日行动后，军心民气大为振奋，斗志昂扬，哈满西线民众自动组织救国后援会，筹备军需，慰问将士，物质精神双方并进。我感于军民一致推举，筹备成立东北民众救国军总司令部，10月1日，在海拉尔正式宣誓就任东北民众救国军总司令，张殿九就任副司令，通电中外。同时委任谢珂为总参谋长，金奎璧为副参谋长，王尔瞻为呼伦贝尔警备司令（原任司令部少将参谋长），张玉珽为黑龙江陆军步兵第一旅旅长，吴德林为黑龙江陆军步兵第二旅旅长。当即调驻海拉尔的步兵第二旅第一团高峻岭部开往朱家坎、腰库勒一带布防，调驻满洲里的步兵第二旅第四团钮玉庭部开往碾子山待命。为统一指挥起见，加委张玉珽为前敌总指挥。自博克图至满洲里的护路事宜，由步兵第二旅第九团郎国琛部担任，归总司令部直接指挥。满洲里系中苏国界，并有苏联和日本领事馆，两国侨民为数不少，在军事时期，地方治安极其重要，派吴德林旅长担任警备事宜。又在扎兰屯设立前方总司令部，由张殿九副司令、谢珂总参谋长、金奎璧副参谋长主持作战计划。此时，呼伦贝尔旗都统公署已被伪满洲国政府下令撤销，改为兴安北分省，委任原副都统贵福的长子凌升为省长，次子福松亭为蒙旗部队司令，意在分化离间蒙旗与我军的关系。但数年以来，我们和贵福、凌升等相见以诚，彼此融洽，在抗战军兴起后，我复披诚相告，我们举兵东进，目的在于收复失地。如能获得进展，除满洲里国防仍由我军担任外，所有呼伦贝尔全境交给他们治理，倘若失败，决不在呼伦贝尔地域作战，祸及蒙民。因此，虽然彼此立场不同，稍存警惕之心，尚能安然相处。

关于前方军事，张玉珽自 9 月中旬在富拉尔基沿江一带已构筑防御工事，对昂昂溪方面警戒。10 月 1 日，海拉尔起义后，本拟相机渡江收复省城齐齐哈尔，而日伪为防我进袭，在嫩江东岸增调大军警备，并把江桥破坏，时派飞机到扎兰屯、海拉尔上空侦察。3 日拂晓，日军一部由齐齐哈尔以北渡江，张玉珽总指挥派富拉尔基步兵第六团一营兵力前往阻击，将敌击退，逃回东岸，遗下尸体 12 具。数日后，日军 200 余人分乘橡皮船 30 余只强行渡江，我军沿江警备部队猛烈射击，击沉数只。但敌军选择数点蜂拥强渡，共 500 余人，除步枪外携有轻、重机关枪，牵制我军左翼，以便掩护后续部队渡江。张玉珽总指挥急调步兵第一团高峻岭团长率兵两营选择适当地点占领阵地，以逸待劳，对于前进敌军予以迎头痛击，敌军伤亡五六十人，始稍后退。翌日，敌军又增加千余人，高团长也将预备队的一营增援火线，士气振奋，顽强战斗，我军伤亡 80 余人；敌军武器虽优于我军，但因向我阵地进攻，伤亡甚众，双方形成对峙形势。接着敌军又增加步兵千余人、炮四门，向我军阵地猛烈轰击，飞机也投弹轰炸，步兵受其掩护，攻击前进。激战两昼夜，高峻岭团长背部及右臂被炮弹击伤很重，中校团附唐忠信、少校团附孙庆麟同时负伤，第二营营长杨传绪阵亡，连、排长伤亡10余人，士兵400余人，迫不得已向腰库勒转移阵地。张玉珽总指挥急令步兵第四团由碾子山迅速增援，以便步兵第一团稍事整顿补充。高峻岭团长和所有负伤官兵均被运回海拉尔，由铁路医院负责治疗。高峻岭团长的右臂因炸断，急施手术锯去，得保生命安全。唐忠信代理团长、孙庆麟代理中校团附虽均负伤，不肯离队疗养，裹伤继续作战。我偕张殿九副司令、谢珂总参谋长、金奎璧副参谋长等临前线，慰问奖励，鼓舞士气。地方人民情绪激昂，组织慰劳团，由民众救国军抗敌后援会协同到前方热烈慰问，向官兵赠给慰劳袋每人一份（内有毛巾、袜子、糖果、食物等），官兵感泣，要誓死杀敌。此后十余日内，虽无激烈战斗，每日均有数次局部冲突，以待冬季到来，嫩江封冻，联合马占山、朴炳珊以及义勇军李海青等部，再大举分进合击，恢复省城（齐齐哈尔）。

10月22日，马占山率少数骑兵由讷河经甘南到达扎兰屯，我军将士甚为兴奋，极表欢迎，经过两天会议，一致推举马占山领导抗战，竭力协作，以沥最后之一滴血，尽军人之天职。马占山以健康不良急需休养为词，决心回北平就医，不能继续抗战。我和张殿九等以公义私情恳切劝勉，终未能挽其退志，暂来海拉尔休养，拟由满洲里出国。马鉴于前黑河苏联领事拒发护照不得入境之事，此次扮作赴新疆商人，更名改姓，偕秘书韩立如、副官张凤岐两人同行，向苏联驻满洲里领事请领护照。在签证时，由领事检查问话，又不准入境。马不得已，仍回海拉尔休养。

11月初旬，忽接苏联驻满洲里领事照会，内称：奉苏联政府外交委员会之训令，现因日本政府要求苏联政府允许派遣日本关东军小松原道太郎大佐为代表（小松原曾任日本驻莫斯科大使馆武官，通晓苏联情况），乘飞机至苏联马提业子车站，请苏联做调停使者，邀请苏炳文司令派遣代表前来进行和平谈判。我表示拒绝与日本举行和平谈判。数日后，塔斯社发表苏联外交委员会副委员长加拉罕通知日本驻莫斯科代理大使天羽的长篇文书，主要内容如下：

（一）苏炳文声明：无应日方和平交涉之意，日交涉委员无须在马提业子车站停留；（二）关于和平救出日侨，自人道的立场，不惜供给一切便利；（三）达里亚飞行场使用，自人道的立场，特供给以便利，以后搬运食粮，请勿用军用机场往复。

查日本此举，一为缓兵之计，二为诱我投降，步马占山之后尘。现在我方拒绝和平谈判，则调动部队向我军大举进攻，这也是我们早已料到的。

11月中旬，已届冬令，江河封冻。日军将9月间与我军作战伤亡较重的茂木骑兵旅团及平贺师团的第二十八旅团，撤回后方，又以松木直亮的第十师团为主力，以新由辽宁调来精锐之股部骑兵旅团为先驱，附以装甲车、坦克车、飞机等，向嫩江西岸开始行动，用铁甲车掩护工兵修复江桥和被我方破坏的铁路，步兵向我富拉尔基、腰库勒一带阵地攻击。我军奋勇抵抗，敌炮兵和飞机交相轰炸，阵地多被破坏，激战4日，伤亡颇重。总部为减轻损失，缩小正面，电令张玉珽总指挥放弃现守阵地，撤至朱家坎第二线阵地。由我博克图爆破队将前方铁路桥梁彻底破坏，埋设地雷，阻止敌铁甲车前来助战，并在阵地前方及两翼薄弱地点设置障碍物和地雷等，阻敌攻击前进。此时江河结冰坚固，敌人骑兵和铁甲车运动便利，对我两侧威胁甚大，敌步兵配合各兵种向我朱家坎阵地开始总攻击，陆空协同，战斗猛烈。我步兵第四团团长钮玉庭、步兵第一团中校团附孙庆麟均负伤较重，官兵伤亡600余人，由步兵第四团营长常玉林接任该团团长。总部考虑敌军兵力数倍于我，兵器优劣相差悬殊，若再继续抵抗，势必损失更大，决定向后撤到碾子山第三线阵地进行休整补充，以利再战。部队28日全部撤到碾子山，刚进入第三线阵地，敌军骑兵旅团由左侧方骤来压迫我军向南方退却，使与后方断绝联络。29日拂晓，敌军五六百人，乘装甲汽车由南绕道突袭扎兰屯前方总司令部。据索伦族骑兵队长报告，有敌军骑兵千余人，正由甘南方面向南急进。我警备扎兰屯兵力不过一营有余，占领山头，扼守重点地点，竭力抵抗。敌机六架低飞扫射并投弹轰炸，敌兵向前猛攻。此时我前方电话断绝，扎兰屯北方山上发现敌军旗帜，总部官兵伤亡数十人。谢总参谋长为避免全部被俘，下令部队向哈拉苏车站集合待命。我此时正在兴安岭视察阵地，闻悉前方消息，即派专车前往哈拉苏接迎谢、金两参谋长和撤退的官兵到博克图。我当与谢、金两参谋长密议，因我前方主力军被敌击溃，并压迫向南方退却，不可能退归后方，现有兵力只有学兵连、卫队营及步兵第九团，共2000余人，敌势强大，进攻迅速，兴安岭虽险，以我少数兵力也难久守。况且蒙旗见我军溃败，未必不趁火打劫，讨好敌人，做落井投石之举动。当前之计，莫如以一营兵力扼守兴安岭山洞（山洞隧道甚长，工程艰巨，铁路方面要求不得破坏，困难修复），布置地雷，破坏盘山路轨，隐蔽在山洞内一列装满石块的火车。俟敌铁甲车前来时，放下与之相撞，阻止其前进。另控制一列火车为守洞部队在必要时乘用。按此计划做了部署之后，我与谢、金两参谋长及前方收容的官兵等乘专车撤回海拉尔。

31日，敌军先头的铁甲车到达博克图站，并向兴安岭盘道上行驶，我队将装石的列车由高处向下急放，正在修复铁道的敌军工兵数十人，忽见放下的列车将与铁甲车相撞，奋不顾身，猛力破坏铁路，触及地雷，装石列车到达时脱轨撞翻，路基严重破坏，敌铁甲车却安全无恙，工兵大部炸死。后来听说日军战报载称：在兴安岭战斗中，工兵某某中尉英勇救护铁甲车，光荣战死，充分表现了武士道之精神，立碑于战死处，以资表扬。我驻守兴安岭部队完成任务后，于12月1日午间安全撤回海拉尔。敌大部骑兵通过山洞向西前进。

抗战失利 退入苏联

战事急转，局势如此，我们邀请凌升、福松亭等商谈，请他们负责维持地方治安，把不甘屈服的铁路员工和特、路两警，官佐眷属，人民群众等用火车送到满洲里。我于2日夜间将诸事安排就绪，听说敌军骑兵先头部队已到达牙克石车站，遂乘专车赴满洲里，凌升、福松亭和市民各界代表等往站送行。

我到满洲里后，因敌机连日在海、满两地上空侦察投弹，立即召开会议，讨论撤退计划。3日夜间用无线电向北平张学良、万福麟报告战事情况，说明敌军节节西进，我军弹尽粮绝，势难立足，为避免地方涂炭，减少人民损害，拟忍痛退入苏联，丧师失地，负罪良深，俟归国门，听候惩处。我因与苏联驻满洲里领事往来较久，颇为友好，特前往话别。晤谈时，我深以抗敌失败引为耻辱，并说："行将退入贵国，不知如何处理？"彼答："按地理、兵力、武器而论，你们失败是很自然的事，但反抗侵略，坚持正义，虽败犹荣，将来定能获得最后胜利。"又称："你们进入苏联国境后，可能按照国际公法，以第三交战团体对待。我国人民爱好和平，主持真理与正义，你们能受到热烈的欢迎，祝您旅途平安"亲切握手，互道再见告别。

4日午后，日军先头骑兵部队已进占海拉尔。我们根据连日调查，集结在满洲里的军队官佐兵夫2890人，中东铁路员工和特、路两警人员246人，民众307人，妇女孩童647人，共计4090人。综合满洲里站停留的客货车辆，组成七列，妥为分配，按规定次序登车。于深夜要求满洲里站站长向苏境开放列车，当被拒绝，不发路签。我军则强行开车，陆续进入苏境，停在86号小站上，经苏联边防军解除武装收容，登记军队和民众人员名册，于7日午间送交苏联代表，做开车的准备。晚7时，第一列车开行。自8日起，苏联开始供给饮食，每列车均有军官数人照料，并有高级党部派来代表热烈欢迎。沿途经过各站停车时，均有苏联人民鼓掌、挥手表示欢迎。行抵伊尔库茨克车站时，苏联友人上车告诉我们，苏联外交人民委员李维诺夫在日内瓦和中国出席国际联盟代表团团长颜惠庆达成协议，交换中苏两国恢复邦交文书，中苏两国由12月12日起正式恢复邦交。我们听到这个消息，欣慰兴奋，无以复加，彼此握手称贺久之。我们在车中生活半月有余，至12月20日全部到达多木斯克收容所在地。1932年2月初旬，吉林抗战将领李杜、邢占清、王德林、孔宪荣等十余人，亦被苏军遣送到多木斯克，以待同归祖国。

常恩多

我们是东北父老用血汗和生命武装起来的队伍，我们要用血和生命把鬼子赶出我们的家门，这是我们的天职！

● 1895 年生，字荻三，辽宁海城人。

● 1922 年，从东北陆军讲武堂第四期毕业。

● 1931 年，九一八事变爆发后，常恩多目睹国破家亡、东北人民颠沛流离的惨景，表示要誓死保卫东北国土。

● 1935 年 10 月，升任第五十七军一一一师中将师长。

● 1937 年，卢沟桥事变之后，率一一一师开赴江苏，转战在华东战场。此后率部参加了扬州保卫战、台儿庄会战、盐城和阜宁阻击战以及徐州攻击战等，战功卓著，被誉为“常胜军”。

● 1939 年，加入中国共产党。

● 1942 年 8 月 8 日，率部队开赴莒南王家坊前，把一一一师 2700 多人胜利地带到了抗日根据地。

● 1942 年 8 月 9 日，与世长辞。

回忆常恩多将军

张树德

常恩多将军在东北军一一一师任师长期间，我在师部任上尉庶务副官。在他身边十余载，并不知道他是中共特别党员。只看到他生活简朴，身着布衣，不修边幅，终年剃着光头；以素菜淡饭、豆腐为主副食；饮以白水，从不喝茶。他严以律己，廉洁奉公，从不花剩余的公杂费（在旧军队中，剩余的公杂费是师、团、营、连长应得的），也从不吃空额（当时的军队吃空额成风，他任团长期间，团军需处每月空额，多者百余名，少则也有几十名，每月每人按四元零八分，三个月空额就有千元左右，常恩多命令军需处，凡出空额，要如数上交）。每月剩余的办公费，也不准收在他个人账上，而用于年节慰问伤兵及犒赏三军。这在当时东北军中，实属难能可贵。他当师长从不沉溺于浊流，而始终保持着一个堂堂正正的军人本色。在对日作战中，机敏果断，英勇顽张。在处理军务时，秉公办事，纪律严明，执法如山，不徇私情。现在，仅将我能想起来的一些主要情况记下来，作为对常恩多将军的深切怀念。

常恩多

扼守长江岸　鏖战扬州城

1937年3月，在西安事变得到和平解决后，东北军以一纸《告西北同胞书》向红军、西北军及西北各界人民辞行。我一一一师奉命由渭南出发，经华阴、潼关入河南，过渑池、洛阳、郑州、漯河，开赴豫东的周家口，进行整训。

1937年7月7日，东北军缩编刚刚结束，就爆发了卢沟桥事变。日本帝国主义蓄谋已久的大规模鲸吞中华的战争开始了。7月25日，我师奉五十七军军部命令，准备奔赴抗日前线。同时宣布，全军军官家属统一由军械处上校处长庞秉山（常恩多师长同乡同学）负责，向大后方的四川奉节、万县转移。并调一一一师的六六五团一个营的兵力担任后方留守护卫。7月26日，一一一师召开誓师大会，常师长痛斥日寇蹂躏东北、蚕食华北、进军卢沟桥，蓄意灭亡全中国的罪行。官兵们义愤填膺，怒不可遏，复仇的怒火在心底燃烧，抗日的吼声震撼天地。"打败日本侵略者！向日寇讨还血债！""誓死保卫国土，为抗击日寇流尽最后一滴血"的口号声响彻豫东大地。

7月27日，常师长率一一一师离开周家口镇向江苏长江北岸各县进发。经过漯河、郑州、徐州、新安镇，然后由铁路转公路、运河，经淮阴、淮安、宝应、高邮等地开进靖江、南通、如皋、海门、启东诸县。沿长江200多华里的长江北岸要塞布防，枕戈待旦，扼守长江北岸。常师长任长江下游北岸各县的戒严司令，司令部设在南通市内。到达防地后严明军纪，制定了约法三章，要求各级军官身体力行，违者按章处罚。因而，南通诸县，秋毫不犯，鸡犬不惊，工厂开工，商店开业，学生复课，出现了一派安定局面。深得南通地区各界人士及百姓的拥护。南通地区的委员、市长以及大学救友会主持人等代表各界爱国人士纷纷前来慰问。一致助赞佩戴“扬开多”[①]三角臂章的一一一师是一支军纪严明、爱国爱民的部队；人人都想拜访一下治军有方的常恩多将军。我在旁看到这种情景也极受鼓舞。

随着沪战的激化，日军开始侵入江防，平静的江面上，响起了敌舰的炮声；万里晴空，出现了敌机的骚扰。常师长命令官兵严阵以待，随时准备消灭登陆之敌；同时注意盘查由上海撤退的一切行人及违禁物品。一天，上海大资本家虞洽卿满载两船美国苹果及禁运毒物闯入内河，准备开往南京，被江防守备官兵扣留。虞持名片并带着贵重礼品找常师长疏通，常以黑脸相待。杨虎、何应钦也先后打来电报和电话，要常放行，常照样是铁面无私。直至一星期后，蒋介石亲自来电，但这时大部分苹果已经霉烂，其他货物也失去获利的良机。

10月上旬，日军向我华北、华东大举增兵，上海外围要塞，相继沦陷，市区危在旦夕；接着，日军又以得胜之师趾高气扬地溯江而上，进逼南京，以实现其三个月灭亡中国的狂妄计划。军情如火！常师长奉命率一一一师辞别南通父老兄弟，转至靖江，由靖江又转至扬州城外截击日军。一天晚上，我一一一师到达扬州。当时的扬州城，已是一片萧疏景象：家家闭门，户户上锁，商户上紧闸板，居民大都撤走；街道上空空荡荡，死气沉沉，唯有萧瑟的秋风和着早凋的落叶，发出悲凉凄切的呼声。此时，五十七军军长缪澂流率军部机关与山炮营早已抵达扬州，住在扬州城内。常师长到达后率师驻在扬州南门外的一带村子里。在扬州附近迎击日军的还有国民党韩德勤部八个团；但只是一群惊弓之鸟，迟迟不敢进入阵地，在侧翼回避观望。五十七军的一一二师，由于在长江南岸作战失利，伤亡惨重，已退到苏北灌云补充兵员。实际上，保卫扬州的仅有一一一

① “扬开多”三字代表三种含义。“扬”即为长江的别称扬子江；“开”指军长缪澂流，其号为开源；“多”即常恩多。

师。然而，常师长却不畏艰险，毅然向缪澂流军长提出："欲保卫扬州，须纵深部署兵力，主动出击日军；若坐守空城，待敌进攻，恐扬州难守，余意率本师主力，在扬州南20余里的江岸咽喉要地施家桥一带，选择江湾河汊等有利地形，设下伏兵，乘敌登陆之机，与敌背水一战。倘军长令山炮营与韩部全力支援，必歼敌于水上。"

常师长提出的部署主力意见被缪拒绝。常师长又再三恳求，缪才允许把一一一师六六六团二、三营部署在施家桥一带，监视敌人。常师长进而又提出："要么部署主力，要么不作此议，只部署少数兵力，恐要白白牺牲。"缪为保存主力，牺牲小部，还是让两个营"先堵一下，不行就撤"。令常师长率一一一师主力，在扬州城南仅八里的一片平地上作战。

果不出常师长所料，扬州之战首先在施家桥一带打响。10月9日凌晨，天色微明，江雾蒙蒙，数艘敌舰载着大批日军，开始在施家桥登陆，妄图天亮进占扬州。日军刚刚一登陆，就遭到六六六团二、三营的伏击，被打个措手不及。日军狗急跳墙，便以猛烈炮火轰击我军阵地，同时增兵数倍，以坦克开路，强占咽喉要地施家桥。战斗十分激烈。我两营官兵在数倍敌军强大攻势下，伤亡惨重，渐渐支持不住，不得不放弃施家桥。军长缪澂流听到江岸炮声，用望远镜一看，扬州以南十数里处，硝烟滚滚，敌人来势汹汹，吓得张皇失措，急忙下令将一一一师各旅、团的直接指挥权操纵在自己手里，以防战斗危急之时，好保护着自己逃命。而在正面阵地上，仅留下两个营的兵力，让常师长指挥。大敌当前，常师长为了有力地阻击敌军坦克进攻，他一再向缪请求，把山炮营部署在扬州城南的林家洼师指挥所附近，归师部指挥，缪执意不肯。常师长长叹一声："扬州完了！"遂令六六二团把仅有的两门平射炮布置在师部前沿指挥所左右。上午9时许，日军出动数十辆坦克，沿施扬公路北上，直取扬州。常师长亲临前沿指挥。他望着一路烟尘驶来的日军坦克，剑眉直竖，大声命令："弟兄们，要沉着应战。等敌人坦克走近了再用平射炮轰！"这时，我身后也响起了马达声，我回头一看，是缪军长坐着小汽车前来督阵。他一下车看见远处驶来的坦克，吓得脸色苍白，一句话没说，慌忙钻进车里，掉头就跑。敌人的坦克越来越近，马达声隆隆作响，眼看300米、200米、100米，来到眼前。常师长挥起拳头，高声命令："开炮！"随着"轰！轰！"几声炮响，敌军先头坦克急忙驶下公路，在一片玉米地里转了一圈便鼠窜而逃。十几分钟后，大批日军由南面向我阵地涌来。我军将士在常师长指挥下，怀着满腔怒火，以准确的火力，把数倍于我的敌军一层层击毙在阵地前沿。顷刻间，血肉模糊的敌军尸体像麦个子一般，堆满了一马平川的扬州城南旷野上。

当战斗处于胶着状态时，军长缪澂流本应指挥侧翼部队全力出击，以大获全胜，可是他却躲到扬州城里，准备随时逃跑。在扬州右翼的韩德勤部队八个团，见敌军来势汹汹，一枪不放，溜之大吉。致使日军得以喘息和集中，向常师长指挥的正面阵地进行一次比一次疯狂的冲锋。常师长看到自己的将士负伤过重，至死不退，万分感慨。看到英勇的士兵与敌军白刃拼刺，日兵一批批倒下去，我部士兵也大部光荣殉国。常师长命令师部直属营连（士兵营、辎重营、高射炮连、特务连）全部投入战斗，致使敌军始终未能前进一步。直至军长下达撤退命令，并奉命炸毁仙女庙大桥后，才率部离开扬州。

喋血台儿庄　威震苏鲁皖

扬州战役之后，我一一一师先后转至高邮、宝应、淮安、淮阴、沭阳等地，抓紧扩充部队，更换将士。后来我才知道，正是在这期间，中共派来一批地下党员，被安插在旅团营里，还有的在师部任职，并成立了一一一师的"工委会"。

常恩多

1937年12月，被蒋介石吹嘘为“固若金汤”，至少可以坚守六个月的南京，仅仅六天就陷落了。南京陷落后，东战场上流行起种种传说：有的说国民党中央军被日军打怕了，中央政府逃到重庆，放弃抗战政策了，汪精卫正在武汉倡导和平运动；有的说，日军占领南京后，把居民当做练习射击的活靶子，激起各界人民同仇敌忾抗战到底的决心，中央政府不得不“精诚抗日”了，还释放了张学良将军……

日寇占领南京后，开始由南京、芜湖、镇江，分三路渡江北上，与华北南下的日军夹击徐州，企图打通津浦路。1938年3月，中国军队40万人对日军十几万人，在徐州东北部的台儿庄展开了一场空前规模的大会战。会战开始时，守备在山东临沂的四十一军庞炳勋部告急。常师长奉命派我一一一师三三三旅长王肇治（现任黑龙江省民革主委）率该旅参加台儿庄大会战。在争夺台儿庄东面的东、西马甸战斗中，该旅六六六团突进30华里，在处于三面敌军包剿的险恶形势下，他们冲杀了十五六个昼夜，攻克日军三个重要据点。当敌军增援部队以强大攻势从三面逼近时，二营勇士们高唱《大刀进行曲》，在震天动地的喊“杀”声中，像猛虎一般跃出战壕，扑向敌军。紧跟着，其他营的勇士们也一跃而出，与日军展开了殊死的肉搏。直杀得战场上天昏地暗，一片腥风血雨。战壕里，弹坑中，到处挤满了残肢断臂的身躯和血肉模糊的尸体。用武士道精神壮胆的日军，在我威武不屈的勇士面前，扔下2000多具尸体仓皇逃命。我军伤亡也很惨重：六六六团二营，除营副和几名勤杂人员幸存，营长于竹幽和大部战士都光荣殉国。旅长王肇治率该旅将士乘胜进军，杀向台儿庄战场，与日军板垣师团展开了浴血奋战。骁勇的东北健儿又以视死如归的英雄气概击溃了敌军，在台儿庄战役中谱奏出一曲壮伟的凯歌。战役胜利结束后，会战总指挥部总指挥汤恩伯特令嘉奖，并电告全国；五十七军军长缪澂流，也以“解临沂之围，壮本军之誉”通令全军。

在台儿庄激战时，号称日军精锐的邱山旅团3000余人，并附有骑兵一部，山野炮八门，在飞机和汽艇配合下，由长江口直扑苏北盐城、阜宁；妄图经滨海、灌云、连云港，踏上陇海路，威逼徐州，增援台儿庄。当时驻扎在苏北的有中央军李守维的一个军、一一二师、一一一师师部和三三一旅以及一些地方部队。李军和地方军队战斗力很差，自抗战以来，到处避敌，节节败退。国民党江苏省主席韩德勤，为了自身安全，也跑到一一一师，终日躲在师部里。常师长得到报告后，亲率三三一旅及师部直属营连，急速东进，增援惊慌失措的李军。两军在阜宁会师后，常师长会李部三五一旅在阜宁南50里的沟墩堵截日军，并将三门山炮支援该旅；自己亲率本部官兵继续南进，至草堰附近，埋伏在盐阜公路西侧。（盐阜公路东侧为通榆运河，不便布置伏兵。）半夜过后，当由盐城向北急进的日军邱部大队人马刚刚通过草堰时，常师长一声令下，官兵们全面出击。霎时间，枪炮声、喊杀声、手榴弹的爆炸声交织在一起，震耳欲聋。日军遭到突然袭击，像受惊的狼群，立刻乱了阵，首尾不能相顾，胡乱放了一阵枪后，便向北仓皇溃逃。常师长一见敌人入网，遂整队尾追。不料，安排在沟墩堵截日军的三六一旅却在黎明前撤向阜宁，致使常师长的歼敌计划落空。他十分恼怒地说："李守维的这群饭桶，把跳进网里的鱼给生生放跑了！"

军情变化后，常师长不顾疲劳连日率本部官兵向阜宁以北迂回。

第二天夜里，我军又从右侧向围攻阜宁的日军发起了几次猛攻。眼看阜宁之围即将解救，不料退守阜宁的三五一旅不仅没有形成固守的里外夹击日军之势，反在日军强攻下，仓皇撤出阜宁，使日军又绝路逢生。日军占领阜宁后，常师长决心钳制敌人，包围阜宁，在城郊与敌军展开拉锯战，以便一部一部地吃掉敌人。他当时豪迈地说："在我们自己国土上打敌人，我们应当是想咋打就咋打，关起门来，一点一点地吃掉这群狗杂种！"数日后终于攻克阜宁，将邱山兵团大部歼灭，余部四散逃亡，彻底粉碎了日军从东线直扑徐州、增援台儿庄的企图。从此，佩戴“扬开多”三角臂章的一一一师声威大振，在鲁苏地区以及后方兵站、医院，处处受到爱国军民传颂。人们常常指着佩戴“扬开多”臂章的一一一师官兵们议论说：“这才是真正打鬼子兵的队伍！”

如鱼得水　旱逢甘霖

1938年5月19日，台儿庄战役取得了胜利；但由于国民党一些部队腐败无能，致使陇海、津浦交通重镇徐州陷入敌手。徐州陷落后，王肇治旅长率三三三旅官兵由山东到苏北。常师长亲自迎接，称赞该旅的辉煌战绩，表彰每一名作战将士，向光荣殉国的烈士们表示沉痛哀悼。他无限感慨地说：“为了打日本，我中华民族是要付出代价的。我们活着的每一个人，只有多杀鬼子才能告慰殉难弟兄们的在天之灵！”

徐州陷落不久，日军又调动大批人马向武汉方面迂回。为了钳制日军进攻武汉，中国军队调动了七八个师的兵力攻击徐州。

徐州战役打响后，国民党的六七个师只在徐州外围虚张声势，有的害怕同日军正面接触，畏缩不前；有的按兵不动，观敌瞭阵……总之，各存戒心，保存实力。常师长率领一一一师不避艰险，不畏牺牲，主动向敌军发起冲锋。一天夜里，常师长命三二一旅六六一团越过津浦路，迂回至徐州城西，出敌不意，攻入城关，并一鼓作气，占领大半市区，混战到第二天拂晓才撤出。另外命令三三三旅六六六团，埋伏在徐州以南的曹村车站附近，放火烧毁车站，歼灭增援之敌300余人。迫使敌军惊慌呼救，由南调回大批援兵，从而减轻了武汉方面的压力。9月，武汉告急。蒋介石命缪澂流率五十七军前往策应。常师长得知保卫大武汉的消息，立即到军部驻地——宿迁县马陵花园，找军参谋长于一凡（于原为一一一师六三二团团长，缩编后晋升为五十七军参谋长）询问出发的时间和路线。当他得知缪拟定绕道泗阳、蒋坝、嘉山、定远等地时，即向缪建议队伍应取道睢宁，由徐州过津浦路，经安徽阜阳，直奔武汉；并说明选择这条捷径可以尽快地打击敌军的侧背，但被缪拒绝。第二天清早，常师长又在爱国官兵们的支持下，再次到军部，向缪苦谏，但缪仍不准，坚持“照原计划行军，没有别的可谈”。

原来这位五十七军军长兼国民党江苏省政府委员的缪澂流，与国民党江苏省主席韩德勤早有勾搭：韩想依恃五十七军的力量为自己保镖护驾；缪则贪恋江苏的美酒女色鸦片烟，不肯出师打仗。因此，缪以缺饷为借口一拖再拖，迟迟不动，前后耽误一个月左右。发兵以后，缪又有意绕道泗阳，路经蒋坝、嘉山一带疟疾病区，致使官兵十有六七染上疟疾，不能行动，停留十数日，直至10月下旬的一个深秋夜晚官兵们拖着虚弱的病体，冒着凄冷苍凉的秋雨到达定远县；但这时武汉已经失守，队伍停止前进，就地待命。常师长怀着满腔义愤，寻求战机。缪澂流为了掩人耳目，不得不答应常师长作一次安慰性的战斗。一天夜里，夜色朦胧，常师长令一一一师配合一一二师六六七团（团长万毅，系我在讲武堂时的一期同学，现在北京，中央顾问委员会离休干部）佯攻合肥，夜袭鬼子占领的合肥机场。这次行动十分出色，炸毁敌机九架，炸坏机场的大部分跑道。但是，部队很快又撤回定远县东南的老人仓一带逗留20余日。由于韩、缪贪恋私利，暗中勾结，使全军于初冬小雪前后又回到苏北淮阴、宿迁、沭阳一带休整。

1938年秋，国民党山东省主席沈鸿烈，以“鲁南防务空虚”为名，于隆冬季节向蒋介石请求派军队到鲁南“填防”；蒋遂命五十七军全部到鲁南。1939年初，常师长率师部机关直属部队和三三一旅从苏北沭阳出发，顶着北风，踏着残雪，浩浩荡荡开赴鲁南，沿途受到鲁南地区广大军民热烈欢迎和慰问。师部抵达莒县南七里大于庄驻扎布防。1939年春节前夕，常师长命三三一旅六六二团团长孙焕彩率队北进诸城；在八路军支队的密切配合下一举攻克积沟重镇，把卖国害民的汉奸武装张步云三旅伪军近千人歼灭，缴获大批枪支、弹药、给养，连张步云的大洋马也被俘获。张步云化装逃跑。后将缴获的各种战利品全部交给了八路军、游击队。1939 年春天，常师长与师部秘书王维平（现名王振乾，当时为中共地下党一一一师工委会负责人）和译电员张苏平（地下党员）接触频繁。后来才知道，正是在这期间，常师长经中共山东分局批准为特别党员。

重挫日寇　铁骨丹心

1939 年 3 月至 1942 年 8 月，一一一师在鲁南的临沂、汤头、板泉岸、沭河上游的黄墩、九里坡、莒县南十字路附近的王庄、日照、诸城、大店、碑廓、上河、宋家沟、柳林等地进行了大小百余次战斗，给敌人以沉重打击。最有名的是板泉岸、临沂与日军两个半师团战斗。在九里坡战斗中，烧毁日军汽车 12 辆，王庄战斗中，将敌伪军数百人重重包围，仅用十几分钟就大获全胜，歼敌 300 余人，缴获山炮一门、洋马数十匹，还有许多枪支弹药。当时，由中共山东分局主办的《大众日报》热情歌颂这些战斗的辉煌战绩。1940 年元旦前后，王肇治旅长亲率六六五团两个营，袭击宋家沟。不料，敌人设空城计，王肇治中了四面埋伏。在突围中三营七、八连遭受损失。事后，缪澂流要枪毙王肇治，经过常师长极力劝阻，缪将王革职，由一一一师六六七团团长万毅升任为三三三旅长。

1940 年 9 月，缪澂流同日军方鹫津兵团代表辛修三参谋、“伪兴亚建国军”顾问容丰雄签订了“互不侵犯共同防共”的协定。常师长和万毅旅长得知缪投敌反共之后立刻决定“马上锄奸，立即南移”。此时常师长肺病复发，师长职务由参谋长陶景奎代理。陶景奎也是个反共的顽固派，所以他安排在军部驻地东盘锄奸。此后，情况混乱起来，全师上下出现了一些变化：有的倾向共产党，有的要投降日伪，有的要跟着国民党。那时，我在拿不准主意的情况下，就带着家属离开部队，准备回东北原籍，我走后，部队终于起义。起义不久常师长就与世永别了。常师长逝世后，中共山东分局、山东军区及各县、区军民为常恩多将军举行了隆重的发丧仪式。以后，部队转战鲁苏、东北；在解放战争，抗美援朝中，都做出卓越贡献。

刘桂五

此次出发抗日，不成功则成仁。成功则到老家相见，成仁则到九泉相见。

- 1902年7月4日生，辽宁朝阳人。
- 1924年，到宋哲元部当学兵，后入热河白凤翔部任排长、少校连长、上校团长。
- 1931年，九一八事变后，奉命撤入关内，先后在河北、陕西和甘肃等地驻防。
- 1933年3月，任骑兵第六师二团团长。
- 1934年，被选入庐山军官训练团第三期受训。
- 1937年，七七事变后，率部到大同与马占山会合，赴丰镇一线扼守。
- 1938年4月22日，在内蒙古固阳县北壮烈殉国。

刘桂五将军殉国记

于鹤龄

刘桂五将军，热河省朝阳县（今属于辽宁省）人，幼年家境贫困，无力读书，年龄稍大，即投奔到热河地方团队，入伍当兵。由于屡有战功而为上官所重视，由军士、下级军官升到团长。这支队伍由东北军改编后，暂转属骑兵第二军指挥，番号为骑兵第六师，刘为骑兵第六师第十八团团长。因为他作战勇敢，有胆有识，不怕牺牲，遇战总身先士卒，得到他的老师长白凤翔的重视和提拔。西安事变后，师长白凤翔另调他职，刘桂五接替白凤翔，升为骑兵第六师师长，王景阳为副师长。

1937 年抗战开始

1937 年七七前夕，马占山由天津赴南京，后又转往西北，奉命组织东北挺进军参加抗战。当马占山在南京临行前，向蒋介石当面请准，把刘桂五的骑兵第六师调归马指挥（事前马已同刘说好）。同年 8 月下旬，马依靠刘桂五的骑兵第六师为基础，以招募敌伪官兵及反正部队为目标，在大同建军。此刻，日本帝国主义已经占领平津，乘胜利之威，沿平绥线向西进犯，直指绥包。其时，山西骑兵部队沿大青山向西急撤，刘桂五的骑兵师在绥包一带抗击日军，连续作战，疲惫已极，亟待整顿，便随马占山将军退到后套五原一带休整。不久，又奉命转进伊克昭盟，加强黄河南岸防务，稳定伊盟局势。

1938年3月末，北路军总司令傅作义将军为配合台儿庄战役，牵制华北日军南下，率部向绥南挺进。至4月中旬进抵绥南，马占山将军奉令配合傅作义反攻归绥战役，率刘桂五等部从高龙渡口渡过黄河，在绥包铁路线上陶思浩附近与伪蒙军激战后，进出大青山，多次袭扰，牵制敌人，威胁敌人后方。当转战到绥西安北县境内黄油杆子的地方时，敌装甲部队趁夜将我军包围。是时马的总部住在一户民房院内，敌人的机枪对准总部住院不断射击，窗户都被打毁，我军不得不伏在炕沿下边还击，战斗至为激烈，形势异常危险。敌兵逼近院墙，与我短兵相接。总部卫队营的两个连长带领士兵猛烈反击，未几即全部壮烈牺牲。最惨痛的是卫队营里有王姓父子二人，这天在向敌军阵地冲击时，均牺牲于敌兵阵地的前沿。中校营长张悦新，为了保卫总部，亲自带着卫队营的两个连冲锋，不幸阵亡在村子西边一个土地庙的左侧。

刘桂五师部的宿营地，距马占山的总部约有三华里之遥。刘桂五闻到枪声，立刻率部来援。为了解除包围，刘率三个连的兵力，向敌人的左后方一侧，勇猛冲杀，以图打开缺口。由于刘的突然袭击，敌腹背受敌，因而对总部的攻击火力减弱，加上突围的总部卫队营攻势猛烈，敌人的火力遂被压了下去。马占山乘硝烟弥漫、敌人攻势稍减之际，出房门转向房后，越院东北角的短墙走出敌人的火力射程之外。刘桂五骑着他平素最喜爱的槽名“草上飞”的军马，驰骋于战场之上，指挥部队，往返冲杀，直到把总部外围的敌人扫清，他才策马西驰。马占山虽已突围，而战斗在前院的卫队并不知道。当刘桂五骑马西行时，总部卫士队长徐洵喊了他一声：“师长，不能走，将军（指马占山）还未突围出来呢！”刘听到喊声，勒马一愣，刚说了声“噢”，就在这一刹那间，敌人的掷弹筒炮弹，击中刘的坐马脊背，战马立刻倒地，刘的臀部也受重伤，卧地不能起动。就这样，刚毅豪爽、临危不惧、视死如归的刘桂五将军，在绥西的战场上，壮烈地以身殉国了，时为 1938 年 4 月 22 日，终年不过 40 岁。

刘桂五殉国之后，刘的卫士连立即冲上去抢救尸体。但这时敌人已经看出刘桂五虽穿一身便服，但几次在战场往返冲突，料定是位指挥官，所以用几挺机枪严密封锁现场的尸体，以致夺取尸体的六七位战士中弹牺牲了，不得已马占山遂下令停止抢救烈士尸体的行动。结果刘桂五将军的尸体被日军抢走。（按：另据抗战时期曾在马占山部工作的杜海荣同志回忆，刘桂五牺牲后，尸体运回伊盟，并开追悼会设祭，并未被敌人夺去。）

刘桂五的作风和胆识

刘桂五虽然出身行伍，但治军有方，纪律严整，赏罚分明，他的部队不扰民，守纪律，爱祖国，作战勇敢。他之所以为张学良将军器重，在西安事变中用他来做活捉蒋介石的先锋，就是因他遇事“敢”字当头，大义凛然，胆大心细，足智多谋，在东北军中又是有名的神枪手。全国解放后，党和政府对刘桂五将军英勇杀敌、壮烈殉国功绩给予很高评价，定为革命烈士。刘的妻子也被安排为西安市政协委员。

笔者从七七开始，随马占山将军战斗于绥西，担任他的机要秘书，对刘桂五将军抗战殉国的事迹，甚为了解，谨书志如上。

张廷枢

我军如遇到特殊情况发生，务须同心协力，竭力坚守，争取战况之好转，在百般艰难困苦之中，努力争取胜利，以尽我军人保国卫民之天职。

● 1903 年生，原名柏庭，字蔚久，辽宁义县人。

● 1919 年，入东三省陆军讲武堂学习。

● 1923 年，晋升上校团长，被张学良选送到日本千叶县步兵专门学校学习深造。

● 1928 年，东北易帜后任第十二旅旅长，驻防锦州。

● 1931 年，九一八事变后，率第十二旅在大凌河一线布防阻止日军西进。

● 1932 年，一一二旅改编为一一二师，任中将师长。

● 1933 年 3 月，第一一二师在长城抗战期间，奉命把守古北口，与日军激战七昼夜。战后移师宣化。

● 1937 年 10 月，与张政枋等组织东北军团以下军官和学生 100 多人，从太原到达晋东南八路军总部和一二九师指挥部，部队被授予“八路军第一游击纵队”。

● 1938 年秋，被选送延安抗大学习，后随聂荣臻离开抗大，专门从事组织抗日游击队工作。

● 1949 年 7 月 23 日，因病去世。

对张廷枢治军抗日片段回忆

孟恒昌

自甲午战争及日俄战争以来，日军侵占了沈阳西关大片土地及南满铁路，并修筑营房，派兵驻守。尤其张作霖被炸死之后，张学良将军按照中央意图，对日妥协退让，终于招来了九一八事变。日寇铁蹄踏遍了辽、吉、黑三省，使东北三千万同胞陷于水深火热之中，但是中华儿女，不甘于国破家亡，在中国共产党的“停止内战，一致抗日”的号召下，奋起组织义勇军，前仆后继，抗击日寇侵略军。第十二旅原驻防锦州，于“九一八”次日凌晨，得悉日寇已抢占沈阳城及大北营，犹如晴天霹雳，全军震惊。旅长张廷枢立即令参谋长张学骞对所属三个团下达电话命令，实行紧急动员，准备作战。锦州地区，立即戒严，完全进入战争状态。延至下午，旅长张廷枢、参谋长张学骞、团长李戊邻、白玉麟、阎宗周等开会研究决定，暂在锦州、义县一带布防，构筑工事，抵抗日寇西犯。但在中央不抵抗的政策下，第十二旅官兵挥泪告别锦州父老，沿北宁铁路撤至关内。翌年该旅奉令改编为一一二师，由张廷枢改任中将师长。张氏父子两代经营之锦州财产，随东北国土沦亡，亦荡然无存，仅将珍贵细软及全家人迁居北平。继之张学良将军出国，中央派何应钦为军事委员会北平分会代委员长，统率入关东北军。吉林沦陷，张作相失势，徒有帅位虚名，张廷枢的少爷旅亦大煞风景，已然成了蒋家天下的一个普通的丙种师，列入杂牌之列了。

日寇于侵占东北三省之后，继续向热河进犯。东北将士念及国破家亡，极表悲痛，对于中央命令不准抵抗，更是愤慨难平。华北爱国团体及有识之士，在中国共产党于“九一八”后发表的“停止内战，一致抗日”的号召下，基于爱国热忱，纷纷请愿上书，要求当局下令驱逐日鬼，还我河山。迨于1933年初，日军增兵热河，企图窜犯长城，进窥平津。斯时第一一二师驻防北平南苑，奉军事委员会北平分会何应钦代委员长命令，出师古北口，抗击日寇南侵。师长张廷枢乃率领全师由平北上，在古北口地区与窜犯之日寇展开血战。在敌陆空优势的条件下，我军浴血奋战，迭挫敌锋，确保阵地，敌难得逞。激战三昼夜，作为战略要地门户的古北口，屹立无恙。我军击毁敌坦克数辆，敌军遗尸甚众。该师英勇抗战，六三五团上校团长白玉麟为国捐躯。虽兵员不满万人，而敢于与强敌一拼生死。为国为民，气壮山河，血染长城，可歌可泣。仅就当时目击古北口战役实况，回忆所及，分叙于后。

作战前敌我双方态势

日寇侵占东北三省及热河后，遂策动在冀东成立伪组织，步步进逼华北，觊觎平津。1933年春，盘踞热河的日军蠢蠢欲动，向南窜犯，我守备在长城古北口之警备部队，时时报警。

当时北平近郊只有第一一二师在南苑整训，于3月中旬接到军事委员会北平分会的命令，其要旨为：据连日谍报报称，盘踞在承德地区之日寇，连日由锦州、义县方面增兵，似有进窥我平津之企图。查古北口为平津门户，长城关隘，形势重要，必须确保，以策平津之安全。

作战准备及作战计划

第一一二师师长张廷枢，平日住在北平公馆，很少到师部办公，仍然像在锦州那样，一般公文均由参谋长批示，重要文书函电，则用电话向师长报告，听候其指示办理。特急文件，则派专骑飞送请示。此次北平军分会命令该师出发作战，事关重要，对保卫国防和部队前途关系极大，所以张廷枢经过在北平请示父帅张作相并与原吉林督军府的元老谋士磋商研究、面聆机宜后，即乘小卧车至南苑师部，召集师部参谋长刘墨林、六三四团团长贺奎、六三五团团长白玉麟、六三六团团长李德明及师部参谋处处长杨荫东、副官长李伟才、秘书处中校秘书谢夔等人开作战会议，研究作战计划。大意是：（一）迅速行动，争取先期到达古北口地区，占领有利地形，阻击南犯之敌。（二）窜犯之敌如屯兵于长城以北地区，陷于进退维谷时，我军即借步炮兵优势之火力支援，以有力之部队，采取攻势，将敌人聚歼于阵地前。（三）进犯之敌如采取包围或迂回作战时，我正面部队，务须坚守阵地，以火力阻击敌人，师以总预备队及骑兵连，对敌之包围迂回部队，予以击破之，以确保我侧翼之安全。（四）我军如遇到特殊情况发生，务须同心协力，竭力坚守，争取战况之好转，在百般艰难困苦之中，努力争取胜利，以尽我军人保国卫民之天职。

军队部署

本师由原驻地南苑，沿平承公路，向古北口进军，以战备行军姿态，北上作战。为适应交通状况，及便于尔后之作战，将全师区分为四个梯队，相距一日行程，以便互相照应。规定第六三四团为第一梯队，并配属师部骑兵连（欠一排），作为行军搜索侦察部队，该骑兵连归六三四团团长贺奎指挥。第六一五团为第二梯队，在第一梯队后跟进。第六三六团（欠一营）为第三梯队，在第二梯队后跟进。师部及直属部队附六三六团之一营，为第四梯队，在第三梯队后跟进。师长、参谋长率必要作战人员组成前进指挥所，随第二梯队前进。

作战准备

（一）师长张廷枢下达紧急动员令，师部及各团立即动员，召回公出事假人员，准备参战。

（二）将患病官兵，集合于一处，派遣军医留守治疗。

（三）各团、营、连笨重行李物品，一律留存后方，由各团集中办理，派专职军官及若干武装士兵看守。

（四）各级军官，对于个人私事及家属安置，务于令到二日内办理完毕，准备出发。

（五）全师官兵，立即提前发给一个月薪饷，以应急需。并将各部队开拔费，同时发给。

（六）注意驻地军风纪，偿还欠债，归还借物。在行军作战时，不得有扰民事情发生。

（七）弹药配备充足。军粮、草料大车运载。燃料放代金，由宿营地地方机关代买。

（八）行军作战期间，伤病官兵，由野战医院负责收容治疗。

北上行军

第一一二师在东北军里是出名的天之骄子，自从由锦州撤退入关，改编为蒋介石所统辖的战斗序列，成了一个只辖三个步兵团的丙种师，兵员武器装备，都远不及中央嫡系部队，列入了东北军杂牌行列，再也不像在东北时那样名声远扬，威风凛凛了。

此次出师作战，进出古北口，当时的友好亲近人等，不禁为之捏着一把汗。该师官兵，也私下议论纷纷。这次中央命令我师北上抗日，与全师的前途攸关，也是对我们师长的一个考验。但是师长张廷枢住在北平城里，出出进进于高级机关，回到师部，一如既往，不慌不忙，态度从容。只说是中央叫咱打仗咱就打，军队就是打仗的。况且北上抗战，为国为民，非常光荣。驱逐日寇，收复失地，这正是东北军的职责，这次我们就去打一下。

该师的四个作战梯队，按照作战命令行动，在离开南苑经过北平东郊，向热河前进，沿途所经县城及乡村，引起了极大震动。群众对于日寇侵占东北四省，切齿痛恨，遽闻原东北军十二旅北上抗日，非常高兴，箪食壶浆慰劳军队，如沿途经过的顺义、怀柔、密云等县。人民群众对一一二师出发古北口，抗击日寇，都极其热情支援，在宿营地，白发苍苍的老人争着腾出房屋，让士兵休息，以便早日到达战场，打击敌人。有的老太太，听说军队去打日本，帮助炊事员做饭、烧水，广大人民都迫切希望早日驱逐日寇，收复失地。

该师第一梯队由南苑出发，行抵怀柔以北地区，据报盘踞滦平一带之日寇，已向南窜犯，我军为争取主动，以逸待劳，抢占要地，以利作战。师部于 3 月 20 日，即命令六三四团改为急行军，昼夜兼程奔向古北口，占领阵地，以掩护后续部队之前进。

古北口位于冀、热两省之交界，其东正当长城由南而北，沿五灵山脉迄小白旗附近急剧西折，经古北口而到达白灵关，又转而向南，突出部正面约50华里，古北口正居其中，形势险要，不仅为平津之门户，仰且为河北之屏障，其得失关系河北省半壁河山之存亡，故敌欲强占，我则力争，说明古北口抗战之重要性非同一般。

第二、三梯队，继第一梯队之后，沿平承公路北上。师长张廷枢自南苑出发起，每日上午率师部作战人员及随行副官、卫士等二三十人同行，师部主要人员有参谋长刘墨林、参谋处长杨荫东、副官长李伟才、作战参谋张铁山等，均跟在师长左右，随梯队前进。

3月21日夜晚，先头之第一梯队，已到达古北口，师长张廷枢率师部作战人员到达距古北口40华里之石匣，即停留此地，研究作战部署。当时参谋处长提出三个方案。

第一方案：由六三四团在古北口东西地区，沿长城之线从正面占领阵地，阻击南犯之敌，以掩护第二、三梯队进出古北口，俟全师到达后，再行调整部署。

第二方案：由六三四团先占领古北口，据守要点，集中兵力，封锁古北口通滦平之公路，阻击敌人坦克及步兵之进犯。待第二、三梯队到达战场后，再向古北口以东以西占领阵地，参加作战。

第三方案：以一个团作战，两个团休整，轮流参战，定期轮换，以利长期战斗，使军队不致疲劳过甚。

经参谋长刘墨林请示师长张廷枢后，采取第二个作战方案，于是由参谋处下达作战命令。

古北口抗战经过

第六三四团奉到师部作战命令后，于当晚深夜赶到战场，稍事休息，团长贺奎率领中、少校团副及各营营长，在古北口察看地形，并与友军联系。根据敌机昼间侦察频繁，并对地面部队扫射轰炸的情况，我军行动，易于暴露，经参谋长刘墨林请示师长张廷枢后，该团于深夜即以两个营兵力占领长城东西之线，以强有力之一连，守备古北口，并于夜间在山坡倾斜隐蔽处，构筑掩体工事。虽然时值冬末，塞上寒气逼人，但士兵激于报国杀敌之素志，士气高涨，不顾气候之寒冷，不惮行军之疲劳，连夜完成战斗准备，并将部署情况，用电话向师部报告。

翌日晨，师长张廷枢率参谋长刘墨林、参谋处长杨荫东、副官长李伟才及其他随从人员共十余骑，由石匣疾驰古北口，与原驻该地之警备司令赵毅相会。赵毅是张作相的参谋长，保定军官学校毕业。此人是一位久经战阵的宿将，张廷枢对他极为尊重。他对张廷枢指点了一番，张又察看了六三四团占领阵地的情况，即乘马返回石匣师部。

是日上午7时许，日寇飞机三架飞临古北口上空盘旋侦察，并到石匣一带盘旋一周，即向北逸去。8时30分，第六三四团团长贺奎用电话向师参谋长刘墨林报告。8时许，日寇坦克三辆沿公路向古北口窜犯，步兵在坦克之后随行，同时有飞机三架在我军阵地上空侦察扫射，掩护其地面部队前进。敌远程炮亦向我长城之线轰击。我军也用轻重机枪及步枪，开始猛烈还击，阻敌前进，在激战中，并请求师部重炮连迅速进入阵地，协助步兵作战。

参谋长刘墨林接电话后，当面向师长张廷枢报告，并令参谋处草拟命令，令师部炮兵连以急行军速度，向古北口前进，立即派专骑送达。

向古北口正面窜犯之日寇步兵，在飞机坦克掩护下，主力在公路两侧，其零星散兵，利用地形隐蔽，向长城进犯，与我守军开始战斗。由于敌机低空飞行扫射，我军缺乏防空武器，更无飞机参战，所以制空权操于敌手，我军陷于被动。但是六三四团官兵怀着报国守土之决心，不怕牺牲，英勇作战，并把轻重机枪架起，向敌机射击，予敌以极大威胁，使敌机不敢肆无忌惮地低空飞行。

当时正是冬末春初，草木枯凋，伪装掩蔽困难。官兵在阵地上，不敢轻易暴露目标，后方粮弹补给，亦极困难。所以官兵忍饥挨饿，只有吃点随身携带的冻干粮，虽然条件很苦，但士气却很高涨，个个精神抖擞，集中精力，打击进犯之日寇。因为战斗中的前方轻伤员需要及时治疗，重伤员更需送后方疗养，师部军医处及后方医院，即在石匣设立紧急救护站，收容从前方转送来的伤员。当日下午，第二梯队到达石匣。师部命令第六三五团继续向古北口前进，并于古北口以西，右接六三四团，沿长城之线占领阵地，阻击窜犯之敌，并以有力之一部，警戒左翼侧，与师部骑兵连联系，防止敌军包围迂回，确保左侧背之安全。

师部参谋长刘墨林命令师炮兵连，进入古北口地区，在公路一侧选择地形。占领阵地，以主火力支援六三四团之战斗，并于古北口高地，设置观测所，以便指挥火炮作战。师直属部队到达石匣后，即分散于附近村庄宿营，通信连架设线路，以便于师部与各方之联系。

经过一日之战斗，入暮后，日军即停止窜犯，其飞机亦不复活动，战场呈现沉寂。我军乃急速令各连队炊事人员送饭到第一线。

经过一场战斗后，在第一线参战的官兵及指挥作战的参谋人员，摸索到了日寇作战的规律。尤其是日寇飞机每次高空自北而南，越过长城之后，突然转向北飞，俯冲轰炸，掠地扫射，机翼接近长城，欺我中华无人，官兵愤慨之至。师部参谋长刘墨林是日本士官学校毕业，对于日寇的军事理论及作战方法，有较充分的了解。这次在古北口战场上，又经过双方接触，总结出一些作战经验及对敌步空战协同进犯的对策。其办法为：

（一）当敌机出现我阵地上空时，轻重机枪应使用对空高射瞄准器，对之射击，广泛采用此种防空方式，威胁敌机，使其不敢低飞侵扰。其他没有对空任务的人员，一律进入掩蔽部内隐蔽，不得暴露目标。

（二）当敌坦克向我窜犯时，迨至射击有效距离，平射炮、迫击炮及师重炮集中火力，猛烈轰击之，力求将其坦克破坏，然后延伸射程，轰击其随伴步兵。此时并以有效之火力，制压敌炮兵。

（三）当敌步兵接近我阵地前500米左右时，阵地上的守兵即利用阵地设备，发扬火力的最高度，将窜犯之敌杀伤于阵地前。

（四）我军以逸待劳，以静制动，使敌军疲于奔命。在敌我条件优劣悬殊下，全师官兵务须发扬高度爱国热忱，奋勇杀敌。盖一兵一卒之果敢英勇行动，亦足开全军战胜之途。

（五）根据今天的作战经验，并参照以往的作战情况，规定各部队在拂晓前即吃完早饭，并令士兵各带一餐干粮及饮水，昼间一律不再送饭、送水到第一线，以免暴露目标。待至黄昏战斗停止或战斗缓和时，再送晚饭，这样可以避免敌空军对我之轰炸扫射，减少伤亡。

（六）各团、营、连，应尽条件之可能，对人员、武器、阵地进行伪装，以迷惑敌空军，更应积极防空，射击敌机，迫使其不能低飞。

师部参谋长刘墨林并令参谋处将一天以来作战情况，我军部署，敌军进犯等，编写战斗要报，上报北平军分会备案。

第二日凌晨，有日寇飞机三架，飞至古北口上空侦察扫射，历一时许，即行逸去，接着又有敌机三架飞来，继续扫射轰炸，约8时许飞去，如此更番轮替，总有敌机在协助其地面部队作战。敌坦克及随伴步兵，在敌机协同下，亦开始猛烈射击，其步兵向我长城阵地接近，我六三四团及六三五团阵地守兵即开始猛烈还击，敌炮兵也开始向我阵地后方炮兵阵地射击。其随伴坦克之步兵乃分散于公路两倒，形成散兵线，交替射击掩护向南窜犯。我轻重机枪及步枪发扬最高火力，阻击敌人进犯。此时，敌机加紧在我上空扫射投弹，我一方面对地面敌人作战，另一方面还要对空中敌人作战。战至中午，发现敌兵一部向我右翼阵地包围前进。为确保翼侧安全，六三四团团长贺奎，即刻命令配属作战之骑兵连飞驰至五龙山以北地区，登上长城，以猛烈火力射击敌包围部队。出乎敌人意料以外的阻击战，迫使敌人停止行动，不久即转移他去。正面步兵战斗，双方进行至下午4时许，时而激烈，时而缓和。但敌机三架，始终更番轮流在我上空侦察扫射。5时许，枪炮声渐趋沉寂，敌机也飞离我上空而去。

是日中午，第三梯队亦到达石匣，师参谋长刘墨林请示师长张廷枢如何使用该团。师长指示，速令其参加第一线守备，并留置一个营兵力，作为总预备队，机动使用。并调整部署如次：六三四团，即利用夜间，将古北口以西阵地，移交六三五团，抽调之部队，向右延伸，占领阵地。六三五团，将原阵地左翼之一营，接替六三四团阵地，另外抽调有力之一部控制古北口以南地区，机动使用。必要时令其协助古北口守军，务必将接近古北口之敌彻底歼灭，以确保该地之安全。令六三六团之一营为总预备队，位于古北口以南村庄内隐蔽待命。该团即进入长城之线，右连接六三五团，占领制高点六郎庙一带阵地，阻敌南犯。师部工兵连推进至石匣以北村庄待命。师炮兵连应选择有力阵地，适时变换，免为敌炮兵轰击。师部各处及直属部队，留在石匣地区，一律归军械处长周维征统一指挥，准备在必要时参加战斗。本日晨师长张廷枢、参谋长刘墨林率必要人员乘马到古北口一带视察阵地，返回石匣后，闻前方战斗激烈，乃又乘马进至古北口以南村庄师指挥所，待黄昏后返回石匣，拟于明晨即进至师指挥所，指挥前方作战。

本日全师均已到达战场，按照新的部署，占领阵地，准备战斗。

深夜，参谋长令参谋处草拟战斗要报，上报北平军分会。内容主要申述日寇逐次增加兵力，总计使用兵力约有两个大队。据谍报称：进犯古北口之敌，有铃木服师团一部及从承德调来之守备大队，大队长名大井川。据参谋长刘墨林回忆，此人也系日本士官学校毕业生，为人刚愎自用，好大喜功，此人指挥部队，可能尚有激烈的战斗发生。我兵力有限，两日以来，战斗激烈，为确保平津门户，巩固古北口阵地，请求速派增援部队前来，以利尔后之作战，以期必胜。经参谋长刘墨林、师长张廷枢批准后，即上报北平军分会。

该师经过两天的战斗，师长张廷枢判断今天战斗必然更加激烈，令各部队严阵以待。黎明之前，师长、参谋长率作战人员乘马疾驰师指挥所，临行前嘱咐师部后方注意防空，笨重行李、弹药、伤兵，作后送的准备，令师部军械处长预为筹划，待命行动。

昨晚赶到战场的六三六团团长李德明，是由师部副官长新提升的，此人亦系东北陆军讲武堂毕业，新任团长，赶上作战，为报答师长提携之恩，表现了格外的勇敢和积极。他接到师部作战命令时，当即表示，坚决完成任务，以身报国。六三六团是一个历史悠久的部队，原五十九团面旗上带有枪跟标志，表明该团在作战时，英勇善战。当时在东北军里，步兵团是建军单位。团旗是由东北边防军司令长官公署授给的，完全仿效日本由天皇授团旗的做法。李德明接到原五十九团团旗后，心满意足，洋洋自得。平日谨慎小心，严格约束部队，对于师部的命令，绝对服从，尤其对于师长张廷枢，更是感恩戴德，力图报效。师长亦视其为可靠的心腹。李德明对上如此恭顺，但对下则刻薄寡恩。动辄军法从事，责骂惩罚，部下望而生畏，即使对于连、排长级军官，也是说打不饶，说罚不赦，更遑论士兵了。所以全团官兵颇惧其凶威，小心翼翼。此次临阵，李德明最后到达战场，他却要表现一手。师部令该团守备六郎庙，这是个制高点关系重要，为敌我必争之地。是日凌晨，敌机多架飞临上空，除在古北口阵地上盘旋轰炸外，又飞往石匣、密云等地，轰炸我后方城镇及交通要道，阻止我后方辎重车辆之运输。在第一线阵地上，敌军坦克多辆，掩护步兵前进。在公路两侧的山地峡谷，也有敌步兵秘密接近，在步兵尚未接触前，敌人炮兵先开始猛烈射击，制压我炮兵，并以一部分炮火，轰击我步兵阵地，此时敌步兵即借其火力之掩护，向我长城窜犯，战况十分激烈。各团纷纷向师部报告战况，参谋长刘墨林忙于指挥，对于各团电话也应接不暇，师长张廷枢表现很着急。在电话上告知各团长要督率官兵，坚持苦战，北平方面援军已向北急进中，我们能守住古北口，不使敌人越过长城之线即可。由晨至午，战斗一直在激烈进行中。

中午时刻，朔风怒吼，飞沙走石，塞上残雪未融，寒风刺骨。在国家民族生死存亡的关头，官兵奋勇作战，勠力杀敌，忍饥挨饿，战强敌，抗严寒，表现了中华男儿保国抗战之决心。不料在午刻稍过，第六三五团指挥所出入人员较多，为敌机侦知。团长白玉麟身披斗篷，视察战况，被敌机发现，于是数架敌机，集中轰炸该团指挥所。团长、团副及随从人员，乃分散躲避，六三五团上校团长白玉麟不幸被敌机炸伤，由于伤势极重，当场阵亡。其随从人员也伤亡数人。由于团长阵亡，六三五团阵地上顿呈混乱，失去指挥中心，师长张廷枢、参谋长刘墨林据报后，立刻步出指挥所，想到六三五团阵地上督战，值敌机在上空盘旋侦察，寻找目标，行动困难，乃暂避于民房内。

此时，六三六团阵地亦遭日寇猛攻，团长李德明令第一营营长阎绍先督率所部坚守制高点六郎庙，与敌展开激烈战斗。该团第一营第一连连长安德海（外号叫安大楞），挺身直立于城墙上，指挥士兵作战，被日寇击伤腰部。团长唯恐寡不敌众，又令第三营营长崔惠民抽派一个强有力的连增援第一营守备，该营派出第十一连增援，第十一连有个行伍出身的排长，没有文化，善于作战，年近40，总升不上去，因为这个师大部军官都是东北讲武堂毕业，行伍出身的军官，在平时考试就被淘汰了，第十一连连长刘永祥也是当了连长多年，对他这个年老的排长寇德增推崇备至，因为一到战时，行伍出身的军官就有了用武之地。此时第十一连奉命增援六郎庙，寇德增及连长身先士卒，爬上高地，举着手枪挥令士兵跟着他跑步冲锋，全连100余人，蜂拥而上，迅速以步机枪火力及手榴弹对日寇猛烈还击，杀声震谷，气壮河山。日寇又复增兵，与我争夺高地，数次较量，失而复得，血染长城，碧血似丹，战况惨烈，已达极点。我军因受敌机扰乱，昼间不能补充弹药，当手榴弹缺乏之际，以拳石投击日寇。因两军相距甚近，敌炮兵及飞机亦不敢轰击。在六三六团阵地上，第一营及第三营官兵顽强战斗，迫使日寇遗尸山谷，难以得逞，最后不得不退却败北。由于该团英勇作战，取得固守阵地之胜利，为中华民族增长了志气。师长张廷枢在电话里批准六三六团团长李德明之请求，令作战有功之高海山升任第一营第一连连长，十一连少尉排长寇德增立即升任中尉排长，以俟战役结束，再行加官晋升。

是日战斗，敌寇攻击重点在六三六团阵地上，所以该团战斗激烈。而六三五团在中央阵地，由于敌机肆虐，团长阵亡，该团战况也相当激烈。只是六三四团方面，不是敌人主攻方面，所以战况比较缓和。

师长张廷枢闻知六三五团团长阵亡消息，协同参谋长对刘墨林乘敌机远去之隙，即亲至阵地看望，极表悲痛，令该团人员收殓尸体后送，并令中校团副暂行代理团长职务，继续指挥作战。

经过将近一天的战斗，日寇终未得逞，只是遗尸山谷，败退而北。迄黄昏时分，战况转趋沉寂。师长张廷枢急电北平，命张作相报告阵亡团长一员，官兵伤亡不少，战况十分激烈，必须增兵固守。否则古北口势难长久确保。又将本日作战战况，由参谋处拟具作战要报，上报北平军分会。是夜即接到北平军分会复电，大意为该师在古北口奋勇作战，迭挫敌锋，固守阵地，巩固平津，安定人心，至为欣慰。

夜深后，师长张廷枢、参谋长刘墨林及随从人员，乘马飞驰回到石匣师部，师长张廷枢又连续接到北平长途电话，是父帅张作相来的，指示张廷枢相机行事，中央军二十五师即到达古北口接防。张廷枢当即令参谋长刘墨林用电话对各团下达命令，大意为：本师连日苦战，阻敌南犯，现任务完成，着命该团立刻转移至石匣集结。按六三四团、六三五团、六三六团之序列，向昌平前进。各团、营、连主官切实掌握部队，行动要迅速秘密，各部队务须在天明以前赶到石匣附近，不得延误。

参谋长刘墨林另召集部各处长及直属部队长，当面指示，由石匣立即向南转移，在行进途中，注意防空，所有师部人员均归军械处长周维徵指挥，立即开始行动。

另外张廷枢又与古北口警备司令赵毅通电话。赵毅指示该师行动宜迅速，途中如遇敌机，须迅速疏散隐蔽，以减少无谓牺牲，并指示张廷枢于夜间乘马疾驰，各部队应分为若干梯队，利用夜行军脱离战场，过密云以后，再行集结前进。

该师所属之三个团及师直属部队，遵照师部指示，于是日夜间从古北口撤退南下，由于师部命令紧迫，又是在夜间行军，所以三个团在古北口至石匣的公路上，人马车辆及炮兵部队，混乱不堪，这40华里的公路两侧，拥满若干路的行军纵队，因系夜暗，敌机不能出动侦察轰炸，同时该师的撤退，出于临时决策，敌人尚未获悉，所以经过一夜的混乱退却，迄翌日拂晓，部队均到达石匣地区，然后按照师部规定的行军序列，每一个步兵营为一个梯队，分散前进，以减少目标。

当3月26日，该师行抵石匣、密云之间，遇到中央军第二十五师先头部队向北前进，据说二十五师也南方调来，士兵均着极薄的衣服，赤脚穿着草鞋，说话都是南方口音，这个部队装备很好，武器精良，遇到一一二师部队后，他们便询问古北口情况，问距离多少路，那里战况如何，日寇有多大兵力，谁在那里负责指挥作战等等。因为口音不同，说话大部分听不懂，也无人回答。因为他们奉令急行军到古北口参战，所以昼夜兼程前进，虽然有些疲劳，但士气旺盛，精神振奋。盖由于日寇侵我河山，凡是中华儿女，莫不切齿痛恨，保国卫民，人人有责，北上抗战，实乃莫大光荣，所以二十五师的官兵与全国人民同呼吸、共命运，地北天南，人同此心。

第一一二师经过三天对日寇作战，赖官兵之英勇奋战，予敌以重创，敌寇每次窜犯，均有尸体狼藉山谷。但敌人武器装备比较优良，又有空军坦克助战，我方也蒙受较大损失，第六三五团上校团长白玉麟阵亡，说明了战况之激烈。一一二师经历了五天多的行军，长途跋涉，约于3月底抵达休整地区昌平县。

师长张廷枢率领参谋长刘墨林及作战随从人员有50余骑，由石匣向怀柔行动，利用夜间，乘马疾驰，过怀柔后，即改为白天行动，每日行程七八十里，先头部队到达昌平县境，师部驻于昌平县县党部院内，稍事休息，即有由北平开来之小汽车，迎接师长张廷枢到北平休息，师长临行嘱咐参谋长刘墨林俟部队到达后，先行休整，尔后行动，容由平返回再议。张廷枢即乘小汽车，另有大卡车一辆，随行人员乘坐随行，疾驰赴北平公馆，先晋谒父帅张作相，面禀古北口作战情况及部队行动。次日又至北平军分会，报告古北口作战经过。军分会指示：你们师这次古北口作战打得很激烈，伤亡也不小，能守住了古北口，对安定平津方面的人心，起了很好的作用。只是再多坚守一两天，等到接防的第二十五师到达后，然后行动为佳。

经过了几天激烈战斗，日寇方面也感到屯兵于长城之下，进展不易，故停止了进攻。我方有古北口警备部队扼要警戒，古北口屹立无恙。

约4月初，师长张廷枢乘汽车返回昌平驻地，有师参谋长及各团团长、师部各处长、昌平县县长、昌平县党部书记等人，在城外摆队相迎。张廷枢与迎接的人一一握手道谢，缓步进城。此时城内贴满了红绿色的标语，主要是对张廷枢的颂扬，张廷枢率领一一二师古北口抗战，至此告一段落。

高福源

“避免冲突”不是好办法，要避免不了怎么办呢？我看不能这样对待，我们应积极准备起来，现在部队大部分进关了，我们要发动民众，日本搞，我们就打！

- 1901 年生，字绍卿，辽宁营口人。
- 1923 年，放弃北京大学的学业，考入东北讲武堂第三期步兵科学习。
- 1925 年，升入讲武堂高等军事研究班。
- 1933 年，率部参加长城抗战。
- 1935 年，被红军俘虏，送至东北军军官政治学习班学习。
- 1936 年 7 月，参加东北军抗日同志会。西安事变前夕，晋升少将，接任一〇五师第一旅旅长。
- 1937 年 2 月 5 日，奉命回西安办事，被误认其与王以哲被害事件有关，错遭杀害。

我所知道的高福源

李树桂

高福源，字少卿，辽宁省营口县马家屯（今营口市大石桥市博洛浦镇）人。1901年生，1937年2月逝世。其祖父曾当过旧军官（营长）。家有土地6亩9分，房21间。其妻许芝瑶是同乡人，后又纳一理发工人为妾；妻妾从未在一起生活过。高是个瘦长个子，因幼患鼠疮，脖子上留有疤痕，所以外号叫“高疤拉脖子”。他说话口音是东北土腔。他先后毕业于东三省陆军军士教导队第一期、东北陆军讲武堂第五期、东北陆军高等军事研究班第三期。他在校成绩优异，头脑聪敏，处事果断，颇得本班教官的宠信。毕业后，被调到东北军第七旅任营长、团附等职。1933年初，第六十七军成立，他被调到军部参谋处任上校处长，深受军长王以哲的信任和倚重。1934年末，被调到六十七军一〇七师六一九团任团长。

我与高福源同念三个军校，三次同班同学，毕业以后共事多年，官阶也基本相同。在念书和任职期间，我俩始终过往甚密，有事爱在一起商量，也常发生辩论，但从没疏远过，所以他的性格、为人和思想变化过程我是清楚的。

高福源

痛恨日本侵占东北

九一八事变以前，我俩同属张作霖、张学良父子的警卫旅，即东北陆军独立第七旅的中级军官，驻防在沈阳北大营。那时，高福源就经常对日本在东北的侵略行径表示愤慨。他家属住在盖县，因在南满铁路日租界地受日本人的凌辱，他曾几次想前去报复，经同学劝阻才作罢。九一八事变时，他对第七旅服从蒋介石“不准抵抗”的命令，忍受伤亡主动撤退的行动表示不满，经常发牢骚。有一次曾对我说：“什么要惹起外交事件？什么抛家为国？咱们是上了蒋介石的当了。全国老百姓都骂我们东北军太没骨头了。”还经常打听被抛弃在东北故乡的父老亲属的消息。每当听到日军在东北的残暴罪行时，他总流露出愤恨的表情。当伪满洲国成立的消息传来时，他对日本帝国主义和蒋介石骂不绝口。在东北军中、下级军官里，他的这种忧国忧民的表现在当时也是很突出的。

厌恶内战

当东北军受命在陕甘苏区对红军进攻时，他思乡恨蒋的情绪更加强烈。在一次与红军作战的行军路上，我俩骑马并行，闲谈中他指着村镇的墙壁、树干上红军留下的几条标语“中国人不打中国人！”“停止内战，枪口对外！”“团结起来，打回老家去！”对我说：“这有什么不好呢？红军根本没惹我们，是谁把我们从家乡赶出来的，我们就应当去打谁！”当东北军一一〇师在大小劳山被红军打得惨败后，在一次闲谈中他又对我说：“蒋介石是在借刀杀人哪！”

高福源的这些话，反映了当时广大东北军官兵厌战、怠战、反战的思想情绪。东北军和红军作战，每次交锋，不仅连遭失败，而且越打越觉悟，越同情红军。在这种情况下，高福源率六一九团参加了榆林桥战斗（榆林桥现改为通镇），被红军俘虏。

在榆林桥战斗中被俘

榆林桥战斗及高福源被俘的经过是这样的：为了预防红军第十五军团在大败东北军一一〇师后乘胜南下，当时驻防在鄜县（今富县）周围的一〇七师，以六二〇团和六二一团为驻守部队；而高福源率领的六一九团则作为师的前哨被派驻在鄜县和甘泉县中间的榆林桥镇，筑公路、修碉堡。

由于一一〇师在劳山惨败的影响，一〇七师全体官兵，无不人心惶惶，惊恐万状，师长刘翰东除令各团严加防范，不得疏忽外，还特派我（当时任师代参谋长）率少校参谋那钟芳，驰赴榆林桥镇，协助高福源具体策划，布置防务，以期万全。巡视高桥镇周围地形回来后，我们便根据地形特点和国民党军的一贯战术作了如下部署：主要山顶修一“母碉”，配备迫击炮和重机枪，驻兵一连；次要的山顶修一“子碉”，驻兵一排，并储存充足的粮、弹、水，以防万一；在隐蔽地方，还修了些暗堡，这样就能形成交叉火力网，互相支援，封锁公路和河谷；各碉堡前还遍设铁丝网、壕沟和障碍物，并有流动哨、潜伏哨等；还决定派出谍报人员，前往刺探红军消息。如此决定后，我便画了一张防御图，带回向师长报告。记得，与高福源分手的时候，他曾悲观地对我说：“就凭我这一个团，够呛啊，听天由命吧！但愿不要白白牺牲在这里。”由于他表情十分忧虑，所以迄今，我仍记忆犹新。

翌日，接到该团正式报告，并附略图一份，基本和我那张一样，师长立即给予批转。当时，我和师长都认为：这种地形和工事加上高团的善战，榆林桥的防务问题不大。而且，我们还有一种错误判断：红军第十五军团，刚在劳山附近打了个大胜仗，急需处理战后事宜和休整，同时还要准备迎接即将到达陕北的主力红军，所以暂时不可能向我发动大规模进攻。哪知，第三天夜里，榆林桥方面的战斗就打响了。

翌日拂晓前，鄜县北城门的哨兵报告："有六一九团的溃兵，前来叫城。"我立即率参谋、副官等人登城楼，向下问明所属营连姓名等；其中几个，大家认得，是经常来师部办事的，一个是六一九团的传令兵，一个是一营的排长。经确认无误，才开城门放入，经我一并领到师部和师长一同盘问。

据六一九团的传令兵讲：昨晚约10时左右，团长和团附正在室内议事，突然团部后面枪响，子弹从团长室的后窗射入，幸没伤人。继而，后山响起了猛烈的手榴弹的爆炸声。团长立即熄灭灯火，同团附及卫士冲到院内。发现后山顶的碉堡已被红军占领，正向团部院内射击。团长当即命令，负责警卫的一连，向山上反攻，夺回碉堡。当一连冲锋时，团长曾赶回屋里打了一会电话。团长从屋里出来时，一连已被红军击退，正利用地形和院墙进行固守。但红军很快就冲到了近前。院内枪声密集，手榴弹不停地在院内爆炸，士兵无法立足，终于四散奔逃。接着，响起了红军的"缴枪不杀""优待俘虏"等口号声。士兵一看大势已去，无心恋战，便纷纷举枪投降。回来的传令兵跑到院外凹地里隐蔽，所以没引起红军的注意，等大部分红军进院收枪时，才逃出来的。告师长问及高团长时，他说："团长最初在卫队中，成了红军包围和注意的中心，只听见有人喊'有疤拉脖子的就是高团长，可别让他跑了'。恐怕不是中弹牺牲，就是被俘了，接着我和师长又询问其他的士兵，情况大致相同。

最使我和师长震惊的是，这次战斗过程中所暴露出来的东北军官兵士气的低落：他们大多数人，当红军包围和打进来时，并不认真地还击和抵抗，有的干脆一枪没放，有的一听喊话就投降了，有的甚至帮助红军查找当官的。

当我们问到红军兵力时，回来的溃兵都异口同声地说："多得很！暗夜虽看不真切，但听到满山遍野都有红军的声音，其中还有很多手持大刀、长矛的老百姓。"

后来陆续逃回来的溃兵，都证实了上述的情况。不久，由红军释放回来的士兵，带来了高福源在战场被活捉、现在陕北红军总部接受教育的确实情况。

沟通东北军与红军的联系

1936年1月，高福源经共产党教育三个月以后接受了中共停止内战、一致抗日的主张，并认为张学良及六十七军军长王以哲都要求抗日，可以合作抗日，他主动回到洛川做劝说工作。他在途经鄜县一〇七师驻地时，被哨兵盘查阻留。哨兵向师部报告："高福源说有紧要事要求直接去洛川军部，面见军长。"并说："高团长只孤身一人，穿红军棉袄，没带武器。"师长略一沉思，便说："不要阻难他，让他去好了。"这样，高福源就直接见了军长王以哲。后来听军长的秘书说，军长和他谈了一天一夜，最后写了封亲笔信，让他去西安面见张学良将军。不久，张学良飞到洛川同军长王以哲一起与陕北来的李克农先生密谈很久，和共产党取得了秘密的正式联系，导致4月9日周恩来副主席和张学良将军在肤施天主教堂进行面谈。并得知他在陕北期间曾亲受周恩来副主席的多次教诲和开导，思想发生了重大的变化。高福源释放归来后成了东北军和红军联系的重要人物，也是张学良将军和红军联系的唯一的东北军人物，很受周恩来和张学良将军的赏识。接着就传闻：东北军与红军不打了，要共同抗日，打回东北。这些，在东北军中、上层军官中引起极大震动。

由于双方代表接触频繁，陕北人员及运输车队，在东北军防地已畅通无阻，两方也很少发生战事了。

高福源和其他被俘的大批官兵被宽大释放的消息，不胫而走，产生了极大的影响。他们都成了红军的义务宣传员，他们以亲身经历证明红军确实是主张中国人不打中国人的，红军是优待战俘、仁义待人的。特别是红军的民主作风、官兵平等、和人民群众的鱼水关系，都在东北军中产生了很大震动，增强了对红军的好感和信任；同时也增加了东北军官兵对蒋介石的反感和憎恨。于是便发生了两军士兵在阵前交换礼品，物资上的互相支援乃至自发的联欢等事情。我所在的一〇七师，这种事情就屡有发生。正是由于这种军心民意的酝酿，不久就成为一种重大的压力，终于促使张学良、杨虎城两将军在苦劝无效后，进行“兵谏”，发动了震惊中外的西安事变。而高福源对西安事变的发动，对红军和东北军、西北军“三位一体”的抗日统一战线的成功，则做出了贡献。

1936 年下半年，高福源被张学良将军提升为少将高参。在西安事变前夕，调到一〇五师刘多荃部任第一旅旅长，驻潼关、华阴最前线，和南京部队对峙，对蒋军寸步不让。

1937 年 2 月，由于张学良将军在南京被监禁，在蒋介石的分化瓦解下，东北军内部产生了分裂。在王以哲将军被刺不久，师长刘多荃（驻西安附近）忽然电召高福源到师部开会，高福源路经渭南时，受到本师第二旅旅长葛晏春（少壮派成员）的招待。午餐期间，葛晏春接电话，回来当高面说：“刚才接到师长电话，令我将你立即逮捕，就地处决！”于是，预先埋伏好的士兵蜂拥而上，将高福源绑架至院内枪杀。究竟是上边的指使，还是葛晏春的阴谋？究竟是政治谋杀，还是私仇？当时，我们猜测纷纷，迄今仍是个谜。

思想和性格

现在回想起来，高福源所以能够由一个反动军官转而站到反蒋抗日一边，并竭尽全力为推动张学良接受共产党的抗日民族统一战线的政策做出自己的贡献，固然是共产党的政策正确，所作所为深感人心，以及当时的客观形势影响所致。但高福源个人的思想状况和性格素质，也是一个不可忽视的因素。

在讲武堂学习和受训的几年同学里，我觉得，他是这批学生里最有才华、有头脑，性格也最特殊的人物之一。比如，对郭松龄倒戈，他就有自己独特的见解，他不认为郭松龄是忘恩负义、叛变篡位，而认为郭有许多优点和值得敬佩的地方。他曾对我说过："郭松龄是个清官儒将，咱们这样的军队还真的需要这样的人治一治。"当闻听张学良在张作霖面前苦苦为郭松龄夫妻求情，免其一死时，高福源曾感动地说："少帅真是个热心肠的人呵！"

高福源还是一个敏于接受新思想、新事物的人。他很关心外国的军事发展动向，喜爱看一些最新技术资料。有一次，他对我说："外国战争都立体化了（陆海空），而我们还只能打平面战，哪有不吃亏之理。"虽然当时我们学的军事课大都是日本式的教材，他的成绩也是优等，可是他对日本军讲理论并不十分佩服，认为其他先进国家的理论也应学一学。对我们自己国家的历史军事经验，却往往采取轻视的态度，认为那是过时了。所以，在遇到红军土生土长的打法时，感到不知所措，难以应付。劳山战役后，他对红军产生了畏惧心理，并对"围剿"红军产生了悲观情绪。

他与东北军一般军官在思想上有一个显著的不同点是，对张作霖一贯宣扬、倡导的“哥们义气”持否定态度。在一次散步闲谈时，他曾对我说过这样一些话：“古代以结义成势力，打天下；现在以政党、以思想和纲领成势力，打天下。”他说，“《三国演义》，刘备起在‘义’字，败在‘义’字，到底是孔明成就了他的事业。”他不喜交往，知心朋友很少。对同伴显得孤高，对部下显得刻薄而寡恩。对上级只对王以哲信任交好，对师长刘翰东这个顶头上司，往往进行顶撞。由于上面有军长王以哲的庇护，和刘翰东的憨厚容忍（外号刘坛肉），所以他干得还得心应手，使他的团成为六十七军的最精锐的一个团。但他对部下的严苛，在失败时就显出恶果了，在榆林桥战斗他被包围时，他的部下一看大势已去，便纷纷离弃了他，并在他被俘时向红军检举他。王以哲曾说他“恃才独断，恐招人怨”，这话是有道理的。

他的口才和雄辩是我们大家公认的。他有一种在急迫情况下能用几句话说出自己想法的本领，所以对同学和对部下，他有用语言“弹压”人的现象。记得在军校时，同学们往往分成两伙，对某一问题进行“抬杠”，在开始时，高福源往往故不作声，观察动静，等到火候一到，他抓住时机，只几句话，常常将对方驳得哑口无言，呆住半晌。就是在没理的时候，他也能这样。正是他的军事素质好又加上有口才，所以在军校时，就深得王以哲的垂青，王曾几次和他攀谈，在他毕业后，点名把他要到旅司令部在身边供职。

他的家乡观念是十分重的。盼家信、想家信，一提起家乡就眉飞色舞，对亲戚和家乡的人和事，他都乐于去办。这种恋家乡的心情，在九一八事变后，转而变成一种十分沉重的忧虑。他的反蒋抗日思想，主要是由此而发。

后　记

1981 年夏末的一天晚上，高福源的次子高本堂向我了解其父高福源在东北军的情况，我当即一一告诉了他。1982 年 1 月末，高本堂又来访，说其父高福源的事已经澄清，被定为革命烈士，家属定为烈属。高福源的遗骨，被安葬到陕西省革命烈士陵园内。吉林省人民政府给高家颁发了光荣证明书。言谈之中，其对党和政府充满了深深的感激之情。

杨正治

全国人民纷纷要求抗日，东北各地义勇军风起云涌地组织起来，我们若不抗日，就站不住脚。

- 1896 年生，字安铭，湖南桃源人。
- 1917 年 6 月，考入日本陆军士官学校第十二期学习。
- 1920 年，任保定陆军军官学校复校筹委会委员。
- 1927 年春，任奉军第十军二十六师师长。
- 1933 年 2 月，任华北地区第四军团中将参谋长，参加热河抗战。同年 3 月，任第五十三军代军长兼一〇八师师长，参加长城抗战。
- 1935 年 7 月 17 日，因长城抗战中御敌有功，获颁青天白日勋章。
- 1971 年，病逝于宁夏银川。

五十三军长城抗日记

杨正治

热河国防阵地的侦察

1931年底锦州沦陷之前约半月，在那里的文武两行署“辽宁省政府行署”和“东北边防军司令长官行署”（我曾任行署副官处少将处长）一同撤销。我回到北平，充当“北平绥靖公署”少将参事。1932年春随着商震所率的校阅团（商是校阅委员会的委员长，我当校阅主任）去到冀中的高阳、肃宁、河间、安国等处校阅各地驻军庞炳勋部两个旅和沈克的一个旅，说是准备抗日。同年夏六七月间，张学良派我率领以步炮工三兵科军官——李树桂、宋学礼、王德新、阎盛华等20余人组成的地形侦察组赴热河境内侦察地形，选定国防阵地，以作抗日的准备。我们由北平乘汽车出发，经密云石匣出古北口。长城自东来经古北口随山势高低蜿蜒西去，于此筑有瓮城以为侧防。居民住户在口内。口系两山峭壁对峙形成，有如人工劈山凿开者然。这一带地形险要，北面陡峻，守易攻难。溪河（潮白河支流）经长城脚下北向流去，无缺水之患。当天经滦平涉滦河到达热河省会承德。承德建有避暑山庄，为清帝避暑和狩猎之处。昔为都统署所在，这时系热河省政府。围场内有“八景”，其中有温热泉水汩汩流出，热河之得名源于此（辞源作武列水，而我们当时所见如此）。

我于承德旧行宫见过热河省主席汤玉麟后，他派员招待我们，并通知了各县、乡、镇地方官吏，对我们这一侦察给予便利和保护。于是，我按照出发前“绥署”参谋长荣臻在地图上计划和初步决定的阵地线，与余组人员共同研究之后，就雇了二十几头毛驴乘骑和驮着行李出发，跋山涉水，走乡村，钻山沟，攀峭壁履巉崖，对照地图，描绘现地地形，并以照相作补助来选定何处可以作为步兵阵地线，何处可以作为炮兵阵地，以及进入阵地的通路和战场交通等情况，皆一一绘在图上。沿途所经各村镇，哪儿可以驻多少队伍，哪儿可以补给粮秣，供应柴草，给水情况以及民间车马可征发的程度，后方交通通信情形等等，都一一记载，或加以说明。如此奔波两个多月，分别绘就整个的或部分的要图，重要的地方还附贴上照片来显示现地实况。回忆一下那时所到之处，则为承德—上（下）板城—新杖子—榆树沟—沟门子—叨尔登—莽牛营子—黑山科—百牛群—汤道河—双山子—大杖子—肖家营，进冷口，经建昌营、迁安到滦州车站，然后乘火车回北平。在上述各地侦察的结果，选定了三道防线，其中包括在五指山（标高或为 1677 米），主观上认为这里较为适当，或较为重要的防线。

我所率侦察组的成员系由各部队（机关）临时调用的军官，回到北平后，解散组织，各回其原单位。我见过参谋长荣臻和张副司令（学良）陈述热河侦察经过，呈出所绘制的几份要图和长篇说明书，张交有关单位核议办理。若干日后，我又见张学良。据张言，所选三道防线，大致可用，唯经有关单位的核计，如构筑这三道防线（仅作野战工事，加上交通设备）至少需要十几万元，曾经和宋部长（行政院长兼财政部长宋子文，当时正在北平）商谈过，他说：“不必吧！以免打草惊蛇。”所谓准备热河抗日，如是而已。

张学良、宋子文联袂到承德

我从热河回北平不到三天，即奉张学良之命，再度出古北口赴热河，与汤玉麟商谈增派东北军和其他军队进入热河的问题。到承德那天下午7时，汤玉麟就约我到他的衙署内吃晚饭。饭后，我首先打开话匣子，从国际形势——“国联”不可靠，日军要吞噬全中国；和国内形势——全国人民纷纷要求抗日，东北各地义勇军风起云涌地组织起来，我们若不抗日，就站不住脚。东北军或其他军队（宋哲元、庞炳勋、商震等部队）必须开一些队伍进热河，与热河的军队共同作战，若果单靠热河一方面来干，就会被关东军白白吃掉，弄到丧师辱国……这一些话，老汤哪里听得进耳，借着酒兴，大发牢骚，说：“张汉卿对不起我，没把我这老辈瞧在眼里，光听小话，给我穿‘小鞋’。我姓汤的总算对得起老张家，对得起良心吧！”这老家伙越说越上火儿，我紧紧地插言道：“主席！请您别多心。副司令如果不把你老瞧在眼里甩了的话，就不会专派我来向你老领教，请你老想办法了！……”以下我又说了些国家利益，民族存亡的利害等等，汤仍是听不进去。于是我变更了谈话方法，对汤玉麟说道：“你老知道桃园三结义的故事吗？”汤答道：“那谁不知道！”我继续道：“好嘛！人生在世，忠义为本，你老跟张大元帅（张作霖）是把兄弟，结过兰谱，难道没有想到义气二字吗？张大元帅死了，现在您不扶保他的儿子（学良）创立基业，还要拆他的台，这算哪一份儿？刘玄德临死告诉诸葛孔明说，我的儿子阿斗不成材，可辅则辅之，不可辅则取而代之。孔明终于鞠躬尽瘁，死而后已。……”汤连道：“是，是，是！”我看这老家伙吃硬不吃软，又紧钉一步地说道：“我生在湖南，长在东北，东北是我的故乡。以我的省籍和学历，九一八之后，我若回到南方，不愁找不到一个少将当。我现在还待在这里没走，一方面是感到十年来受老张的恩惠，不忍见利忘义，一方面觉着日本侵略这份窝囊气难受，要跟它拼一拼。难道你老愿意受这股子闷气吗？难道你老还不如我这小孩子吗？……”这一席话，果然生效，汤的所谓郁气，逐渐舒展下来，连说：“对，对，对！”接着问我道：“那你看该怎么办呢？”我答道：“那只有听副司令的指挥，有事大家商量，和衷共济地去办。”汤即接言道：“是啊！我有许多事要同副司令当面商量，就是忙的挪不开身。”其实他是不敢去北平，害怕张学良扣留他。我说：“那不要紧，只要你们老二位肯携手，我回去请副司令亲自来一趟。”汤喜出望外地站起来说道：“真的吗？那好极啦！”于是我同他达成初步协议：东北军或其他军队，为了抗击侵入热河境内的日军，可以从长城各口开进热河东部，而不直接开入承德附近。这显然是怕端他的老窝。于是，汤玉麟派刘参议偕我于翌日回到北平，刘算是汤的“迎驾代表”。

当我回到北平向张学良复命，陈述同汤玉麟谈话情形时，张表现惊异和欣慰。当我要求他“枉驾”前去与汤会谈来解决一切问题时，他不假思索地欣然应允说：“可以！”并且还说要邀宋子文同去。当时我也忖想有此必要。因为与汤玉麟会见之后，汤必然提出要钱，那就与这位财政部部长相关啰！所以我当时也说：“很好！”

我回到北平的第三天，即陪张（学良）宋（子文）带着随从官员和卫士二十几人，分乘五六辆汽车浩浩荡荡由故都北平赴热河省会承德。先日得到电报的汤玉麟，届时率其所属文武官吏与地方士绅，在森严警卫下，郊迎了十几里，同到热河旧行宫，假往昔清帝观剧的戏台前厅大排筵宴。汤于席间简单致欢迎词，表示愿意在张副司令的领导下来共同抗日。张亦说了些希望大家“和衷共济，上下团结，努力抗日，打回老家去”的话。宴罢，到汤的衙署内下榻。当晚，张、宋与汤作长时间谈话，汤要钱（数目不详）要械弹，多多少少达到愿望。汤答应东北军或其他部队可以从河北东部长城各口（义院口、喜峰口、冷口等）开入热河东境，以防止日军入侵。翌日游览一天。第三天清晨，我仍陪张（学良）宋（子文）等人乘汽车从承德回到北平。

北平军委分会成立与榆关失守

1932年夏末秋初，“北平绥靖公署”改组为“军事委员会北平分会”，张学良以副司令头衔充当分会代理委员长。整个“军委分会”的编制和人员，大致如下：

军事委员分会委员有万福麟、荣臻、刘一飞、周濂、鲍文樾、邹作华、张作相、汤玉麟等。

总参议万福麟，参谋长荣臻，秘书长王树翰，办公厅主任鲍文樾，副主任叶弼亮（乃忱）

第一处（参谋）中将处长王以哲，少将副处长陈钦若（筱秋）。辖

第一组（谍报）少将组长杨正治（安铭），上校副组长齐家珍（亚铎）

第一科上校科长陈昶新

第二科上校科长刘广仁

第二组（作战）少将组长金元铮，上校副组长何宏远

第一科上校科长杜长龄

第二科上校科长于凯

第三组（交通）少将组长蒋文武，上校副组长周永业。第二处（军务）中将处长周濂，少将副处长冯秉权。辖

第四组（航警）少将组长宋武善（庆馀）

第五组（人事）少将组长张金相

第六组（军械）少将组长马北琦

第七组（马政）少将组长曾广麟（绶卿）

第八组（军医）少将组长刘荣绶

第三处（总务）中将组长黄师岳，少将副处长高胜岳。辖

第九组（军需）少将组长沈振荣（百苐）

第十组（航空）少将组长徐英（泽普）

第十一组（外事）少将组长沈祖同

第十二组（军法）少将组长颜文海（百川）

这年12月上旬，日军炮击榆关，后来经过交涉，对方以“误会”二字搪塞敷衍个把月，及至1933年1月1日，日军进攻山海关，3日临榆失陷，全国震动，这才知道日帝的狼子野心，并不以霸占东北三省为满足。此时全国上下纷纷要求抗日，各地慰劳团体到榆关，以金钱物品对前线将士进行慰问者肩踵相接。张学良亦派我到海阳镇何柱国的司令部慰问，并了解情况。当晚，我与何在长谈中，谈到沈阳兵工厂丢失，械弹没有来源，蒋介石对东北军未予补充，兵源枯涸；宋子文不肯拿出钱来。人、财、物三者俱不凑手，这个仗怎么打呢？不过，当时何柱国由于抗日气氛的压力和各地慰劳团体纷至沓来的鼓舞，想做个抗日英雄而表示要尽现有家底儿干一下。这时何所统率的部队，因为他充任临永警备司令（警备区域为临榆、抚宁、卢龙、昌黎、迁安五县）除了自己原长东北军步兵第九旅外，还有步兵第十二旅、骑兵第三旅和炮兵第十三团（原炮七旅）。尽管他想干一下，可是三天丢掉了“天下第一关”，退守长城义院口至北戴河一线。这是热河战前的一般情况。

热河沦陷

1933年春节（元月26日）过后，日军从辽宁省锦（州）朝（阳）路侵入热河东境地区的谍报传来，北平军委分会的人们着了慌。2月上旬某日晚饭后，张学良召我到他的官邸，先领我看看放在他的卧室外间

刚从外国买来的电气操纵高射炮，然后入其卧室，对我说道：“日军真的要打进热河来了，我们不干不行啦！我请示了委员长，先成立华北第四军团，辖第五十三、第二十九两个军，派万福麟当军团总指挥，打算派你当他的参谋长（中将）兼第五十三军副军长。不过，老万一下不能离开北平，你去指挥队伍，第五十三军和宋明轩（哲元）的第二十九军摆在口外热河东部，第二十九军在右，第五十三军在左。你跟荣参谋长研究一下，这两个军的队伍怎样协同作战？中间不要发生空隙才好……”

1933年2月，根据军事委员会的指示，东北军的旅一律改称为师。即于原来独立旅番号之前加上一百，如独立步兵第八旅改称为一〇八师，事实上无所增减。此时开出长城口外进热河东境的有第一一六师、第一一九师、第一〇八师和第一二九师、第一三〇师等。这几个师均归第四军团指挥。3月2日，我带着少校参谋赵金铎、刘清昶二员及随从副官一名出发，乘火车离北平，先到海阳镇与新编的第五十七军军长何柱国晤面，了解该军各部队——第一〇九师（何兼师长）、一二〇师（师长常经武）、第一一五师（师长姚东藩）以及骑炮兵各一部布防情形，获悉宋哲元的第二十九军尚未出口，现在口外布防的只有东北军上述五个师，各配属些山炮。第二天，我离开海阳镇到昌黎县，县长替我们雇了毛驴，骑着出义院口。当晚抵达龙王庙，第一一六师部与该师师长缪澂流相晤，就地图研究了该师各团的部署情形。对于日军方面，只知道它已经在我军正面展开，准备向我进攻。至于它的兵力和部队番号，还是模糊的。翌日，改换乘马出义院口，经行崎岖起伏的山道，当天黄昏，我们抵达距龙王庙约70里的喇嘛洞，与第一〇八师刘元勋团长相晤。据称：东北军各部队开抵热河境内后，由于天寒地冻，积雪没胫，阵地工事构筑困难，只是简单地挖掘些个体散兵坑，很少掘成正式的整然的散兵壕。因此，对于固守没有很大把握。这几日来，前线除了担任搜索的小部队与日军不断交火外，还没有大规模的激烈战斗。刘团团部架有电话线同第一一九师和第一〇八师（两师部在一起）相通。当晚，我与两师长孙德荃、丁喜春在电话中做了长谈，了解了他们两师的部署情况，因而约定他俩于翌日正午前在公营子（凌源县南）相会，以便调整其部署，第二天拂晓，我带着官兵二十几人于大雪纷飞中由喇嘛洞出发北进，及午时左右，行至距公营子约里许处，忽闻汽车马达声，继见公路上有汽车从东向西驶，车上插有日本旗，隐约见日军大兵坐在车内，枪支树立于车缘外，才悟到我军早已退下来，日兵正乘汽车追击。这条公路系锦（州）朝（阳）路的延长线，经公营子南侧西去再北折经凌源西行，可直达承德，日军的目标显然是直取热河全省政治中心的承德。事后才知道凌源方面的第一二九师（师长王永盛）和第一三〇师（师长于兆麟）未经激烈战斗而撤退，日军当天就侵占了承德。汤玉麟弃守承德，宣告热河沦陷。

当天下午我们被困于公营子北山沟里，除焦急外，一筹莫展。对于热河“抗日”如此结局，以为是幻梦，但事实如此，徒唤奈何。黄昏后，雇了一名乡民当向导，连夜向山咀子追赶。翌日上午 7 点左右，到达山咀子，会见了孙德荃和丁喜春，得知第一〇八、一一九两师也被打散了。

一日之间垮了四个师，沦陷了几百里国土，实在是骇人听闻的事情。我们在山咀子待了一天，于当日黄昏，偕同孙德荃师长带着那些残兵，用夜行军向河北属的都山县（在长城口外）撤退，以便据守长城线上。长城战役的序幕战，热河的沦陷，于此告一段落。

扼守长城界岭口东西各口子

1933 年 3 月初，热河沦陷，出口抗日的东北军，退守长城线上。初时，只孙德荃所部第一一九师的步、骑兵各一团（另一步兵团于两日后跟踪而至）扼守长城界岭口及其以西三个无名小口。随后缪澂流率第一一六师由龙王庙、喇嘛洞等地也退进长城口内。我命缪师接守界岭口及其以东两个无名小口，以便与义院口的第五十七军部队衔接。如此部署就绪后，当将这部署情形，电陈张副司令（学良）。旋得复电：指定“以第一〇八师、第一一六师、第一一九师三个师编为五十三军，命杨正治代理第五十三军军长兼第一〇八师师长（丁喜春撤职）。”旬日以来，关于作战军的编组，至今才明朗化。

当我于长城口上把缪、孙两师部署就绪后，第五十七军军长何柱国派了一个步兵团（团长邱立峥）和一个骑兵团（团长杨常林）开到界岭口来找我，何并明示：“如找到你就听你的指挥。”我除感谢何的好意外，并且将界岭口布置情况以书面交由杨团长转达给何。该两团暂时控置于第五十七、第五十三两军空隙间，作为第五十三军的预备队。后来，第一〇八师前来后，该两团才归还原建制。

张学良被迫下野及东北军的整编

1930 年夏（七八月间），蒋介石为了要张学良带兵进关，为他排除异己，避免后顾之忧，而令其驻沈阳代表吴铁城追随张氏于葫芦岛，最后投下香饵，以第二把“金交椅”——“陆海空军副总司令”畀予张氏，那不过是为了一时利用罢了。贵之贱之，翻云覆雨，蒋早已打下了主意，机会一到，岂肯放枪。因此，这时把热河沦陷的责任，完全推到张氏身上而迫张下野，而且拐弯抹角地对张说：“一只破船不能同乘两个人，总得有一个人跳下水。”张素爽朗，抱着“好汉做事好汉当”的态度，放下了兵权，离开了故都。1933 年 3 月中，我由滦河边卢龙县城接充第一〇八师师长，并宣布代理第五十三军军长后，回到北平，已不及见张，只得他留下的一封亲笔信（分给前方各师长，系用照相影印的）勉励大家好好掌握军队，团结一致，努力抗日。张学良下野离开北平，到了上海在外国医生监督之下戒大烟约一个月，然后出国赴罗马。此是后话。张离平之前，将东北军整编为四个步兵军及其他。计：

第五十一军中将军长于学忠。辖：

第一一一师董英斌（宪章）、第一一三师李振堂（绍晟）、第一一四师陈冠群、第一一八师杜继武。

第四军团上将总指挥兼第五十三军军长万福麟，中将副军长杨正治。辖：

第一〇八师杨正治（安铭）、第一一二师张廷枢（慰九）、第一一六师缪澂流（开源）、第一一九师孙德荃（星五）、第一二九师周福成（全武）、第一三〇师朱鸿勋（伯亭）。

第五十七军中将军长何柱国。辖：

第一〇九师何柱国，后为牛元峰（抱奇），第一一五师姚东藩（振篱），后为熊飞（正平），第一二〇师常经武（羡韬）。

第六十七军中将军长王以哲（鼎芳）。辖：

第一〇七师张政枋（立衡），后为刘翰东（维之），第一一〇师何立申（舆权），第一一七师翁照垣，后为吴克仁（静山）。

另外，第一〇五师刘多荃（芳波）。辖：

第一旅谭海、第二旅霍守义。

第一〇六师沈克（公侠）。

骑兵：第一师张诚德（外号“夜猫子张”，系收编察哈尔土著队伍）

第二师黄显声（警钟）

第三师郭希鹏（鼎九）

第四师王奇峰

第五师李福和

第六师白凤翔

第十师檀自新（义勇军收编）

炮兵：第六旅王和华（协亭）配属于第五十一军

第七旅乔方（芝轩）配属于第五十三军

第八旅黄永安（大定）配属于第五十七军

张学良下野后，蒋介石令军政部长何应钦（敬之）北来代张主持北平军分会。我回到北平，于中南海居仁堂见到何，报告热河溃退及长城部署情况后，要求补充兵员和械弹，何都满口应允，并令第一〇八师继续扼守界岭口。

长城各口的战斗和撤退

1933年3月上旬，第一一六师扼守界岭口及其以东两小口，右与原来在义院口及其以南之线占领防御阵地的第五十一军部队相连接，左与扼守界岭口以西三小口的第一一九师队伍相衔接。此时，商震（启予）所部第三十二军从后方开到，把守冷口及其两边的峪园口。商震还兼充第二十军团总指挥（上将），司令部驻在京榆铁道上的开平车站。在商军左方扼守长城喜峰口和罗文峪等处的为宋哲元（明轩）所部第二十九军三个师——第三十七师（师长冯治安）、第三十八师（师长张自忠）和第一四三师（师长刘汝明）。各师系两个旅（每旅三个团）和一个特务团的编制。我回北平见何应钦后，逗留两天即回前线。旋得何的电令，第五十三军归商震节制指挥。我又到开平见商震。

10日后，敌之步炮兵在其飞机协同下，开始对我军攻击。东北军虽名为"师"而只有三个步兵团和临时配属的山炮兵（营）连。步兵团能上火线的战斗兵不过千来名。长城线上除了正式的口子而外，坍塌的缺口不知若干。孙子兵法云："备左则右寡，备右则左寡，无所不备，则无所不寡。"因此，长城线上到处感到薄弱。"火力主义"的日军，是轮番以空中轰炸和地面炮击作战的。为了防备敌军冲入，充实阵线起见，第一〇八师未待整顿就绪，即由卢龙前来加入火线。不久，北平军委分会拨来重炮兵（十生的加农炮）一营（八门）归第五十三军使用。

各口开火个把月（4 月上旬），把守冷口的第三十二军部队抵抗不住，而放弃了冷口，越过建昌营退守迁安。这一下子就使第五十三军左翼发生一大空隙，日军钻入，异常活跃。我向北平何应钦告急，说明第五十三军三个残破师俱已摆在第一线，没有控置预备队，无法堵塞左翼空隙。何乃派第一〇六师沈克所部和第一一七师翁照垣所部前来增援。但沈部行至沙河驿野鸡坨附近，说是因为某方情况紧急被追了回去，只第一一七师开到滦河东岸。我闻讯于某日黄昏由燕河营到卢龙城与翁照垣相晤。告以商军撤离后，我无力堵塞两军间的空隙，只于某小山派了一个步兵连据守，以掩护第五十三军的左侧背。翁当即要求明日将第一一七师加入火线。我答道：在情况上现无加入火线之必要，暂作预备队，控置在卢龙附近吧！因为正面火线踞守长城，居高临下，一时不易被敌突破。现下问题，不光是第五十三军正面，而关系到右边的第五十七军。如果第三十二军不能恢复冷口，日军以重兵包围压迫第五十三军左侧背，后边既有滦河横阻，那么，第五十三和第五十七两个军俱有被吃掉的危险。第三十二军、第二十九军也将难保。这是全局关系，不光是一个军的问题。翁才安心待下来。

某日我得何应钦的电报称：已嘱令第三十二军即日举行反攻，恢复冷口。我请示：如商军不能恢复冷口，第五十三军将如何处置？旋得何应钦复电指示："4 月 × 日 × 时为止，如商军不能恢复冷口原阵地，则第五十三军可以撤离长城退守滦河西岸之线。"1933 年 4 月中旬某日拂晓系商军预定反攻前进的日子。殊知到了那时候，毫没听到什么枪炮声。于是，我依据何应钦的电令，到了所定的时刻，就下令把第五十三军全部撤离长城各口，退守滦河西岸，同天，第五十七军也退过滦河。

铁桥炸毁一孔，舟桥全毁。第五十三军退守滦河西岸不几天，即奉令与从古北口开来的王以哲部第六十七军换防，而撤至稻地镇南北一线，构筑第二线阵地，借以整顿休息。五六天后，日军继续进攻，第五十七、第六十七两军又由滦河岸退至丰润一线。我所亲历的东北军长城战役至此结束。

赵　毅

我被士兵们这种爱国热情感动得热血沸腾，情不自禁地流下了眼泪，激动地说："你们真是爱祖国的好男儿呀，我代表东北老百姓欢迎你们抗日救国，感谢你们抗日救国！"

● 1898年5月生，别名赵惕若，字希坚，辽宁灯塔人。

● 1917年，考入北京清河镇陆军预备学校，后升入保定军官学校炮兵科学习。

● 1922年，任锦州陆军二十七师炮二十七团少尉见习排长，后任上尉营副。

● 1932年，任古北警备司令，后任陆军一二〇师参谋长。

● 1934年，任陆军一二〇师中将师长，此间，曾先后参加了古北口、长城、热河等地的抗战。

● 1937年，任第四十九军一〇九师师长，驻河南南阳。

● 1938年，任第七十七军副军长。

● 1945年5月，调任第三十二军副军长，在湖北宜昌正面战场上对日军作战。

● 1967年11月7日，病逝于北京。

双城阻击战和哈尔滨的沦陷

赵　毅

抗日派与投降派的斗争

吉林省的军政人员，在吉林沦陷以后随着形势的发展，逐渐分化成两派——抗日派与投降派。一方面，以熙洽、孙其昌等为首的投降派，早在日军卵翼下组织了傀儡政权；另一方面，以若干爱国军政人员为中心的抗日派，也适应形势的需要，在宾县建立起抗日救国政权。

在投降派方面：吉林伪组织成立以后，熙洽、郭恩霖、孙其昌、于琛澂等分别向各地驻军将领进行拉拢，威胁利诱，冀使与之同流合污。熙洽首先派吉海路总办李书铭偕同少校副官刘宝元到哈长路线和哈尔滨一带向各旅团长"慰问"，并声言只要服从熙的命令，关于个人地位和军队饷糈等都不成问题。郭则派其参谋处长佟衡及其胞弟郭雨霖，孙则派袁庆濂（袁金铠之侄），分头以私人名义向有关系的将领进行拉拢活动。于则派阿城电灯厂长张星桥等持其亲笔信深入部队策动合作。他们都是一方面宣传日本已动员几个师团，兵力强大，难以抵抗；另一方面就鼓吹团结，充实自己力量，消灭异己，然后待机"抗日"。当时坠入他们的圈套起了动摇的大有人在（如驻哈的第二十八旅团长白文清、第二十六旅团长宋文俊等）。

我也是汉奸们拉拢的对象之一。我原是驻双城的第二十二旅第六六二团团长，因旅长苏德臣在九一八事变后即去吉林投靠熙洽，张作相命我接任旅长职务。那时候，张作舟的第二十五旅、冯占海的卫队团以及在长春遭到日军袭击的炮兵团、辎重营等都先后集结于松花江以南地区。我指挥的第二十二旅，除第六六一团驻在敦化外，第六六二团和第六六三团都驻在双城及哈长铁路沿线。哈长路因有国际关系，在事变后始终畅通无阻。在吉林、哈尔滨两方对立的情况下，双城便成为哈尔滨的门户，我旅便居于举足轻重的地位。

在宾县抗日政权成立后，吉林伪组织要想统一全省，就必须经过双城夺取哈尔滨。因我和他们都有悠久历史关系，所以他们竭力对我威胁利诱，企图使我软化，跟他们同流合污。熙洽、于琛澂先后派车玉堂（双城商会会长）、张星桥、李书铭、刘宝元等人到双城找我会谈，送给我“委任状”，任命我为“剿匪副司令兼参谋长”，附送大洋3.5万元。我当时把钱收下作为军饷，伪委任状和命令原封退回，并分别函复熙、于，责以大义。后来，孙其昌、郭恩霖两人又以和我师生、同学的关系，分派袁庆濂、郭雨霖、佟衡等分头向我进行游说，均被我严词拒绝。

吉林群奸在向各方面拉拢活动的同时，并抓紧时机利用省军械厂储存的武器（步枪两万多支、子弹约五千万发），以附逆的各部为基干，在日军直接扶持下，很快就编成了五个旅。熙洽为了统一军事、“扫荡”未附逆的军队起见，于10月底委派前被张作相撤职的骑兵师长于琛澂为“吉林省剿匪司令”（“匪”是指未附逆的军队），委派李文炳、刘宝林、马锡麟、王澍堂、李毓玖等为旅长。当时附逆的各部队下级官兵，都为那些大小汉奸们的花言巧语所迷惑，一时认不清他们的卖国伎俩，故而蜂拥蚁附地做了他们的爪牙，成为汉奸组织的有力工具。

与此同时，哈尔滨特区行政长官张景惠的态度，已由暧昧而明朗化。

哈埠系哈满、哈绥两线的国际交通中枢，更为南、北满的政治、经济中心。张景惠的职权虽只限东铁特别区，与地方军政素无关系，但因他是张作霖当年的伙伴，资格最老，地位高而且重要，所以他的动向，影响很大。在事变以前，他早已成为日酋心目中的宠儿。板垣退之助不断与张有联系，汉奸谢介石（早已入日本籍）和张的干儿子日人义田经常包围他并为之奔走。随着形势的发展，他已由日军的宠儿变成了日军的代理人。

原来日军在扶植吉林群奸的同时，就着手在暗中扶植张景惠的工作了。他经日军由沈阳兵工厂拨给步枪三千支和一部分重武器，以扩充警察队维持地方秩序为名，大事招兵买马，扩充实力，企图等待时机，实现他们不可告人的目的。哈埠原驻有丁超和邢占清两个旅，张景惠名头虽高，武装力量甚小，所以他虽然亲日，暂时还不敢公开反对抗日。但到日军侵占了哈尔滨的时候，他的真面目就完全暴露无遗了。

在抗日派方面：初时，人们对熙洽等的认识还很模糊，因熙标榜着“忍辱负重”等谎言以淆惑视听，欺骗群众；及至10月初清朝遗孽罗振玉、金璧东等潜入吉林后，熙洽的汉奸面目始完全暴露，张作相对他也很绝望。但张始终遥领吉林军政长官名义，对熙的投敌卖国，并未下令撤职，亦从未通电声讨。迟至11月间，张作相才电令吉林部分军政人员不要听从熙洽的伪命，委派诚允到宾县组织吉林省临时政府，与熙洽的汉奸组织相对抗；同时委派原吉林省陆军整理处副监李振声（后来附逆了）到哈尔滨代行边防副司令长官的职权，希望他在军事上有所作为。结果，因诚允与李振声两人意见不合，互相倾轧，以致数月之间，一事未办。

最明显的是哈尔滨竟成了“三不管”的地区。张景惠虽尚未打起投降的旗帜，却公开进行卖国活动，无人过问。镇守使丁超负有地方绥靖责任，但一则对同时驻哈的邢占清旅无权直接指挥，军事行动不免有所掣肘；二则丁并无抗日决心，虽宣称绝不与熙洽同流合污，暗中却派参谋长孙武忱等去给日酋本庄繁送礼物，妄想与日方合作，在哈独树一帜；

李振声虽为张作相所委派的全省军政大员，但系只身到哈，又不孚众望，因之一筹莫展。这三个势力各自为谋，互相猜忌，形成谁也不管谁的局面。这种情况，使投降派势力日渐扩大。

约在1932年1月间（旧历腊月中旬），于琛澂的“剿匪”部队五个旅，已编制装备齐全，为了消灭不肯附逆的抗日力量，在日军的主使下开始了军事行动。于亲率李毓玖、马锡麟、刘宝林等旅由舒兰经榆树大举向北推进，1月16日在榆树先把张作舟部（第二十五旅）击溃，并俘虏了张作舟本人和团长任玉山等。同时，于为了进军哈尔滨，要假道双城，一再派人到双城跟我商谈，并直接跟我通几次电话，都被我拒绝。他们看到我的部队是以逸待劳，而且严阵以待，乃绕道拉林，于1月23日在拉林把冯占海部击溃。这是抗日派和投降派武装冲突的开始。

于逆占拉林，曾约我去面谈，我劝他早日悬崖勒马，一致对外。于很不入耳，但因我系哈长护路部队，他既顾虑国际关系，又怕糜烂其双城家乡，故不敢扣留我。最后表示要我相信他，同他合作，将来他另有主张，并频嘱我于日军经过双城时，切勿冲突，我漫应之。

熙洽等汉奸准备就绪后，即下令撤免丁超、邢占清等的职务，并调动伪军节节向哈埠进逼。但不愿做亡国奴的军人们在这种形势下，也团结起来，一致抗日。当哈埠人心惶惶、形势岌岌可危的时候，依兰镇守使兼第二十四旅旅长李杜亲率步兵一团于1932年1月25日星夜赶到哈尔滨（道外），混乱局面，开始澄清。他首先会同丁超、王之佑在江北呼海铁路车站约马占山会面，痛陈抗日和保卫哈尔滨的利害。马表示赞成在哈成立统一军事机构，允予派队过江增援，并补助枪弹50万发（实际上他正在做降日的活动）。丁超为了保持地盘，也极力表示合作。遂即由丁、李等召集所有抗日派军政人员在哈开会，决定保卫哈尔滨，并成立“吉林省自卫军总司令部”，统一指挥抗战军事，公推李杜为总司令，丁超为护路军总司令，同时由李、丁和王之佑、冯占海及我等会衔发表抗日讨逆通电和告民众书，号召军民一体奋起抗战。地方团体和银行界拨哈洋50万元支援粮饷，哈埠人心为之大振。至此，哈尔滨便成为抗日救国的中心，同时也更成为敌伪所要“扫荡”的主要目标。

遗憾的是，李、丁等并未能以斩钉截铁的手段把张景惠消灭，对其卖国活动，竟仍听之任之，不加制止；而张作相对李、丁等在哈的抗日组织，始终未予以正式名义和鼓励，对其成败也是不加闻问。自卫军抗战所以失败，这也是一个重要原因。

双城阻击战

吉林于琛澂部先后在榆树、拉林击溃张作舟旅和冯占海部以后，接着就把矛头指向哈尔滨，而双城位处要冲，他们为了配合长春日军的北进，就非控制这个地方不可。

当时汉奸熙洽、孙其昌和郭恩霖等都妄想把我拉过去，但我和部队内的基干却有一个共同信念——不当汉奸，打日本。不过，我们在当时的力量还不够强大，不可能跟他们硬碰。因此，我不能不对他们虚与委蛇，以期能在有利时机发挥更大的力量。同时，我也曾对那些汉奸们存着一定程度的幻想，就是希望他们“猛醒”和“回头”。但是，幻想毕竟是幻想，形势逼着我们非同他们决裂不可。

于琛澂一面率领他的主力北上，向哈尔滨进逼，一面派刘宝林旅开到双城东十里铺附近，对我部进行监视和威胁，其目的仍在逼我跟他们合作。我因与刘是熟人，为使其对我不怀疑、不戒备，也曾虚与周旋。同时在吉林省城的孙其昌、郭恩霖也都和我通电话，告我以日军天野旅团兵车即将北开，路过双城，要我表示合作，不可冲突。

我是早已有了作战准备的，除已把所属部队作了适当的部署以外，还控制了三列装甲车。当得到日军将由长春出发的情报时，我看到形势已急，不容再事迁延，遂下了打的决心。2月1日拂晓，我亲率约五个营的兵力，轻装急进，把尚在睡梦中的刘宝林旅包围起来，一举击溃，伪军官兵纷纷缴械投降。除刘宝林率领一部脱逃外，被我虏获大小枪五六百支，官兵700多人。这一胜利给官兵以很大鼓舞。

我本来只想打日本侵略军，并不想打伪军，但在当时情况下，如不先解除刘宝林旅对我们的威胁，则不但无从实现消灭日军的愿望，反而还有被他们所消灭的危险，更谈不上保卫哈尔滨了。因此，我们决心先给伪军一个“出敌不意”，速战速决之后，马不停蹄地驰返双城，再作第二个“出敌不意”的部署，等待日军的到来。

我们解决了刘宝林旅以后，在赶返双城途中，于兰旗屯集合全体官兵讲话。我首先发问：“我们已经把卖国的汉奸部队刘旅打垮，今后还应当打什么人？”官兵们异口同声地高喊：“打日本！”真有声动天地、气吞河岳之概。我被士兵们这种爱国热情感动得热血沸腾，情不自禁地流下了眼泪，激动地说：“你们真是爱祖国的好男儿呀，我代表东北老百姓欢迎你们抗日救国，感谢你们抗日救国！”这时候，全体官兵沸腾起来了，弟兄们个个摩拳擦掌，高呼“打日本”“打汉奸”，情绪激昂，士气旺盛。在这种情况下，我们痛击日军天野旅团的计划，已经胜算在握了。

然而，事实上双城战役形成了两个阶段，前一阶段取得了胜利，后一阶段则遭到惨重的损失。

（一）第一阶段：痛击日军天野旅团

我们原来的计划是：一面令第六六三团陈德才部在兰陵河岸老少沟隘路内布置埋伏，把铁道拆毁，以颠覆日军兵车，然后相机予以阻击；一面在双城车站布置埋伏，等待日军兵车开到后，相机予以歼灭。同时把这种计划报告给甫经在哈成立的自卫军总司令部，并要求他们派兵增援。

不料陈德才团（后来他投降伪组织，当了旅长）并未执行命令，不但未能给日军以袭击，连铁道也并未破坏，因之未能达到迟滞敌人前进的目的。2月1日（旧历腊月二十三日）午后，侦悉敌人的兵车已经安然经过老少沟，并且渡过了松花江桥，恰巧这时候我们在双城车站的伏击部署已经完毕。在晚8时左右，北上的天野旅团两列兵车先后开进双城车站，拟在双城集合，然后展开部署向哈尔滨进攻。因事先熙洽、郭恩霖等都认为我们一定默许日军由双城通过，甚至还认为我们也绝不敢触犯“皇军”，所以预向日方提出双城驻军已撤离铁道线的保证。日军也竟信以为真，未做任何战斗准备。那时正是摄氏零下20多度的严冬，日军兵车两列相继进站以后，立即整队下车，架枪、吃饭，同时拢火取暖。当此稍纵即逝的时机，我们官兵在一声号令之下，以猛虎搏兔之势，三面发起突击，先用猛烈而集中的炮火和机枪火力把敌人压倒在站台上下，继以刺刀、手榴弹发起白刃战。日军措手不及，像热锅上的蚂蚁，有的拥作一团，有的钻在车下，有的跳墙爬入附近院落内希图逃命。我们这次奇袭，把敌人打得落花流水，天野旅团的主力遭受严重打击。

我们在老少沟的阻敌计划虽未实现，在双城车站的战斗，却完全实现了预期的计划，并且获得相当的战果（据当时估计，打死打伤的日军约计数百名）。这在当时的确是完全出乎敌人意料之外的一场激战。这是正规军队抗战继江桥战役之后的又一次胜利，对北犯的日本侵略军，确是一个迎头痛击，对熙、郭、广等汉奸更是一个当头棒喝——警告他们：绝大多数官兵是爱国的，是抗战的。

双城老百姓的帮助，也是令人难忘的。他们不仅在战斗前在人力物力上给了我们很多方便和援助，还在战斗开始后给我们运弹药、抬担架，甚至还有一些青年人投身到队伍中参加杀敌。至于烧水送饭，更属余事。

（二）第二阶段：部队遭受惨重牺牲

双城战役，前一阶段是胜利了，可是接着就遭到日军陆空增援部队的突击，受到严重的损失。

当我们在双城车站给天野旅团以奇袭时，日军闻讯，立即由长春出陆空部队驰赴双城应援，除装甲车、坦克以外，还有飞机20多架配合作战。而我们在奇袭得手以后，未能机动灵活地及时撤出战场保持有生力量。同时，由哈派来增援的王孝芝团赶到双城近郊，看到战事仍在继续，日军飞机已来增援，因而畏缩不前，望风逃去，致使我旅陷于孤立。而且双城地形开阔，目标暴露，我旅在日军飞机、大炮、坦克猛烈轰炸之下，遭到惨重的损失。壮烈牺牲的，计有第六六一团团长吴永和、第六六二团营长苏成翙和连长金永山、张金城、李振海、张宝库，排长刘金胜、何万厚等校尉官20余人，士兵伤亡约六七百人（多在车站左右和韩光第坟附近）。

我旅脱离战场向哈尔滨方向撤退后，哈尔滨的门户双城即于2月2日被日军占领。

日军天野旅团由于遭受我旅的严重打击，引为奇耻大辱，当我军撤退后，立即施行残酷的报复，以图泄愤。他们不但将我遗留在战场的受伤官兵用刺刀刺死，就连已经阵亡的官兵尸体，亦多被剖腹，有的甚至挖心挖眼，并严令地方百姓不准收埋，暴尸达六七日之久，狼噬狗啮，惨绝人寰，直到过旧历年关后（正月初一）才许可地方收尸埋葬。双城人民钦敬这些烈士们为国捐躯，自动捐献棺木，将此数百忠骸排葬于双城西门外十里铺，并树立忠勇墓的标志，以资永垂不朽。

哈尔滨的沦陷

1932年1月中旬，于琛澂部伪军经榆树向哈埠挺进后，在榆树的张作舟旅和在拉林的冯占海部，先后战斗失利，于逆遂得北上至阿城，逼近哈埠近郊。此时哈埠无人负责主持，而形势又日趋紧张，1月下旬李杜由依兰来到后，才扭转了混乱的局面。经过大家集议，决定保卫哈尔滨，并积极准备作战。

1月27日，于琛澂伪军向哈市的上号、南岗、三棵树进攻，但因伪军人心涣散，并无斗志，在李杜、丁超和冯占海等部队猛烈反击下，纷纷溃退。从此，我军军心大振，哈尔滨局势也趋稳定。

哈埠在击退于逆伪军的进攻后，即于1月31日正式组成了吉林自卫军总司令部，李杜、丁超任总司令，王之佑为前敌总指挥，冯占海、邢占清、王瑞华（后来附逆）和我都分别率领所属部队担任作战指挥。

双城失守，哈尔滨的门户已经洞开。日军掌握了哈长铁路线，利用火车增调大批军队，配合飞机、坦克、装甲车，节节北进，于2月2日迫近哈埠南郊地区。哈尔滨外围保卫战遂于2月3日在吉林自卫军总部的指挥下展开。参加这一战役的部队，有邢占清第二十六旅的两个团、王瑞华第二十八旅的一部、李杜第二十四旅的一个团和冯占海的部队。我部第二十二旅由双城退出后，也立即重加整顿，参加了战斗。当时我方的部署是：王之佑率部队布防于顾乡屯方面，指挥邢占清、王瑞华两部分别防守三棵树、南岗等地；我率第二十二旅（不足两团）防守上号地区；冯占海则率部向敌后迂回。日军于4日开始总攻，展开了激烈战斗。我军官兵都奋不顾身，争先杀敌，确曾给日军以很大打击。

但是，驻哈埠的丁超、邢占清等由于在事变后的四个月间，一贯存着“依靠国联调停”的幻想，观望徘徊，事先对军事毫无措施；及至于琛澂伪军和日军向哈埠进逼，他们才于惊慌失措中策划抵抗。李杜由依兰到哈，才仓促组成自卫军指挥机构。所以战事发生时，连极简单的防御工事都未构成，只好利用民房、围墙与敌人作战。在敌机轮番轰炸、坦克横冲直撞的强大攻势下，这些素无训练的军队自然不易支撑，然而竟能苦战两日之久，亦不能不算难能可贵了。李杜曾亲临前线指挥，曾把嗓子急哑，说不出话，要以身殉国，但已不能挽救战局。北满重镇哈尔滨遂于 2 月 6 日陷于敌手。

哈尔滨保卫战的失败，使当时吉、黑两省的抗战局势发生急剧的变化。马占山不但未履行其诺言派一兵、援一弹，而且哈埠沦陷不久就公开投降了日军；李杜、丁超、邢占清率部退往江北巴彦，然后又转进到依兰、密山一带；冯占海部曾活动于团山子，然后转进到方正一带；我率第二十二旅退到延寿一带。至此，以东北军为主体的抗战走向沉寂，东北各地义勇军代之而起，展开了以义勇军为主体的抗日斗争。

白凤翔

每个连队至少要有10位以上官兵会用“五节鞭”，鞭不离身，与敌交手，近身挥抡，能令日军瞬间落马。

- 1897年4月生，字瑞麟，河北承德人。
- 1933年，任国民革命军骑兵第二军六师师长，参加长城会战。
- 1936年12月12日，白凤翔奉张学良密令，为西安事变一线总指挥。
- 1937年，筹备组织抗日先遣军。
- 1938年2月，率抗日先遣军1万多人，从陕北经山西赴热河、绥远前线抗日。
- 1940年3月，在绥西战役中指挥部队歼灭日军大量有生力量，击毙了日本天皇外甥水川伊夫中将。
- 1941年9月，在对日作战中腹部受伤。
- 1942年2月8日，被日本敌特毒杀，牺牲在内蒙古达茂旗合教村。

白凤翔临潼扣蒋

常国宾

我曾在东北军骑兵第六师师长白凤翔部任副官，担负保护白师长安全之责，白师长外出，我寸步不离。

1936年西安事变前，骑兵第六师驻防甘肃固原县一带。有一天，张学良给白师长来电报，叫他到西安去，白乘小汽车到西安，我也跟随。白到西安见过张学良后，停了两天，就回固原。仅住了一夜又接到张学良叫他去西安的电报，我又跟随白凤翔到西安。白到西安住回回巷私寓，张学良住金家巷寓邸。白往见张，我也跟着去。这一夜，白到张处往返好几次。他回来后，叫我把他带的枪擦一擦，还叫我把他从张学良处带回的两箱手枪（12支）都擦好。并说王曲山上有一只老虎伤人，准备去打老虎。白凤翔的家属似乎知道了些什么，他们很紧张，我一点也不知道发生了什么事，又不便问，情绪也很紧张。

白的部队，驻在甘肃固原，跟白来西安的没有几个人，只有个姓赵的连长和机枪连连长寇宝珠、排长孙德新，还有白的副官王捷三（名国才）。另有骑六师第十八团团长刘桂五，那时正在王曲受训。白凤翔把刘桂五叫到西安，要他准备共同行事，看样子刘桂五可能知道底细，其他人都不知道。

12月11日夜间12点钟，白和我们坐了两部小汽车出发，到西安小东门门口，站岗的宪兵问往哪里去，我把白师长的名片拿出来，并说有要事去临潼，放行后，出小东门到了灞桥附近一个树林子时，孙铭九带着队伍早在那里等候[①]。汽车到后，孙问是谁，我答，是白师长，随即问了他的姓名向白报告，白即刻下了车，问孙铭九："队伍集合好了没有？"孙答："集合好了。"白说："我讲几句话。"白对大家简单地说了几句：我们都是东北人，为什么回不去老家？蒋介石不抗日，还把抗日的张副司令扣起来了，卫队营的任务，是保护长官的安全。在场官兵听到这个突然的消息，无比愤怒，有的都哭了。白师长接着说，我们要把蒋委员长请到城里换回张副司令，但不要伤害他。

我们在赴临潼途中，一〇五师师长刘多荃从后面赶来，带一部小汽车、一部小三轮卡车，与白说了几句话就一道前进。

我们到临潼时，约早晨四五点钟，天还未明，便直接冲到贵妃池的那个院子。白凤翔在大门洞指挥，我紧随着，枪声响了，对方阻击，我们还击，一个宪兵脖子上被打了一枪，孙铭九急冲到蒋介石住的房子里（斜对贵妃池的上面）。不久，孙慌张地向白报告说，房里没有人，但衣服都还在。白命令仔细搜查，孙又走了。群众池的枪声还很激烈，这时白师长即走到贵妃池的门口，见到钱大钧。钱已负伤，拉住白师长的手问："瑞麟（白的字），是怎么回事？"白说："西门已让共军占了，张副司令派我来保护委员长进城，委员长哪里去了？"钱说："夜间我还和委员长在一起吃点心，以后就不知道了。"

孙铭九又来向白师长报告，搜查后还是没有。这时天已经亮了，山上的队伍已看得见了。孙铭九说："白师长，您看山上的宪兵下来啦。"实际上也是东北军，因乔装穿着黄军服，被误认为宪兵，双方还互相打了一

① 孙铭九《临潼扣蒋》说，"12月12日凌晨2时整，我和白凤翔、刘桂五一同登车"，"一同去灞桥与卫队营队伍会合"。

阵，后来经过联系才知道是自己人。这时白师长说："群众池还没有打开，宪兵还在抵抗，迅速把它打开。"钱大钧老拉着白师长的手不放，好像放手就不安全似的。白对我说："贵妃池旁走廊里有两个尸首，你去翻一翻，看有没有蒋？"我去看了一遍，把荷花池边三个尸首也翻看了一遍，都没有蒋介石。不久，孙铭九又来报告，说群众池打开了，战斗已结束，还是没有蒋。白师长等又到贵妃池外院来了，我看见刘多荃师长在门口拿着电话机和张学良直接联系。一会儿，孙铭九又来报告："蒋住的房子墙外边，发现一只鞋子，可能是蒋穿的。"白师长和刘师长研究，认为蒋已经跑了，便决定搜山。刘多荃师长对白师长说，把俘虏的人送进城去吧！这时蒋孝先已坐在小汽车里（蒋孝先是蒋介石的族侄，曾任北平宪兵第三团团长，残害革命人士，作恶多端），刘多荃对白说，还把他（指蒋孝先）送进城里干什么。白对我说："把他弄下来给拾掇了。"我便去把蒋孝先叫下汽车来。当他走近贵妃池外院西北角上一个小门时，进门一低头，我便向他后面连打了四五枪，这个恶贯满盈的刽子手，便一命归阴了。

正当队伍要集合的时候，忽然有人来报告，说已经发现了蒋。这时院子里和山上的官兵，都兴奋地喊口号，"大功告成，打回老家去！"白叫孙铭九集合队伍，白对孙说："咱们是为了抗战，对蒋介石还得有礼貌。"

停了一会儿，两个人架着蒋来了。白给他敬礼后说："副司令派我来保护你的安全，请进城去。"蒋说："我是国家领袖，叫副司令到这里来。"后来硬把他拖上汽车驶向城里，直接把蒋送到新城大楼。白向张副司令报告后，张叫白回去休息。一天以后，白凤翔又往见张学良，白说他的任务已完成，需要休息休息，他的部队交给谁。张说："好，我马上写条子，你去接骑兵军军长职务。"白当面谦辞，并说："我需要休息，不是为了升官，希望回到东北老家去抗日有我一份。"又说："副司令对刘桂五有相当认识，骑兵师请交给他吧。"张说："好，你回去休息。"

唐君尧

只要有益于国家，就是去死，我也一定完成任务。

- 1899年8月30日生，字镜宇，辽宁辽阳人。
- 1924年，入东三省陆军讲武堂第五期学习。
- 1931年5月，任步兵第十三旅六三八团团长。
- 1934年，任独立第一〇五师第二旅少将旅长。
- 1937年，任第五十七军一一一师三三一旅旅长。
- 1938年，参加武汉会战。
- 1967年8月9日，病逝于香港。

唐君尧参加扣蒋的经过

夏　时

张学良对扣蒋的安排

西安事变之前，张学良成立了一个模范连，以培养抗日的骨干分子。刘桂五是培养对象之一，张曾试验过他的能力和胆量。12月8日张电召刘桂五到西安，但没有布置具体任务。11日上午，张学良与杨虎城研究之后，张仅通知少数人，据我所知，只白凤翔、刘桂五、刘多荃、周福成等。在极端秘密安排之后，又审慎地再三考虑许久，认为内线工作方面，必须有统一指挥的人，这个指挥者要有胆量，有勇敢的精神，能冲锋陷阵，还应机智多谋。他们想到了唐君尧，乃速拍急电，同时派张的波音座机将唐君尧接来西安，负内线全权指挥。张让周福成指挥西安附近的第一〇五师第一旅，为外围指挥者。在华清池周围较远的地区，防止蒋的卫队突围。刘多荃担负全面的指挥。

一切部署后，张召于学忠、何柱国、缪瀓流、王以哲各军长来金家巷，时已是夜半12时许。

张学良在客厅里向各将领宣布："如今我已再没有更好的办法和蒋先生谈话了。更没有绝妙的办法劝他领导抗日了。在洛阳时，我恳求他准许我们应援百灵庙抗日他不答应。自洛阳回来，我曾写了万言长信，痛陈现时不能不发动抗战的种种理由，说明中国人是仇恨日本侵略者的，日本侵入我国领土越深，‘剿共’的胜算越微，对外的屈辱益甚，‘剿共’的士气亦随之更为低落，所受打击也越重。唯有抗战，国家才能达到真正的统一。结果委员长不但不听，反而大怒，痛斥我：‘不服从就是反革命。’千言万语，完全无效。他现在可能就要离陕。蒋鼎文大军已进抵潼关。事情很明显，日本占领百灵庙，他决心不管了，就是占领山东、河北他也无动于衷，他只知‘安内’，也就是坚决地把国家，把东北军放在死路上去。我再也没有法了。今天，我已经和杨虎城主任说好，我们东北军和十七路军一致行动，决定实行兵谏。”

说到这里，他停顿了一会儿，继而又严肃地补充说：“兵谏的目的，是逼蒋抗日，已实排好刘多荃、周福成、唐君尧、白凤翔等负全责，拂晓去临潼，请蒋来西安，主持抗战大计。”

在异常紧张的情况下，于学忠问：“副司令有没有想到兵谏之后的第二步办法怎样？”

张学良反问他：“你是指局面如何收拾？那就只有看蒋先生怎么办了，我反正对国家、对他个人都问心无愧。我还有什么办法呢？只好把脑袋掖在裤腰带上，为国家进行兵谏而已。”

缪澂流也说：“这样做法，是很危险的！”张学良即答：“你怕什么？一切由我负责！”

外围部署的经过

张学良命令一二九师师长周福成负责外围指挥，而周的部队在甘肃境内瓦亭、隆德、静宁一带。他被召到西安后，要他指挥第一〇五师第一旅，因为该旅原旅长董之芳，被张派往新疆与盛世才联系，已走了一个多月；新任旅长高福源也被派往青海与马步芳联系。周于11日午后约3时许回到了家里，安排好他爱人和亲属带着孩子到别处躲避躲避。还嘱告我说，城内戒严归十七路军担任。当时时间是很紧张的，周只说：“等完了再详详细细告诉你。我就要出去开会，夜间有动静不要出院。你指挥副官们都不要出去。”说完，他就急急忙忙赶到距张学良官邸很近的金家巷丰富里2号刘多荃的公馆。晚7时许就在刘家西下屋开会。到会的有第一旅参谋长黎任荣、第一团团长张治邦、第三团团长林大木。第二团团长葛晏春未到（该团负责守卫西安飞机场和金家巷的任务）。

周福成的任务，是负责外围戒备，防止蒋的卫队突围，并适时支援内线。根据这个任务，周对兵力进行了周密的计划和部署：第一团展开于派桥以东地带，包围华清池的西面和北面，并密切监视临潼车站蒋的专车，控制各路上的交通；第三团展开于骊山附近，包围华清池的南面和东面。并于骊山附近设置有力的兵力，准备适时增援华清池方面。周自己在临潼县城指挥，以便与部队随时取得联络。

将任务和部署下达后，所有指挥官不能离开金家巷丰富里2号，一直等候至夜半，开始行动。同时将部署情况，与内线指挥官唐君尧取得联系。

内线指挥的安排

唐君尧是一〇五师第二旅的旅长，部队在甘肃平凉附近。师长刘多荃早被召来西安。

12月11日刚过中午，电务课的课长就向唐君尧面交一份从西安发来的“限即刻到”的急电。唐当时就有事非寻常的感觉，因为习惯上送递电报者，都是传令兵的事情。他忙看电文，只寥寥五个字：“机到即来，良。”

唐君尧更有些迷惘，他想：发生了什么事呢？前方正紧张，时刻不能没人指挥，而我们师长正在西安，又要我去做什么？这时张学良的波音座机已在平凉上空怒吼着，催促他立刻上道了。

一下飞机，就看到刘多荃在机场等候，唐即问："师长，出了什么急事吗？"面色沉重而冷静的刘多荃并不直接回答，只说："上车，上车。"车将开出机场，唐又问："到底出了什么事？"刘故意不答，只对司机说："司令公馆。"然后才转过头来注视着唐说："副司令会详详细细地对你讲的，等一会儿你就知道了。"

汽车到了金家巷张学良的公馆。张学良这时并不在家，唐君尧静悄悄地坐在那里等候，心中更加茫然。将近 10 点钟，张学良才回家。来到客厅，唐君尧向他敬过礼说："报告副司令，飞机在下午 4 点 30 多分到达平凉，返航后于 5 点多钟降落在西安机场。"

张学良说："好，坐下来说。"

"副司令叫我回来有什么急事？前方很紧，不能没有人指挥。"

张学良这时显出内心异常痛楚的表情，说："你先不要问我，让我先问你几句。"接着他声音低沉而又严肃地问："你知道日本关东军在皇姑屯炸死老帅为的是什么？'九一八'占领东北又为的是什么？"他说这话时，眼里已含着泪水。唐君尧即说："副司令，你怎么问起这些？咱们东北人连小孩子都知道，先大元帅的牺牲和'九一八'后 3000 万父老兄弟的苦难，都是因为日本鬼子的大陆政策！"

"你知道日本的大陆政策，是仅要占领满蒙为止，还是要进一步继续侵略？"

"他们怎么会罢手！"唐君尧答道："日本侵略者欲征服世界，就必先征服中国，欲征服中国，必先占领满蒙。塘沽、何梅协定，也无非是一时缓兵之计，企图消化侵略果实，再耍一套花招罢了。"

唐又说："我把咱们队伍里的情况向您报告，您知道为什么我们老是向副司令请示，咱们什么时候能够打回老家去？那不是我们要问，我们明白副司令心中的苦痛，真正问那话的，是咱们东北军的全部官兵们。”

说到这里，唐君尧哭泣起来继续说：“您知道他们时时刻刻都像苦旱的庄稼人求雨一样，日思夜想地在问，什么时候副司令才领导我们把枪口指向日本人呢？！您知道，他们那些在关外老家活受罪的家属和亲戚朋友们，每逢有个进关来的人，都要痛哭流涕地向他们问‘少帅怎么还不回来？他就不要大元帅的坟吗？他们也忘记了祖宗父母吗？’副司令，您知道，只要您说打日本鬼子，咱们全体官兵就没有一个会贪生怕死的，绝不会有半个‘孬种’！”

张学良叹道：“这些话，他们都对我说过许多次，可是我问你，你说我该怎么办？咱们东北军应该怎么办？国家又该怎么办？”

他不待唐君尧答复，便继续说：“绥远百灵庙战役是日本实行大陆政策第二期的开始，‘九一八’的继续。现在我们应该怎么办？我问你，还该自相残杀吗？是内战要紧，还是救亡要紧？五年以来，东北父老处于水深火热之中，我张学良受尽天下人的臭骂。关外的义勇军大部都被消灭，眼看着华北各省已朝不保夕，可是我们每天还在这里自己打自己的同胞！互相残杀，你说……你……”他再也说不下去了，泪水已涌出来。移时，张又说：“我找你来，就叫你干一件事。”唐说：“请副司令吩咐吧，只要有益于国家，有利于民族，您叫干什么，就是去死，我也一定完成任务。”

张学良说：“我去洛阳为委员长祝寿时，就曾痛哭流涕地要求他领导抗战，要求把咱们东北军开到察绥援救百灵庙。我反复陈诉，他总是不准，更招他‘不服从我就是反革命’的严斥。再陈说，竟受到拍案大骂。蒋竟说‘等我死后，你再去抗战’。这次他来临潼，我再死说活说，仍是不准。近来两天，更大发肝火，连话都没有办法同他说了。”说到这里，他站起身来，两只眼紧盯着唐君尧道：“现在我再也想不出什么更好的办法了。为国家民族的前途，也为委员长的前途，我已决定实行兵谏。”随即加重语气，命令道：“因为你是能领会我的心意的，所以叫你去华清池，请委员长来西安主持抗日大计。我命令你必须把他请来，还必须负责他的安全，不准对他有丝毫的伤害，叫卫队二营拨一个连交你指挥，不准出半点差错。”

屏息静听命令的唐君尧，立刻立正报告：“报告副司令，交给我的任务，我一定谨慎地完成。请副司令指示这次兵谏的用意！”

张学良答道：“拥护蒋委员长领导抗日。”

唐君尧再报告：“请副司令指示，还有没有别的？”

张学良斩钉截铁地说：“没有别的。”

唐君尧怀着紧张的心情说：“为了执行副司令的救国大计，我必定竭尽全力维护委员长的安全，恭迎他前来西安。可是，我担心……”

“你说好啦！”

“我想，何必要带那一连人去呢？万一因为人多惊着委员长，或者没有维持好秩序出了什么岔子，岂不大大违背副司令的原意？倒不如明晨我自己去华清池晋见委员长，请他来西安，岂不更为安全。”

“他会听你的话跟你来吗？”

“反正那时我已到他的面前，就是硬请，我也能把他请来，可以拉着他同上汽车，决不致出万一的岔子，最多让他怪我行为粗鲁罢了。”

张学良说：“你想得太天真了，你以为他的侍卫们会安详地让你拉着他上汽车，太妙了！你要晓得，他的侍卫会在你看不见的位置，照你的后脑壳来一枪，你还不是白白地牺牲而无济于事？我派卫队第二营第七连跟你去，连长张万山，人很干练。另外有骑六师师长白凤翔，团长刘桂五也去，他俩很有胆量，枪法很准，发挥他俩射击术的特长，一枪一个，就可以很迅速地突进院里。第七连的弟兄们也受过充分训练。孙铭九营长也随队照料，这样你就可以放心了。”

说毕，张学良告诉室外副官：“去找白凤翔师长、刘桂五团长，以及孙营长都来。”

孙铭九先来，张学良命令道：“你回去集合第七连，明天拂晓前搭载重汽车去临潼华清池，听唐旅长指挥。”另向白凤翔、刘桂五说：“你俩同孙营长一齐出发。”

于是，唐君尧拿起话筒和周福成联系。同时，刘多荃也在那边准备着。所有参加的人们，都在紧张地等待行动。

这时，张学良先以电话令刘多荃、周福成大部队开始行动。然后令唐君尧：“立即出发，拂晓前赶到华清池。记住，严令第七连兄弟们绝对不能出岔子，不准伤害委员长，你负完全责任。”

华清池扣蒋

外围大部队的部署，于12月12日早5时前，已完成包围圈。唐君尧已到达临潼县附近，等候卫队营的部队到来。5时左右，卫队营所乘汽车的灯光照射在公路上，由西向东飞驰而来，开向华清池。守卫的宪兵就开始射击，张连长遂命令士兵们下车，跑步前进，有的冲到院墙附近，有的爬上了墙。这时显示出白凤翔、刘桂五的枪法，真是一枪一个，弹不虚发，将守卫在大门的宪兵打得所余无几。这时卫队营的士兵们越墙而过，将大门拉开，第七连的士兵们已冲进华清池的前院。但在这时，院内的宪兵和蒋的侍卫们，集合在二道门附近，猛烈射击，阻止前进。在二道门里还有假山和荷花池为依据，一度形成紧张的战斗，伤亡较大。院内宪兵们虽有依托的据点，但处于十分被动的局面。第七连士兵有的已从侧面冲到院内。这时，唐君尧就站在死角的墙垛喊话：“不要再打枪，再打下去，唯有牺牲，那不是我们东北军的本意。我们不是叛变，也不是土匪，此来专为要求委员长领导抗战，你们不都是中国人吗？中国人不要自相残杀！你们不愿意打日本人吗？谁愿意做亡国奴呢？现在我们停止放枪了，弟兄们！你们不要再抵抗了。”

他们正迟疑之际，我们第七连官兵们已冲到其近旁，于是他们同意放下武器。

这时院内战斗全部停止，大约是清晨6时左右。唐君尧迈开大步朝着蒋的卧室走去，经过贵妃池外面的走廊时，一眼看见一个人坐在地下，面孔显出极苦痛的样子。他即俯身询问：“你老贵姓，怎么样了？”那人答道：“我是钱大钧。”并示意身已受伤。唐说：“主任受伤了，对不起了！”立即呼唤一个士兵说：“快扶钱主任到前院去，赶快用汽车送至西安医院治疗，不要耽误。”转身同士兵共同把钱扶起。钱大钧走后，他急忙转身奔向蒋的卧室。才到门口，一个卫队营的士兵向他报告：“报告旅长，委员长不在屋里，已经走了。”

唐君尧听到蒋已逃走，精神立刻紧张起来，赶忙走进屋里，发现卧室里非常凌乱，衣物、书籍散乱在桌椅和床上。他立即招呼张连长和孙营长说：“即派弟兄们到院内各处搜查，另派士兵们分向东面和南面山上寻找，谁先发现委员长的时候，立刻吹号或鸣枪通知，我就去迎接。注意，不论谁发现了委员长，委员长说什么话，都不得惊扰他。”

张连长和孙营长走了之后，唐顺手捡起散乱在桌上的纸张和小册子一看，都是蒋拟的电稿、密码本以及日记等等。他把这些文件包起来，走向前院，找到了刘多荃师长，把蒋不在卧室，他已派孙营长、张连长派兵四处搜索等情况向刘作了报告。刘多荃说：“我已将这情况报告了副司令。他命令我们：‘必须赶快找到委员长，决不准有一点差错。’同时，我已经和周全五（周福成）通电话，他说外围警戒线没有一个人通过。这足以证明，蒋还在大包围圈地区以内隐藏着，决不会走远。”

这时，大约已有7点多钟了。负责来临潼的指挥者们，情绪都紧张而焦躁，蒋到底逃到哪里去了呢？与外围的周福成和两个团长张治邦、林大木通电话，哪里都没有发现什么踪影。正在无所措手足时，一名搜索兵带来一个蒋的侍卫，同时一〇五师第一旅的王副官带来一名宪兵。王说："这个宪兵知道委员长的下落。"唐即问那宪兵："你知道委员长现在哪里？"

"报告旅长，我不知道。"宪兵回答。

唐走到他面前说："我以长官身份一定要你说出来，委员长在什么地方？我以人格担保，决不伤害他。"跟着掏出手枪对向那个宪兵说："你再不说委员长在哪里，我就真的一枪把你打死在这里。不过，我们都是中国人，我们一枪一弹都应该留着打日本人。"

说到这里，唐君尧从衣袋里掏出一沓钞票，塞在那宪兵手里说："如果你不想继续当宪兵，这有 2000 块钱，给你作路费，你可以回到家乡做个小买卖。"

那个宪兵说："凌晨，我在山神庙位置值勤时，看见委员长由墙上跳下来，接着又听到'哎哟哎哟'两声，跟着，又听侍卫在问委员长负伤了吗？然后就见他们向东南山上走去了。"唐随即命孙营长仔细搜索骊山，并说："谁先找到委员长，副司令有赏！"

不多时，首先发现蒋的是一〇五师第一旅第三团的翟班长[①]。他们是担任外围警备的，发现蒋藏匿在骊山山腰的一个山洞里。

紧接着孙铭九赶到，对空放了三枪，以示找到了蒋。孙到蒋面前，一边先敬礼一边喊："委员长受惊了！"

蒋对孙铭九说："你把我枪毙在这里罢。"孙营长立即回答道："委员长请放心，副司令没有半点危害委员长的心思，只是请求委员长领导我们抗日。委员长，我们走吧！"

---

① 翟是中士班长，河南人，因为这次有功，以后提升一〇五师师部少尉副官。另，孙铭九《参加临潼扣蒋的有哪些人》中说，先发现蒋的是东北军卫队二营八连的班长陈志孝。

蒋“嗯嗯”两声说：“你请张副司令到这里来。”

孙回答说：“张副司令在西安，他没有在这里。”

蒋说：“你给我找一匹马，骑着下山。”

哪里去找马，孙表现出为难的样子，于是说：“我背委员长下山。”边说边蹲下身子，蒋伏在孙营长的身上，几个士兵在后面扶着，走下山坡，辗转到了华清池院里。等在那里的唐君尧即向蒋立正道：“报告委员长，我是一〇五师第二旅旅长唐君尧，请委员长进城。”蒋介石无可奈何，钻进了汽车，坐在唐、白等人监护下，一路飞奔西安新城大楼。

刘震东

没有国，就没有家，国难当头，先国后家。

- 1893 年生，字曦洲，山东沂水人。
- 1925 年，任东北陆军步兵第七师第六旅少将旅长。
- 1932 年，成立抗日义勇军第五军团，任该军团所属独立骑兵第二十五旅旅长。
- 1933 年 5 月，率部参加了抗日同盟军，被任命为第二十三师师长。
- 1936 年，西安事变时，参与了和平解决的谈判。
- 1938 年 1 月，奉李宗仁之命，在苏北和鲁南地区招募抗日人士，并将其编组为第五战区游击第二路，刘震东担任司令。
- 1938 年 2 月 22 日，在与日军激战中，壮烈殉国。

刘震东生平

刘　林　刘淑华

我们的父亲刘震东于1938年2月22日在保卫山东莒县城战斗中牺牲。1988年10月，我们从民政局领到烈士证明。作为烈士的后代，我们感到光荣和欢欣鼓舞！

刘震东，字曦洲。1893年生于山东沂水县，祖籍世代务农，家境清贫。我的祖父刘义精于木工手艺。父亲幼年聪明好学，祖父母节衣缩食送他入私塾。他手不释卷，学习成绩优秀，博得师长和乡亲的赞誉。后随祖父学做木工。他不仅善绘画雕刻，还练得好书法。时逢民初，战乱频仍，生活难以维持，乃只身闯关东。他先在沈阳街头卖艺，后投入东北军任上士文书。由于他敦厚质朴，办事干练可靠且战斗勇敢机警，深受上级赏识。他从排长、连长、营长、团长、旅长直升到中将师长。其间还被送到东北陆军速成学堂学习。

1924年第二次直奉战争中，张作霖违约率军入关，南下山东、江苏等省，把势力伸展到上海，在帝国主义支持下疯狂镇压了“五卅”运动。这时，奉军爱国将领郭松龄于1925年11月23日在河北滦县车站发动了反张作霖的战争。父亲在郭的部下任师长，他参加了战前会议和反张的战争。这次反奉战争虽然失败，但给了张作霖以沉重打击。郭失败后，张学良顾全大局，父亲免遭株连。1927年初晋奉交战中，父亲积战功升任副军长。6月奉军整编取消副军长名义，父亲被委为第十五师中将师长。1928年父亲被保送北平陆军大学特别班深造。

在陆大学习期间被选为学习代表。因他学识渊博，有儒将风度，学员赞誉他和另一位学员为“医卜星象高仁绂，上下古今刘震东”。1930年学习期满毕业，出任东北边防军总司令部中将主任参事。

1931年9月18日，日本帝国主义悍然发动了举世震惊的九一八事变。不久，日军又图谋华北，侵略热河。国难日深，父亲义愤填膺，毅然到热河招募义勇军抗御日军。他转战辽西、热河，并在战斗间隙开办教练班培训部队干部。嗣后，张学良将义勇军编为七个军团，任命父亲为第五军团总指挥，率兵二万余与日军展开开鲁一战。

热察塞外，隆冬季节，地冻天寒，士兵缺粮少食仍爬冰卧雪抗击日军。而国民政府却对大片国土沦丧不思积极抵抗，以收复失土，却寄希望于国联“主持公道”。对此，义勇军将领马占山、刘震东等于1932年11月24日联名向国联发出决心抗日通电：“我各地义军数百万，无时不在与敌决斗，唯日人残暴非意想所及，义军所过之处多被其炮火摧毁，无辜民众遭屠戮者前后不下五万人，诚有史以来未有之惨劫，兹特郑重声明：东北民众对于暴日只有抵抗绝不屈服，除非杀尽我3000万人民，万不许其傀儡组织存在，亦不承认任何非法权益之要求，更不能抛弃主权，造成所谓共管局面。中国今日无一人忘东三省，且无一人敢许割让版图，纵不能以武力收复失地，而人民则确精诚团结树立坚决不移之意志，誓将日寇逐出境外，还我大好河山，不达目的绝不终止。中华民国义勇军十四将领率全体官兵同叩。”

12月17日国民党三中全会召开，父亲及各军团总指挥再次联名发出“请集全国力量共抗强倭”的电文：“我三省民众矢志复楚，义不帝秦，血拷肉战……虽弹尽粮绝，不减杀敌之志，翘首南中，大计不定徒恃国联……倘不极谋自救，则全国陆沉之祸迫在眉睫，诸公集会首都共策国是……务望集中全国力量共抗强倭。东北健儿，尽愿效死，粉身碎骨在所不辞……”两封电报表明诸义军将领誓死报国的决心。

1933年2月，日伪军10万人分三路向热河发起总攻，北路敌军三次进犯开鲁，均被父亲所部各军配合友军击退。自此敌机连日猛烈轰炸，致使部队及商民伤亡惨重。父亲头部中弹片受伤。战况十分激烈。平津沪报纸几乎无日不登载前线激战的消息。父亲闻知日军将从朝鲜调第三十九师团步骑炮联队万人总攻开鲁的消息，立即组织部队冒敌矢浴冰雪于除夕夜将彰武南新开河镜桥全部炸毁，以阻止敌人向热河增兵。还组织小股士兵不断袭扰日军驻地。他在2月21日向北平拍的电文中报告战况：“2月21日拟进军王志惠窝堡，该地日军三百人，民团四百余，装甲车十一辆，已到刘长明窝堡与第八军团接触，遂进占该堡后端，就此抵抗。敌向南坨子第八军团发炮数十，机枪猛扫，我军沉着应战，敌向南退击，我起而攻击，与敌伏遇，激战竟日，毙敌伪数十，民团四十余，伤者不计，我亦有伤亡。现正与敌对峙。”

2月23日，北路日军由通辽出发进攻开鲁，守军汤玉麟部骑第九旅崔兴武旅长叛变投敌，父亲所部腹背受敌，孤军不支，24日开鲁失守。父亲忍痛率部西撤乌丹（今内蒙古翁牛特旗），亦电北平整军待命。继而又撤往察哈尔省。

1933年，冯玉祥将军在中国共产党的积极支持下重返张家口，于5月26日组成察哈尔抗日同盟军。父亲此时毫不迟疑地于5月29日发出响应冯玉祥将军的抗日艳电：“现在平津危迫，察绥战急，与其订盟城下，甘屈辱以求和，何如坚决抵抗，求民族之出路！”冯玉祥将军即委任父亲为第二十三师师长。自此父亲又随冯将军转战于塞北察东抗日前线，不意抗日同盟军都在日、蒋的军事政治夹击下于1933年秋冬宣告解体。父亲于1934年初奉命转回北平军分会。

1935年10月张学良被南京国民政府任命为“西北剿匪总司令部”副总司令代行总司令职务，父亲追随张学良将军到西安任司令部专员。

他到西安以后，眼见东北沦丧，华北即将不保，国难日深。而国民政府不图御侮救亡，却一意孤行“剿共”内战。东北军一一五师几乎被红军全歼。一一〇、一〇七、一〇九及一〇六师经不住红军的反击。在甘泉、劳山、榆林桥及直罗镇损失近三个师的兵力。面对现实，他思想触动很大，开始在黑暗中探寻光明。但他未握兵柄，只在书法笔墨间寻求寄托。偶或为西安市一些团体和商店撰写“匾额”。据后来得知，他当时已结识了潘汉年并与之过从甚密（父亲与潘的合照等在“文革”中被毁），他在潘汉年的教育和影响下，阅读政治理论书刊并学习俄文，逐步接受了中共团结抗日救中国的主张，对内战更加反感。

父亲事奉祖父母甚孝，治家严格。他牢记祖母教导，不近烟酒和赌博。一天，他从战地归来，见家人正陪同客人玩麻将。他不顾客人在座，怒问：“为何违我家教？”一面捧起牌具送入火炉。事后，他安排秘书为内眷教读经史，提高她们的文化。她们都能看报写信了。抗日战争后期，孤儿寡妇流落陕南，生活日趋艰难，二婶能在乡村小学任教贴补家用，这是父亲始料未及的。

我们弟兄姊妹三人，恕忠（退休教师）是长兄，弟弟恕心1944年参加青年远征军牺牲在印度，叔华现在交通部科学研究院任工程师。我们和父亲见面时间很少。他在百忙中仍不忘严格要求，训诫要从小勤奋努力，立志成才，长大要自食其力，报效国家。他常以自己历史教育我们，以“为人要有骨气，有冻死迎风站，饿死不弯腰的气质”教育子侄辈。讲日军对我国的侵略，教育我们爱国家。1937年北平事变，7月中旬，恕忠高中毕业即背着母亲投身抗日军旅（父亲在遗书中还称赞他投军甚好），父亲牺牲后，部队领导令其回家照顾母亲弟妹，而恕忠却因不能上阵杀敌而耿耿，认为是有违父教，不能为父报仇，为国尽力。

父亲治家从俭，生活朴素。在北平安家十数年从不购置房产。陆大毕业后即将汽车接送改乘包月车。他不在北平时即退掉。祖父在家乡要购买田产，他反对并说：“儿孙自有儿孙福，不为儿孙做马牛。”家乡的田产是祖父将生活费积累逐年购置起来的。他在西安工作期间仍赁屋居住，但对亲戚朋友的资助却很慷慨，教育家人要厚以待人。乡亲们为谋职来求者络绎不绝，来则供给食宿，分别情况介绍工作。无工作能力者虽至亲不予介绍，最后资助路费劝回家乡务农。庭院虽小食客颇多，母亲偶有怨言即教育济困扶危大义。对一位老友接济其全家食用长达三四年之久。对教育事业慷慨解囊，如北平北方中学和西安竞存中学（学生皆东北军子弟）皆获其捐赠。在家乡，为培养村民子弟拨房屋庭院开办小学。

1936 年 11 月祖父病故，父叔们奔丧回老家。12 月西安事变，张学良将军急电召他回西安。临行时，全村父老乡亲出村相送。父亲情绪激昂，双膝跪地向祖父坟墓叩头明志：“震东决心抵抗日寇侵略，以身保卫生养我的家乡父老，绝不辜负乡亲厚望。”想不到这就是他的誓言。他赶回西安即投入和平解决事变的谈判之中。西安事变和平解决后，父亲被委以行辕参议兼总务处长。他看到张将军被软禁，东北军被改编裁掉，团结抗日的希望破灭，情绪消沉，也不去行辕办事。1937 年卢沟桥事变爆发，日本发动了全面侵华战争。父亲义愤填膺，立即电南京国民政府请缨杀贼。没有回电，他接连三次致电何应钦，均无回音，他即挂冠亲赴南京坐等，约三月左右。时值日军疯狂轰炸南京，附近民房皆被炸毁，左右人员劝其避入防空洞或回西安。他愤怒地说：“军人不能带兵杀贼已感赧颜，何谈躲避偷生。”母亲到南京劝回，亦被劝送回陕。何应钦见其抗日之志不可夺，任命他为第五战区高参兼第二路游击司令，兵员、粮饷自筹自募。尽管条件如此苛刻，筹组游击队任务十分艰难，他却感到十分兴奋，认为有了抗日名义就能挥戈上阵，杀敌报国了，当即赶到

第五战区司令部驻地徐州，张榜招募抗日志士。一面派二弟震西（1940年牺牲在山东临沭县，1972年领到烈士证明）回老家变卖房产，筹募粮饷。他在给祖母的家信中说："没有国就没有家，国难当头先国后家。为抗日虽倾家亦在所不惜。"一面电三弟震亚急向西安八路军办事处请求派政工干部到游击队指导工作。其实，来自五十一军的王再天少校就是中国共产党派到游击队担任参谋长的共产党员。来自平津的爱国学生和教师如徐眉生、李向群、肖芳洲和杨士清等人，有的是中共党员，有的是民族解放先锋队队员。

游击队在奔向战场前，父亲给母亲的家信竟成为遗书："丙辰儿（恕忠）有下落，已走入救国道路，甚好！长生儿（恕心）补习功课也很好。家中事甚为放心，我在外专心杀贼。万一不小心被日贼把我杀了也更好。在此时间只有牺牲一途，别没路可走……只等待将日本贼杀个干净，才能了却我的责任。"信是在他极端困难时期草书的，从内容和两个错别字可透视出父亲当时工作的困难和杀贼的决心。

他在兵源、武器和粮饷全无的条件下，经过近两个月的努力，初步组成了2000余人的民众武装。这是游击队的基本力量。士兵主要来自胶东、鲁南和苏北等地的人民群众和学生，他们缺乏实战经验。此外还有国民党军队的散兵和当地青洪帮、地主武装。大家以抗日保卫家乡为同一目标汇集到这支游击队中来了。游击队仿效八路军开展政治工作，组训队伍。在之江苏新安镇（今新沂县）经过短期整训就向山东进发。在鲁东南破坏日军运输线，袭击小股敌人，炸毁日军仓库等，有力地配合了正规军的战斗。

1938年2月间，父亲率领游击队一个支队游击到浮来山以南林庄时，日军板垣师团以日野联队为主力继侵占诸城之后逼近莒县、沂水和日照一线。莒县是日军攻击临沂、会攻徐州的必经之路，第五战区司令长官命令海军陆战队及民团从正面阻击敌人，游击队则在招贤镇一带袭击敌侧翼。正面战场相持三日，招贤镇战火浓烟滚滚。许县长率县大队撤离莒县城，居民也已逃避一空。父亲发现城内外无部队防守，主动向第三军团长庞炳勋请战，庞即命父亲就近率队入城暂时防守，等待援军。此时方圆五六里、人口二三万的莒县城城门大开，街巷无人，宛若一座死城。父亲风趣地对大家说："是乃空城一计也！"

莒县古城城墙比较坚固完整，却毫无防御守城准备。队伍于21日傍晚进城，察看地形时发现了县大队遗弃的枪支弹药。父亲立即用以武装游击队员，并构筑工事。此城无西门，他们堵塞了东、北二门。他一面在西部署防卫，一面鼓舞士气。400余人的队伍抱定必死的决心，沉着镇定地守着莒县城。22日凌晨，四十军朱家麟旅长始带领二二九团跑步到达，许县长闻讯后也带领县大队转回，方知道路和桥梁是县大队撤退时为拒敌而破坏的，故而汽车无法通过，援军来迟。

二二九团和县大队进城后，游击队已完成任务，本应交防撤出，但见四十军远程赶到，官兵极其疲乏，朱旅长要求游击队继续承担守城任务，给部队以休息吃饭时间，然后接防。父亲不顾参谋长等人的反对，慨然应允并和朱旅长、许县长研究成立了城防指挥部，自任总指挥，朱任副总指挥。父亲坚定地宣布："要与莒县城共存亡。"他巡视各哨彻夜未眠。拂晓时分，城北传来马达声，也能看到敌人的汽车车灯。日军长驱直入，如入无人之境。殊不知这时防守莒县的战士们正严阵以待。当敌人临近城郊时，游击队员缺乏作战经验，便向敌投掷手榴弹。四十军听到北门打响，快步投入阵地，紧急布防，此时敌已将莒城包围。父亲命令官兵严密监视敌情，在敌人未进入有效射程时严禁开枪。5时半左右，敌人试探着向北门靠近准备爬城，守卫队员开枪射击。日军枪炮齐鸣，发起攻击。我战士沉着应战。激战中，城外南高地为敌攻占，父亲指挥部队奋力抵抗，与敌形成对峙。日军多次以重炮、机枪掩护爬城，均被守军击退。为了歼灭城南高地之敌，父亲令两营士兵组成敢死队冲出南门，分东西两路包抄敌侧后，9时许，敢死队发起突袭，挥刀持枪冲入敌阵，南高地之敌狼狈溃逃。北门外之敌据险负隅顽抗，后来敌主力增援北门，对城北一线发动重点进攻。二十九团团长邵思三、营长刘振声负伤，连长刘同盛阵亡，城北告急。父亲闻报不顾部下劝阻，毅然登上城墙，奔赴北门指挥作战。敌我相持一个多小时，终因守军火力薄弱，城西北角被日军攻破，日军十数人携轻机枪登上城墙，集中火力向守军扫射。父亲不顾危险在北城墙上飞奔督战，指挥堵击。就在城西北角被守军夺回之际，敌人的迫击炮弹正落在他身边，弹片由他右太阳穴射入，穿透左耳，脑浆流出，父亲以身殉国。士兵闻此噩耗，无不悲痛，更加深了对敌人的仇恨，也更激发了抗敌决心。

莒县城失守后，《新华日报》发了战讯又做了长篇报道，题名《莒县我军奋勇杀敌，刘震东氏壮烈牺牲》。不久，第五战区司令长官李宗仁在徐州召开了有万人参加的追悼会。同年12月，国民政府在重庆为抗日阵亡的刘震东、范筑先等21名烈士召开追悼会。中共领导送了花圈和挽联。八路军朱德总司令和彭德怀副总司令也送了挽联。父亲壮烈殉国的消息传到各地，闻者莫不痛惜。国民政府为嘉奖父亲，命名莒县为震东县（1954年改为莒县）。

刘汉玉

这次战斗之所以能拒止敌人南进，一是我借地形之利，用重层配备，逐次抵抗，迫使敌人节节被动，致敌以重大伤亡；二是判断敌人的企图是要将我军压迫远离浙赣线，以掩护其主力军的安全撤退，没有大举南进入闽的企图。

- 1900年生，号屿珊，辽宁辽阳人。
- 1933年，参加古北口长城抗战。
- 1935年，任东北军第六十七军一〇七师六二一团上校团长。
- 1942年，参加浙赣会战。
- 1944年，参加衢州战役。
- 1944年6月，接任第四十九军一〇五师师长。

浙赣战役中仙霞岭战斗

刘汉玉

战前态势

1942 年 5 月，日军约两个多师团的兵力，由金华、兰溪沿浙赣路大举向西进犯。6 月 7 日，敌攻陷衢州。迨其进至江山后，其主力仍沿浙赣路西进，其一部约七八千人，由江山沿衢（衢县）浦（浦城）公路南下，向我转进福建的第四十九军进击。

我第四十九军军长王铁汉率第二十六师（师长王克俊、副师长曹天戈）、第一〇五师（师长应鸿伦、副师长刘汉玉）、预备第五师（师长曾戛初、副师长王辅卿），自浙赣线江山向福建省撤退。第一〇五师为后卫，经淤头、凤淤、峡口、保安、廿八都，逐次掩护军主力撤进福建境内。

阵地占领及部署

6月下旬，我第一〇五师达保安时，接得军长王铁汉命令，要旨如下：

窜犯浙赣路之敌，其主力约两个师团，仍沿浙赣路继续西进，其先头部队已到达上饶县城（我第三战区司令长官部驻地，此时我司令长官部已先转进至福建省），其一部约六七千人由江山南下，向我军追击中。

军以拒止该敌南进之目的，拟在保安、仙霞岭一带拒止该敌。

第一〇五师在保安街、仙霞岭一带构成两线阵地，拒止敌人南进。军部在廿八都。

我师接得命令后，即先行阵地侦察，侦得地形是：保安街南即是仙霞岭北部的支脉，是连绵不断的高地，愈向南而愈高，再南直入仙霞岭的主峰，公路两侧尽是高大稠密的竹林，单人可勉强通行，但不能联络，因此大军作战困难。乃将师主力在仙霞岭北口公路两侧占领阵地，以一部在保安街南方高地占领第一线阵地，又一部在仙霞岭顶峰占领第三线阵地，以拒止敌人南进。

第二线阵地守备部队为第三一四团和附第三一五团的一个营，占领仙霞岭北方公路两侧高地，用纵深的配备对公路构成密集的火力网，并利用丛竹林构成侧防的秘密火力点，拒止敌人前进。

第三线阵地守备部队为第三一五团（欠一个营），在仙霞岭顶峰公路两侧，利用丛竹林的隐蔽，构成据点式的阵地，拒止敌人南进。师部在第二线阵地中央后公路上。

7 月 30 日，各部队都完成简单立射掩体，并扫清了射界，公路也大量破坏，还设置了鹿砦障碍物。

战斗经过

7 月 31 日，与我第一线接触之敌约 3000 人，向我攻击甚烈。经我据高地坚守，敌伤亡 300 多人，攻势受挫，未能得逞。我后两线阵地正积极加强。

8 月 1 日，敌集中炮火向我第一线阵地猛轰，并利用飞机扫射，掩护步兵前进，战斗至为激烈。战至午后，有部分阵地被敌突破。战斗入夜，我始将第一线阵地放弃，撤至第二线阵地后方。仙霞岭顶峰改为师预备队，并在主峰后构筑第四线阵地。

8月2日，敌4000多人，在我第二线阵地前展开，并用威力搜索，向我第二线阵地侦察。飞机数架，在我阵地不断侦察扫射，没有大的战斗。

8月3日，敌人对我阵地进行陆空联合的详密侦察后，对我阵地又展开了攻势，先用空军和炮兵向我猛烈的轰击，掩护步兵前进。因我阵地借竹林的隐蔽，其位置敌难识别，致使敌盲目轰炸，我阵地守兵没有什么伤亡。当敌步兵与我接近时，突遭我秘密火力点的集中袭击，使敌伤亡重大，死伤400多人，终未得逞。

8月4日，敌在一天的攻击中虽无进展，但我全线阵地已经完全暴露于敌，因而敌炮兵和飞机都有了比较清楚的目标，得以大肆轰击，步兵也对我阵地猛攻，终因我阵地居高临下，又有工事的依据，敌攻势仍未得逞。

8月5日，敌鉴于全线攻击受挫，改用一点突破的攻击方法，对我阵地右翼靠公路较近的制高点（全阵地最高之点），集中全部炮火猛烈轰击，飞机四架同时投弹轰炸扫射，我高地守兵大部牺牲，该据点遂陷于敌手。敌夺取该点后，即向左右作席卷的攻击，因该点瞰制全线阵地，敌乘势全线猛攻，我伤亡很重，阵地动摇。战斗至入夜，我不得已放弃第二线阵地，据守仙霞岭顶峰的第三线阵地。

8月6日，敌对我第三线阵地仙霞岭顶峰作重点攻击，均被我拒止，因借竹林的隐蔽，我无大伤亡。

8月7日，敌鉴于地形对其攻击不利，大炮、飞机轰炸无效，遂用大量炮击毒瓦斯弹（催泪性）攻击，乘我守兵慌乱之际，攻占了仙霞岭顶端公路上的一点，其他两翼阵地未动。我重行将第四线阵地在公路附近的据点联结，形成凹形防线，坚决固守。

因仙霞岭主峰一部分失守，军部派第二十六师在廿八都附近占领后方阵地，以备万一，并由预备第五师派一个团到仙霞岭附近，归第一〇五师指挥。该团于是日到达仙霞岭南第一〇五师师部附近，师部即令该团构筑第五线阵地，节节抵抗。

8月8日，敌因地形对其攻击不利，不能运用大部兵力，遂未再行前进。这一天没有大的战斗，形成对峙状态。

8月9日，敌因地形关系，只占领仙霞岭中央之一点，在我三面包围中，遂即撤退，据守保安东西之线。我恢复仙霞岭，与敌形成对峙状态，至此战斗结束。

这次战斗，敌伤亡千余人，我伤亡有500多人。

结　语

这次战斗之所以能拒止敌人南进，一是我借地形之利，用重层配备，逐次抵抗，迫使敌人节节被动，致敌以重大伤亡；二是判断敌的企图是要将我军压迫远离浙赣线，以掩护其主力军的安全撤退，没有大举南进入闽的企图。

第一〇五师参加衢州战役的概况

刘汉玉

战前的情况

先是我军第四十九军（军长王铁汉）指挥第二十六师（师长曹天戈）、第一〇五师（师长刘汉玉）、预备第五师（师长曾戛初），以第二十六师为第一线，守备兰溪、龙游、汤溪之线，与在金华、兰溪之敌对峙。第一〇五师在衢州附近整训，预备第五师在江山附近整训，军部驻江山县城。

1944 年夏，约有一个师团多的敌人，将我守备龙游的第二十六师击退，占领龙游后继续向衢州前进。

我军方面，第二十六师除第七十八团防守衢州城外，其余撤至江山休整待命。

第一〇五师在衢州城以南地区占领阵地，掩护第二十六师转进。

兵力部署及阵地占领

第一〇五师接军部命令，要旨如下：（一）约有一个多师团附有飞机、坦克之敌，自占领龙游后，仍继续向衢州前进，其先头部队已达安仁附近。

（二）军拟拒止该敌西进。（三）第一〇五师占领右从黄坛口起、左至衢州城，拒止该敌。（四）预备第五师速即进出后溪街附近，准备向溪口、黄坛口之线增加。（五）军前进指挥所在后溪街。

第一〇五师接军部命令后，做如下部署：以第三一五团的一个营，附平射炮及迫击炮各两门，独立守备衢州城；第三一三团为右地区队，在右自黄坛口、左至 × 地止占领阵地；第三一四团为左地区队，在右接第三一三团左翼、左至衢州城占领阵地；两地区队应在大洲至樟树潭线上派出警戒部队；第三一五团（欠一个营）为预备队，位置于二十里街迤南附近。师部在二十里街。

各团就阵地前，即开始阵地构筑。约两天的时间已构成立射散兵壕的工事，在阵地前扫清了射界，并设置鹿砦等障物。

战斗经过

23 日晨，接得樟树潭警戒部队的报告，得知有兵力不详之敌现已通过安仁向我西进，先头部队已与我警戒部队发生战斗，敌兵力不断增加等情。

师部接报告后，即命令各团进入阵地，准备战斗。

当日中午已将我樟树潭的警戒部队撤回。敌人北起信安江，南至大洲迤北之线向我阵地进攻，与我左地区队发生战斗。直到夜间，敌无进展。唯大洲迤南尚未发现敌情。

24 日晨，大洲附近已发现敌情，我大洲的警戒部队亦被压迫撤回。至午与我右地区队发生战斗。于是敌向我全部阵地（除衢州城外）攻击，被我拒止。

25 日，敌用飞机、大炮掩护向我阵地大举进攻，对我左地区队攻击尤为激烈，均被我阵地守军以工事的依据而拒止，敌无进展。当日夜间，敌集中炮火向我守备衢州城的部队（第三一五团的一个营）猛烈轰击，步兵也随之而攻城，于是发生了激烈的夜战，双方伤亡均重。至拂晓时，敌用炮火猛轰，将东北角城墙轰毁，敌乘此攻进城内。

26日晨，我守城部队逐次被压迫到西门附近涉水退出，于是衢州城失陷。敌攻占衢州后，全线沉寂，无大战斗，双方对峙。因衢州城失陷，我左翼危急，师即命令左地区队（第三一四团）的左翼阵地稍行后撤，转向衢州城方向，用火力封锁防其出城。师预备队（第三一五团）以一个营接近左地区队左翼，向西延伸至江山江之线，占领阵地，拒止衢城之敌南进。命令右地区队抽出一个营到二十里街，归第三一五团王团长指挥。

27日，敌又在飞机、大炮掩护下，向我阵地全线大举进攻，均被我阵地守军阻止。只有小部分阵地被突破，马上由各地区预备队填补，构成局部的凹形阵地，继续对战。

28日，敌仍继续向我阵地猛烈进攻，想利用昨天的突破点扩张战果。我军利用夜间对已突破的地方做了坚强准备，集中火力设施，使敌扩张战果无效，全线形势渐趋稳定。

在这六天当中，由第一〇五师独立支持对敌作战。当衢城失守后，第四十九军军部已命令预备第五师在溪口、后溪街之线占领第二线阵地。

此时，第三战区司令长官顾祝同已调第二十五集团军李觉和第十集团军王敬久的部队，先后到达战场，将衢州城及其迤南之敌形成三面包围（各部队的番号、位置都记不住了）。

29日，敌见我军兵力集结很多，不能再孤军深入，遂被迫撤退。当日，我师尾追敌人，收复衢州城。

7月1日，我军恢复龙游。敌退守金华，战斗结束。这次战役，敌伤亡千余人，我一〇五师亦伤亡千余人。

于泽霖

我团两个营猛扑五谷岭，对这块守备半年的阵地，地形熟悉，经过一番激烈的争夺，五谷岭上的敌人被击退了。

- 1908 年生，辽宁辽阳人。
- 1936 年 10 月，任骑兵第十师副师长。
- 1938 年，参加南昌修河战役，时任第四十九军第一〇五师第三一五旅第六二九团团长。
- 1939 年，参加长沙会战，奉命截击由九仙汤方向向奉新回窜的日军。
- 1940 年 7 月，被保送至重庆陆军大学特别班学习。
- 1945 年 1 月，任陆军总司令部第一方面军第九十三军暂编第二十二师副师长。

第一〇五师修河战役概况

于泽霖

日军进攻前我军的作战准备

1938年夏，九江、德安相继失陷后，中国军队退守南昌，在永修（涂家埠）、武宁等地，沿修河南岸布防。南昌是归第九战区第十九集团军所部（大约四五个军，番号有第三十二军、第七〇军、第七十九军、第四十九军等）负责守备的。第四十九军（辖一〇五师、预备第九师）于同年10月间，由安徽至德香黄山战场，经过长途行军，调到赣北修河战场，未经休整，连夜接替第四军（广东部队）的阵地，与日军隔河对峙。罗卓英之所以急于令第四十九军接防的理由，是当时情况比较紧张，他为了多控制机动兵团，自然要将战斗力较强而又是亲信的部队抽调下来。至于第四十九军原底子是东北军，只有两个师，过去又没有归他指挥过，充作机动兵团，是不够理想的。

第四十九军军长刘多荃受领任务后，决定以第一〇五师守备阵地，以预备第九师控置在安义（第一〇五师是第四十九军的基本部队，刘多荃曾是该师的第一任师长，预备第九师是新拨归该军建制的）。军部驻靖安。当时第一〇五师的编制是两旅四团制，即第三一二旅（旅长康景濂）

辖第六二五团（团长王中民）、第六二六团（团长张翰西），第三一五旅（旅长卢广伟）辖第六二九团（团长于泽霖）、第六三〇团（团长于沚源）。第一〇五师因在马当外围的香黄山战场与日军作战多次，伤亡较重，屡次补充新兵，又从没有机会整训过，战斗力自然较差。为此，师长王铁汉乃决定利用守备阵地的机会，加紧整训部队，不能在阵地上多摆部队。每旅只展开一个团，担任阵地守备，以一个团控置在阵地后方整训。就是担任守备阵地的团，也要尽可能抽出部队进行训练，以利今后作战。

第一〇五师的友邻部队：右翼是第七十九军的第七十六师，左翼是第七十军。

第一〇五师的阵地区划：右起修河南岸的五谷岭（含）沿河设防，经虬津等地，左至张公渡以西的某处。师的防御配备：以第三一五旅为右地区队，旅展开第六二九团，阵地右起五谷岭（含）沿河向西至虬津以西某点（不含），以第六三〇团控置在后方为预备队；以第三一三旅为左地区队，旅展开第六二五团，控置第六二六团，阵地右接第三一五旅第六二九团，沿河向西至张公渡以西某处，左与第七十九军部队衔接。

战场地形及阵地情况：第一〇五师第三一五旅第六二九团守备地区的地形是河川，全部弯向敌方，我岸地形平坦开阔，毫无隐蔽。河川以南约2000米以外，才是丘陵地带。依这种地形情况，采取直接配备是不利的。由五谷岭经铁门坎及其向左的沿线，地形较好，能形成一条防御线，但作为主阵地带，则纵深又嫌不够。团拟定，如沿河阵地失守，即以此线作为主要抵抗线，因其能俯瞰河川，对河川南岸的开阔地可以全部控制，便于发挥火力。在这一高地以南约4000米处，有凤凰山一线，作为师的预备阵地，这是一条比较理想的防御线。在上述两条防御线中间的地形，较为复杂隐蔽，利于防御。

师防御阵地的构筑情况：沿修河的阵地，是原守备部队做好的，我们接替防务后，只不过是稍为加强和增添了些，第六二九团对五谷岭到铁门坎附近地段的工事，较为重视，加强的程度是比较大的，而对铁门坎及其以西的延长线（即团预备作主要抵抗线的高地线），因地形的限制和思想的麻痹，仅仅掘了一道立式散兵壕，且无一兵，形同虚设。至于师的预备阵地线，不过是在师防御命令中有所指示，在配备图上有一条蓝色线而已，并没有构筑工事。像这样的防御配备和工事程度，真正是摆了一个挨打的阵势。敌人不攻，算是侥幸；敌人一攻，则沿河阵地，将很快被炮火摧毁，敌人即可长驱直入，我军唯有溃败一途。第六二九团从接替防务之日起，敌我双方，不断地隔河射击，我方守兵，曾被击伤数人。一个月之后，对射情况中止了，前线显得很沉寂。每日我方炮兵（第六二九团配属苏造山炮一连，四门炮）向敌阵地射击一两次。

罗卓英在敌人进攻前的措施：第九战区第十九集团军总司令部设在南昌的北郊，集团军的防御重点是摆在南浔铁路方面的，也就是把主要防御置于右翼涂家埠一带，故而把机动兵团控置于涂家埠以南。在这方面的守备部队是第七十九军，向左是第四十九军，再左是第七十军。基本上这些军都是采取沿河直接配备，后面控制较大的预备队。罗卓英本人也常到各军视察。记得他曾到第一〇五师两次，我们团长以上官佐都去接他，听他的讲话。我们担任守备阵地的人，很希望能在防御阵地的主要方面，加强兵力和设置多的防御。事实却正相反，从我们这个团接替原守备部队所守的沿河阵地那天起（1938 年 10 月末）直到日军进攻时止（1939 年 3 月）几乎半年的时间，都是保持原状，无所作为。严格说来，只不过是沿着修河南岸稀稀薄薄摆些兵力，由集团军一直到旅，都是一个方针，尽多地控置预备队。按防御的性质，本来是专守防御的，而所采取的措施，则又是机动防御，真是矛盾得很。一旦敌人发起进攻，则守备阵地的兵力不足，不能挫折敌人的攻势，而所控置的庞大预备队，势不能适时使用。这样的防御，就是守不住，援不及，摆的是挨打的架势，预备好逃跑的姿势。

罗卓英除了忙于到各军师去视察之外，也照例举办短期集训，对团级以上军官进行精神教育，他认为这是保卫南昌的一项重要措施。被召集的人员是各部队的团长，一共办了四期，我是第四期去受训的，时间是 1939 年 2 月。因为受训是必须去的，师长王铁汉不得已才把我这个团由阵地上调下来，以第六三〇团接替防务。受训期满，因情况一天比一天紧张，便都急忙地赶回原防地，准备作战。关于敌情判断这一点，我事后听说，就在日军进攻修河之前，集团军总部对敌人的重点指向，始终判断不明，因而举棋不定，把控制的部队东调西调，一直到南昌已被日军占领，这些师还没能参加作战，但已被调转得疲惫不堪了。

修河溃退，南昌弃守

1939 年春，修河对岸的敌人，积极准备进攻是很显然的，但由集团军到师司令部，对此并无具体措施，只是把情况层转到团，指示继续加强工事，严密防守，仍然是保持原状，没有做出新的调整部署。团营长们只好听从命令，但内心是没有把握的。例如在我赴南昌受训前，本旅第六三〇团接替我团的防务，当时我团部的位置是在铁门坎以南一个庙内（同安寺），第六三〇团团长于沚源在接防那天对我说：“这个阵地你守了快半年啦，没有出事（指敌人没有进攻），我这团一来，就不同啦，眼看敌人就要攻击，一攻是非垮不可。”当时我内心是庆幸换下防来，免得首当其冲，便安慰他说：“不要紧，我虽然换下防来，但位置距你不算远，敌人一攻击，我很快就开上来了。”他回答说：“不行啊，你瞧着吧。”

我从南昌回到团部后的第五天，大约是在 3 月 21 日晚间七八点钟，敌人的猛烈炮击开始了，第一〇五师的阵地，由前沿到纵深，均为炮火所笼罩。敌人居然使用这么多的炮兵，而我们的炮兵，则显得微弱无力。估计敌人使用炮数在六七十门以上，里面还有不少的喷嚏性毒气弹，约一小时后，敌人就开始进攻了。我接到师长王铁汉的电话，说和第六三〇团电话不通，令我派军官去该团联络。据派出联络副官回报：他到同安寺，团部空无一人，前沿阵地上，只有稀疏的枪声，五谷岭、铁门坎高地上电筒发光，找不到六三〇团的人。接着，又得到报告，第六三〇团已撤到本团的后方去了，阵地已失守。事实是他们没有抵抗，任凭敌人渡河。我将情况报告师长后，他急得无可奈何，叫我做好准备，候令行动。到午夜 11 时左右，师长电话命令要旨：目前情况，敌军已经部分渡河，我沿河阵地失守，右翼第七十六师阵地一部失守，左翼第七十军联络不上，情况不明。本师第三一五旅电话中断，师决心反击敌人，夺回五谷岭一带沿河阵地。该团担任夺取五谷岭阵地，夺取后坚守待援。右翼与第七十六师某团（番号忘记）协同，左翼与第三一三旅第六二五团联系，同时进击，开始行动时间为午夜 12 时。最后师长严厉地说："完不成任务，军法从事。"我接受命令后，虽然知道是无济于事的，但不敢不做，也就是明知不可为而为之。一面转令各营长，一面打电话与第七十六师某团长，规定了联络信号，左翼第六二五团无法联络，只好作罢。我在给各营长电话命令中，把师长"完不成任务，军法从事"的话，加重语气传达。

我团按时前进，这时，夜色漆黑，又下着雨，在搜索前进中，并未遭受敌人射击。我团两个营猛扑五谷岭，对这块守备半年的阵地，地形熟悉，经过一番激烈的争夺，五谷岭上的敌人被击退了。我用电话向师部报告，已占五谷岭。但左右翼友军，均无声息，肯定他们是没有按命令行动，仅是我这个第六二九团孤军作战了。幸好是在暗夜，如在白天，团的牺牲一定是很大的，并且也不可能将五谷岭阵地夺回。天明，敌人发起进攻，两翼也发现了敌人，阵地守军抵抗不住，只得下令撤退。在由五谷岭向南撤退中，我团伤亡较大，我急急退到谦田江家，向师长报告。刚说了几句，敌军已追到跟前，轻机枪已由村外的山冈上向团部射击，我只得抛下电话，令团直属队和合营，向南撤退到山冈上，以一部兵力阻击敌人，全团逐步退到师预备阵地线——凤凰山之线组织防御，战斗到此，暂告稳定。我向师长报告经过，师长指示我团守住凤凰山阵地，待预备第九师到达后，将阵地交该师。我团行动，另有命令。到这时，我才知道本师的第三一三旅，自敌人开始进攻不久，就与师失去联络，而本旅的第六三〇团，更不知到哪里去了，仅仅收容到一个营的兵力，由中校团附赵本初领着。至于预备第九师是从敌人开始进攻的第二天早晨，由安义县出发的。因白天日机不断地扫射轰炸，大部队行动非常迟滞，到下午2时许该师才到。他们接替凤凰山阵地后，敌人并未进攻。次日晚，军长下令沿公路南撤，第一〇五师在先头（仅是师部、第六二九团及第六三〇团一个残破营），预备第九师在后。当行至滩溪附近时，接到军部命令，概为：军决定在滩溪之线，构筑工事，阻止敌人。第一〇五师守备公路以东高地之线，预备第九师守备公路（含）以西滩溪高地之线。师长便令我团担任守备，并将第六三〇团残余之营，归我指挥，共四个营的兵力。我受领任务后，召集各营长和第六三〇团中校团附赵本初，侦察阵地，分配任务。刚回到团部，各营还没有把阵地侦察完了，就已经发现了敌人。我们仓促展开部队应战，工事构筑是来不及了，只有一面战斗，一面挖些卧姿掩体。敌人在坦克的炮火掩护下，向我阵地发起进攻，相持不过一小时，敌人的数辆坦克便沿着公路，冲进我方阵地，把第一〇五师（实即第六二九团而已）和预备第九师切为两段，我这个团与师部从此失去联系。军部和预备第九师、第一〇五师师部都在公路以西向南退去，我同本旅旅长卢广伟领着本团被隔在公路以东（这时第六三〇团的残部已逃散），只好避开公路向东南方向撤退，陷于敌人大范围包围之中。经过三天行军，到了万家埠一带，遇到集团军的机动部队，他们并没有参战，可也陷于敌人包围之中，正设法越过公路，向南撤退。我团经过几天东转西转后，感觉不早日突过公路，将来无法善后。当召集干部开会讨论，决定越过公路，向西南撤退，寻找师部，归还建制。在突过公路问题上，做了比较周密的计划，经过侦察，公路上只不过是不断地有敌人装甲车和小部队行动而已。于是选定地段，利用夜暗趁敌军巡逻的间隙，很快地越过了公路，又经过几天的行军，遇到师部派出的联络军官，把我团带到高安以南师部所在地，归还建制。

收拾残局，重新整补

南昌会战修河战役中，第一〇五师的损失是十分严重的。以兵员论，伤亡数字有两个团之多（包括逃散）；以武器论，全师损失数字我不清楚，以我第六二九团来说，算是武器损失较少的，竟丢失马克沁重机枪三挺，八二迫击炮两门，三七平射炮一门，捷克式轻机枪 30 余挺，捷式步枪 200 余支，各种器材、弹药的损失，为数更多。第一〇五师在上海战役中，曾受到严重的损失，而这一次损失比上次更大。

南昌失陷后，情况暂告稳定，军事委员会一层层地追究责任，最后公布处分如下：

第四十九军中将军长刘多荃降两级，中将副军长高鹏云、少将参谋长秦靖宁撤职，调为附员；第一〇五师中将师长王铁汉撤职留任，戴罪图功。部队即着手整顿，取消旅的编制，由师直辖三个步兵团，团的番号改为第三一三团（原第六二五团）、第三一四团（原第六二六团）、第三一五团（原第六二九团），原第六三〇团取消。旅、团长的人事变动情况是：原第三一三旅少将旅长康景濂、第三一五旅少将旅长卢广伟，调为第十九集团军总部附员；原第三一三旅团长王中民撤职，调为附员，原第三一五旅六三〇团团长于沚源，临阵潜逃，下令通缉（他最后逃到昆明，改名换姓做生意）；现第三一三团团长，以中校团附魏恩铭升充；第三一四团团长，以原第六二六团团长张翰西充任；第三一五团团长，由原第六二九团团长于泽霖充任。全师兵员补充方面，是个重大问题，师请准由吉安和长沙两处各拨给一个新兵团，师长王铁汉决定派我去接兵。他对我说："这次接兵任务很重要，关系着师的能否存在。"我经过两个多月的时间，完成了这项任务，师的兵员又告充足。至于武器器材方面的补充，因为损失数目太大，军长、师长都不敢报请军事委员会补充，怕的是，因为人员损失既多，而武器器材损失的数目又惊人，一个命令，把番号取消了，只有打掉牙齿和血吞。所幸的是刘多荃原任第一〇五师师长时，家底全是由东北带来的，除了部队使用的武器弹药器材外，还有大量的武器器材存储在吉安附近的赣江船队中（因怕敌机轰炸，租用几十条大船，停泊在该处），现在，只好拿出来给军直属部队和第一〇五师使用了。

截击回窜奉新之敌

于泽霖

第四十九军第一〇五师参加1939年南昌修河战役后，到高安附近地区从事整补，取消了旅的编制，改为由师直辖三个团，师长为王铁汉，第三一三团团长魏恩铭，第三一四团团长张翰西，第三一五团团长于泽霖。经过半年多的整顿、补充和训练，部队的实力又告恢复，可以担负较重的作战任务了。

9月间，长沙会战开始。第一〇五师的战斗序列仍属于第九战区第十九集团军。第十九集团军是第九战区位于江西战场上的兵团，与第三战区的作战地境以赣江分界，赣江以西属于第九战区。第一〇五师于长沙会战的末期才受领战斗任务，那就是截击由九仙汤方向向奉新回窜的日军。

公路截击

王铁汉师长接受任务后，怎样具体下达命令，我回忆不起了，只记得是令第三一四团先出发到罗坊以南公路的南侧一带高地之线，占领阵地。本团到罗坊以南公路南侧高地之线接替第三一四团所占领的阵地，截击退却的日军。本团是于第三一四团占领阵地后一天接到命令的，我当时并不了解师长为什么要这样做。按说第三一四团已经占领好了阵地，又何必要第三一五团接替他的阵地呢？如果因为兵力不足需要增加一个团，何不使第三一五团在第三一四团的右或左侧另行占领阵地？直到现在还怀疑这种指挥方法。当时的经过情形是：第三一五团即日经过村前街进入山区，兼程急进，于日暮前到达第三一四团的防地（具体地名均忘记）。第三一四团团部设在一个高地南向山脚下的独立房屋里。我与该团团长张翰西见面，了解一下情况和阵地配备情形后，便按他原来的配备开始接防。天黑后，大约 7 点多钟，接防完了，这时师长王铁汉找第三一四团团长接电话，我看见张团长很不耐烦的表情，放下听筒气呼呼地出发了。

本团展开第一、二两营在第一线阵地，第一营在右，第二营在左。第三营为预备队，配置在第二线上。营各展开两个连，控置一个连。这一带的地形是很理想的，通奉新的公路就在第一线阵地的山脚下，火力正可严密地封锁公路。即使敌人攻破我第一线阵地，因后面是层层高地，仍可以据守。且山地的交通困难，敌人不可能投入较大兵力。为防止敌人突破我第一线后的深入和收容第一线的撤退部队，才设置了第二线（即预备阵地）。

第三一四团出发后，师长王铁汉指示我："要注意监视敌人，发现后要狠打，因系夜间，要注意火器的标定射击。第三一四团已推进到你团的左前方某地（地点忘记），要注意联络。"我此时比较放心的是，敌人从内向东撤退，首先发现的将是第三一四团，他们打响以后，我们才能战斗。又因是夜间，敌人分不清阻击兵力的多少和配备的位置，第三一四团一接触，敌人势必向他们反扑，本团正面承担的压力就不大了，起码可以平均分担。

10 点钟左右，我接到第一线营长的报告："敌人已经在公路上行动，夜间看不清楚，但肯定是大部队。”我接到这个情况后，当时很诧异，敌人是在公路上行动，第三一四团的阵地当然是俯瞰公路的，怎么一点动静也没有呢？难道看着日军过路不理不睬吗？我当即一面命令第一线营开火战斗，一面把情况报告师长。

战斗一开始即是猛烈地进行，敌人还击得很快，并开始向我阵地猛攻。不过几十分钟，我第一线阵地被迫后退。因系夜间，在撤退中伤亡不大，逐步退到第二线阵地后，继续战斗。敌人只能占据我们的第一线阵地向我军射击，几次以部分兵力接近我第二线阵地，均被击退。战斗虽然很激烈，但主要是对射，一直到半夜以后（大约是2时左右），敌人始退走。

事后了解，第三一四团为什么没有参加这次战斗呢？并不是师长没给他任务，而是该团团长张翰西没有执行师给他的任务。师给他的任务是：推进到第三一五团以左某地附近的公路边，与第三一五团共同截击退却日军。但他们交出原防地后，可能心怀不满，所以消极对待任务，误了战机。假如该团能按师的命令动作，两个团同时进行战斗，尽管日军战斗力较强，在这种地形和时机突然袭击，日军的伤亡一定是很大的。师长王铁汉对此大伤脑筋，战后将张翰西撤职。

慎重行动

次日天明后，师令本团在公路南侧，第三一四团在公路北侧搜索前进，逐步向奉新方向接近。我派山团谍报队穿便衣远出侦明情况。据报，在通奉新公路南侧的某村中（村名忘记）有日军的野战医院，有不少伤兵和大约一个中队的步兵住着，村边有两三个机枪火力点。我认为是很好的机会，可于本晚对之进行夜袭，俘获必不在少数。便电话向师长报告这个情况，说明我的意见。师长王铁汉认为可以做，要我再仔细侦察一下，一定要把情况弄清楚。我又派出搜索人员。没过一个小时，又接师长的电话，要我不要太急躁，他决定要搞就搞到底，考虑怕一个团兵力不够，可能该村的敌人兵力多些，已经令第三一三团的第三营（也许是第一营，营长是宋奇）于今晚赶到我团，归我指挥，并再三嘱咐必须等该营到达方可行动。我团只好在距离预定袭击的村子约十华里的一些小村中休息，准备夜间行动。入夜，宋营赶到了。团的袭击计划是用一个营担任第一波，另以一个营担任第二波，其余两个营均做预备队。因村落不大，一个营尽可包围该村。我们静悄悄地前进了，越是接近村庄，搜索越周密，以故十华里的距离竟走了两个多钟头。我满以为这个仗是打成了，但久久听不到枪声。正觉得奇怪，接到第一营营长安毓书报告：该营已进入村落，敌人丢掉不少东西撤走了。我进村之后，只见许多丢下的钢盔、衣服，还有一些副食品，锅内煮的饭和开水还是热的。看情形是敌人已经发现我军企图，故而仓促退走了。

奉新外围敌人反扑

第三日天明后，师指定第三一四团在左，第三一五团在右，向奉新方向继续前进；师的行动控制线为吟溪桥以东公路南北起伏地（具体的起点和终点记不起了）。到达该线后，第三一五团展开在公路以南，第三一四团展开在公路以北，师部和第三一三团（欠第三营）继续前进。这一带的地形是：公路南北三四里范围内都是起伏地，故而形成东西的大冲。在这大冲中，我们所占领的这一带棱线是最高的地方，这线以东有些散落的小村和树林，敌人就在这个地区停止。第三一五团因占领的正面过大，就将三个营全部展开，第三一三团的第三营作为团的预备队，团部位置在公路以南的吟溪桥，预备队也布置于这附近。经侦明，在我占领线以东广大地区驻有日军，他们为了排除威胁，必将对我们反击。

较大的战斗很快就要发生，我便令全营加强工事，对敌人容易接近的阵地充分准备火力。果不出所料，日军于我们到达控制线的第二日午后即开始向我方阵地攻击。战斗一开始就猛烈地进行，因为本团展开的兵力多，故而火力炽盛，敌人两次攻到阵地前，均被手榴弹打退。第三一四团正面也同时受到攻击。在战斗进行中，日军以一部分兵力向第三一五团右侧翼运动，企图攻击本团的侧背。我发现后，即以团预备队（第三一三团的第三营）展开在团的右翼予以堵击，敌终未得逞。战斗至傍晚，第三一四团阵地大部失守，该团有几个连退到第三一五团阵地内来，我加以收容后，便归还建制。在战斗紧张的时候，师长王铁汉因第三一四团战况不佳，感到极为不安，便给我电话，大意是：第三一四团阵地失掉，敌人势必集中兵力打三一五团，你要注意情况，如果支持不了时，可退依大禾岭。不必请示，而后再与师联络。我得到指示后，因为战斗正在进行，各营均能支持得住，所以我没有讲。入夜后，敌人攻击停止了。在这一次战斗中，第三一五团没有后退一步，始终坚守阵地，扭转了危局。第三一四团也渐渐地回到原阵地。天明后，师正面的敌人退入奉新去了。